日系企業の知識と組織のマネジメント

境界線のマネジメントからとらえた
知識移転メカニズム

【編著】
西脇暢子

【著】
浅川和宏・河野英子
清水　剛・服部泰宏
植木　靖・孫　德峰

東京 白桃書房 神田

巻頭の言葉

　本書は 2014 年度から 2016 年度にかけて行われた，日本大学経済学部中国・アジア研究センター主催の研究プロジェクトの成果物である。中国・アジア研究センター（2018 年 4 月より「グローバル社会文化研究センター」に名称変更）は，2006 年の創設以来「多様性と柔軟性に満ちたアジア 2020」を包括的な研究テーマとし，毎年 1 件ずつ 3 年間の共同研究プロジェクトを国内外の研究機関と組織し，これまでに 6 件のプロジェクトを完了させている。たとえば，東アジア諸国の企業レベルの生産性比較，アジア各国の格付け・信用評価制度，アジア企業の経営文化，華僑ネットワーク，シルクロードの経済発展などに関する研究成果を国内外の学会等で報告し，研究図書として出版している。これらは，どれも学際的，あるいは多専門的な研究アプローチを採り，多様性を有するアジアを理解することを試みている。

　本書は「日系企業の知識と組織のマネジメント―境界線のマネジメントからとらえた知識移転メカニズム―」をテーマに，知識が企業の生産活動と組織マネジメントの両方を支えていることを知識移転と境界線をキーワードに論じている。国際展開する企業の中には，本国で創業し，その後大規模化しながら活動範囲を海外に広げていった経緯をもつものも少なくない。本プロジェクトを通して調査した企業の多くもそうした企業の一つであり，いずれもアジア地域に生産拠点や管理部門などの下位ユニットをもつ。知識社会化とネットワーク化が進む現代では，組織を構成する個々のユニットは，本国本社からの命令に従って動く従属的な立場から，自らの意志で主体的かつ自律的に活動するアクターへと変貌している。ユニットとその構成員たちは，いずれもネットワークアクター兼知識の使い手となり，組織内外の様々なアクターと協力しながら組織の付加価値創造活動の一翼を担っている。詳しくは本書の「はじめに」に譲るが，本プロジェクトが描き出そうとしたのは，現場レベルでの自律的活動と組織全体の統制という難しい課題に対して知識

がどのような役割を果たしているかである。

　本書は次の2点で特徴的である。一つは，国際経営学，国際経済学，組織理論，人的資源管理論を軸とする多専門的アプローチによる学術研究成果だということである。経済学と経営学は，どちらも企業や企業環境を研究対象としながらも，共同で研究する機会はそれほど多くない。本書は経済学と経営学のコラボレーションの成果であり，両方の視点が反映されている点で目新しい。もう一つは，学術研究でありながらも，より現場を意識したアプローチを試みていることである。経済学研究も経営学研究も企業現場に依拠しているものの，現場の生の声を伝えるビジネスレポートと違い，学術研究である以上，分析の精緻さや他の事例やケースにも当てはまる一般性が求められる。それらを追求する過程では，個別の企業の実態がデータ化されたり，具体的なストーリーが抽象化されたりすることで，最終的に出される研究成果が実務サイドから見て現実的ではないと解釈されることも少なくない。本書はこうした学術界と現場との乖離を念頭においた上で，両者をできる限り融合できるよう配慮した。本書が研究者のみならず，経営現場で適切な経営判断を追い求めている経営者の方々にとっても有意義な方策を提示することができたのであれば，大きな成果である。

　知識の活用にあたって企業が多様な境界線をマネジメントしているように，研究を進める過程では，プロジェクトメンバーである我々もまた，それぞれがよりどころとする学術基盤や専門性の違いに由来する，様々な境界線のマネジメントが必要となる場面があった。境界線の中には，話し合いで調整したもの，キーワードの統一などで共通化し，一度に「越境」したもの，それぞれの独自性を生かすためにあえて残したもののほか，調整しきれずに残されたものもあった。メンバーを隔てる様々な境界線のマネジメントはまさにプロジェクトをマネジメントすることそのものであり，はからずも本研究のテーマである「知識と組織のマネジメント」を体験する機会となった。

　本書の刊行ならびに研究プロジェクトを進める過程では，大変多くの方々のご支援とご協力をいただいた。紙面の都合上すべての方をご紹介することはできないが，特に以下の方々にはこの場を借りて御礼申し上げたい。

　服部健治先生（中央大学大学院戦略経営研究科 教授）には，中国のビジネス環境や現地進出企業の状況についてをご教示を仰ぐとともに，現地調査の際

にはひとかたならぬご尽力をいただいた。プロジェクトの成功は服部先生のご協力なしになしえなかったといっても過言ではない。曺斗燮先生（横浜国立大学大学院国際社会科学研究院 教授）には，プロジェクトの中間報告会である日本大学経済学部・中国アジア研究センター主催の国際ワークショップ（2016年11月27日実施）で，コメンテーターとしてご登壇いただいた。国際経営学に造詣の深い曺先生からいただいた貴重なご意見やご指摘により，本書の内容を一層よいものにすることができた。ワークショップの参加者からも多くの貴重な意見や励ましをいただいた。参加者の中には企業勤務の方や学生の方もいたが，そうした方々からの率直な意見や質問は，それまで気づかなかったプロジェクトの意義や課題を発見するよい機会となった。皆様には心より御礼申し上げたい。

　パイロット調査やインタビューでは多数の企業にご協力いただいた。守秘義務の関係上いずれもお名前を出すことはできないが，調査を通じて多くのことを得ることができたのは，忙しい中で調査に協力してくださった皆様方のおかげである。プロジェクトメンバー一同より謝意を表したい。

　プロジェクトの主催校である日本大学経済学部の皆様にも様々な支援とご協力をお願いした。曽根康雄先生（日本大学経済学部 教授）には，中国アジア研究センターのセンター長として様々な形でプロジェクトの遂行にご尽力いただいた。同学部研究事務課の皆様には，プロジェクトが円滑にすすむよう様々な形で支援していただいた。プロジェクトを無事に終了できたのも，曽根先生ならびに研究事務課の皆様のご支援とご協力のおかげである。

　本書刊行にあたっては，白桃書房編集部平千枝子氏ならびに白桃書房編集部の皆様に大変お世話になった。平氏にはプロジェクト開始前から様々な場面でご支援をいただいた。プロジェクト遂行中も常に温かく見守ってくださり，本書の内容についても的確なご助言をいただいた。刊行までの長きにわたり辛抱強く対応していただいたおかげで，本書を無事刊行することができた。平氏ならびに白桃書房の皆様のご協力とご尽力に感謝するとともに，厚く御礼申し上げたい。

2018年2月

　　　　　　プロジェクトメンバー　日本大学経済学部学部長　井尻　直彦
　　　　　　プロジェクトリーダー　日本大学経済学部　　　　西脇　暢子

はじめに

1．研究目的

　現代企業組織は，一方では，従来と同様の階層構造と権限を通じたトップダウン型の管理統制を維持しつつ，他方では，現場主導の機動的な知識のやりとりを通じた柔軟な組織化と自律型マネジメントを両立させている。権限を通じたトップダウン型の統制と，現場主導の自律的な統制は，相反する対立的な管理の方法と位置づけられてきた。しかし，企業のグローバル化の進展によって，両者はどちらも重要な組織マネジメント手法として組織内でうまく使い分けられるようになっている。これを可能にしていると考えられるのが，組織で行われる知識移転である。中でも国際的な枠組みで行われる組織内知識移転は，これまで言われてきたような資源の移転にとどまらず，現地主導で行われる知識の創造や活用，従業員の行動や意思決定を支える価値基盤となるなど，組織マネジメントツールとして多くの役割を果たすようになっている。本書はこの点を中心に，現代企業組織における知識移転の役割を，理論研究と事例分析を通じて明らかにする。

　研究対象はアジア地域で活動する大規模日系多国籍企業である。研究対象とする知識移転の枠組みは，組織内で行われる国際的な枠組みでの垂直的および水平的な知識の移転である。具体的には，ヘッドクォーターとユニット間での知識移転，ユニット間およびユニット内知識移転を対象とする。序章で述べるように，知識移転は資源の移動とそれによって可能になる付加価値創造の観点から論じられてきたが，本書は，知識移転が単なる資源の移動としての役割を果たしているだけでなく，移転を通じて他の組織やアクターに影響力を行使したり，連携やコラボレーションの手段として機能したりするなど，組織マネジメント手段となっていることにも着目したい。知識移転の

もつマネジメントツールとしての機能はこれまでほとんど着目されていないが，現代の企業組織で起きている次のような変化に着目すると，無視できない重要な役割を果たしていると思われる。

1-1. 組織のネットワーク化

　現代の企業組織は，組織活動のグローバル化や情報技術革新の影響などで，組織の形と統制のあり方が変化している。多国籍企業の場合，組織の全体構造が，組織のトップであるヘッドクォーターが組織を構成する下位ユニットを統制するハブ・スポーク型から，ヘッドクォーターと下位ユニットが相互に連結するネットワーク型へと変化している（Bartlett & Ghoshal, 1989）。どちらの構造においても，多国籍企業の基本特性である，組織の基本である分業と協働を国際的な枠組みで展開している点，複数の事業やビジネスユニットをもつなど，組織が一般的に大規模で，各ユニットが異なるビジネス環境下で活動している点は変わらない。しかし，組織が一つの巨大なネットワークになり，国境を越えて知識や資源の交換や移転を行う場合，組織はユニット単位での自律性の確保と組織全体での統合をいかに両立させるかという，組織マネジメント上の課題に常に直面することになる（たとえば Asakawa, 2001a, 2001b）。

　組織マネジメントは，組織を構成する様々な参加者や諸要素を，一つの協働体系として機能させるために行われる統制や管理の方法および施策であり，その中には，業務割当や資源の配分を通じたマネジメント，組織目標やその進捗を表す業務プロセスの統制を通じたマネジメント，命令や権限を通じたマネジメントが含まれる[1]。ヘッドクォーターとユニットがネットワーク構造をもつ場合，命令系統が垂直方向しかない階層構造の管理に適した権限による統制だけでは，上述のマネジメント上の課題を克服することは困難である。それを補う何らかの手段があるからこそ，多国籍企業は一つの組織体として機能することができる。本書は知識移転がその役割を果たしていること

---

[1] ここでのマネジメント（management）の解釈は，マネジメントを体系的に説明している Drucker（1974），企業組織を資源の束ととらえ，その経営のあり方を論じている Penrose（1995），および，マネジメントの類義語である "administration" を詳細に解説している Simon（1997）を参考にしている。

に着目したい。

1-2. 組織活動と知識の関わり

　組織研究では通常，知識は組織が持続的に成長，発展していくための資源と考えられている。資源としての知識は，たとえば生産主体としての組織の経営資源の一つ（Penrose, 1959），戦略的資源（Bartlett & Ghoshal, 1989; Kogut & Zander, 1992），目に見えない資産（Hussi, 2004），知的資産（Reinhardt, et al., 2001）と表現され，イノベーションや研究開発など，組織における創造的な活動との関わりが盛んに研究されてきた。知識移転研究も基本的には資源としての知識と創造的活動との関わりを対象に，組織で行われる知的資源の配分や共有を軸に，知識移転の役割，具体的な移転の方法，移転の効果などを明らかにしている（たとえば Anderson, et al., 2015; Bou-Llusar & Segarra-Ciprés, 2006; Galbraith, 1990; Richter & Niewiem, 2009; Szulanski, 2000, 2003; von Hippel, 1994）。

　知識と組織活動との関わりについては，知識と創造的活動との関係が支配的なテーマとなっているといってもよいだろう。しかし，知識は創造的活動とのみ関わりがあるかというと，実際にはそうではない。組織の全活動の中で，イノベーションに該当するような創造的な活動はごく一部であり，大多数はそれらを支える非創造的で日常的な業務である。日常業務の役割は，何か具体的なパフォーマンスを生み出すことというよりも，組織において当たり前の活動を当たり前のように継続することである。当たり前の持続は，同じ作業の繰り返しで可能な場合もあれば，作業過程での不断の努力や試行錯誤なしには実現できない場合もある。知識社会化が進む今日では，組織のあらゆる業務に知識が必要になっており，日常業務であっても知識なしに遂行するのが難しくなっている。こうした現実を考慮すると，知識は研究開発のような，組織の特定の場所で行われる創造的活動に用いられる特別な資源というよりも，組織のあらゆる場所で行われる日常業務にも用いられる一般的な資源と考える方がよいだろう。知識マネジメントも同様に，創造的活動と非創造的活動の両方に関わる活動と位置づけるべきだろう。知識と知識マネジメントをこのようにとらえた場合，知識移転の役割をどのようにとらえるべきだろうか。

1-3. 知識移転の役割

　先行研究を渉猟すると，知識マネジメントとは，知識を用いて組織で新たな価値を生み出すために行われる活動の総称であり，「知識の創造，移転，移転先での活用」からなる一連のプロセスと説明されている（たとえばNonaka, 1994）。この中で，知識移転は創造と移転を媒介するステップと位置づけられている。

　知識移転の特徴的な点は，付加価値創造を説明する知識マネジメントプロセスの一部でありながら，その中で唯一，知識をマネジメントしないことが求められるステップだということである。知識移転とは，対象とする知識を二点間あるいは多点間で動かしたり，伝達したりする作業である。上記の知識マネジメントプロセスであれば，「創造」過程で生み出された知識を次の「活用」の過程に送ること，組織内知識移転であれば，あるユニットで生み出された知識を別のユニットに伝えることをさす。いずれの場合も，移転過程で求められることは，知識が次の付加価値創造活動の原資として利用されるように，移転の間に移転対象となる知識の性質，構造，意味，価値をできるだけ変えないことである。この点で，知識を積極的に操作し，知識の構成要素を組み換えたり，新たな意味解釈を付加したりする知識の創造と活用とは役割が異なる。

　移転対象物を変えないという特徴をもつために，移転は表面的には組織や組織活動にほとんど影響を与えていないように見える。しかし，この特徴こそが移転に様々な役割を付与する要因であり，組織と組織活動の可能性を広げることにもつながっている。

　知識移転の第一の役割は影響力の行使である。これは，資源の配分という観点でとらえた場合の知識移転の役割である。フォンヒッペル（1994）をはじめとする主な知識移転研究は，資源依存モデル（Pfeffer & Salancik, 1978）や取引費用アプローチ（Williamson, 1981）で説明されている交換概念に立脚しながら，知識移転を知識の送り手と受け手の間で行われる一方向的な資源の移動ととらえている。移転が成立するためには，知識の送り手と受け手がおり，かつ受け手側が新たな知識の受け入れを希望あるいは合意していることが前提となる。知識移転は意識的行動と考えられており，望まない知識の移転や，受け入れ側の負担を強いる移転は，移転の障害（移転コスト）を引

き起こす要因と考えられている。送り手は知識の移転を通じて，受け手の行動を統制したり，優位な立場を利用して相手に様々な要求をしたりできるが，それは同時に，スムーズな移転を阻害する原因にもなる。

　理念や文化のような，資源というよりは価値に相当する知識の場合，移転はアクターの行動や意思決定の基盤となる思考プロセスや価値判断に影響を与え，方向付ける役割をもつ。価値の移転は意識的というよりは無意識的であり，かつ，知識の送り手から受け手に対して一方向的に行われる活動というよりも，お互いが相互作用しながら時間をかけて知識を浸透させる双方向的な活動である。暗黙知の移転（野中，1990）はこのような知識移転の好例であり，日本企業の同質性や強みを説明する手段にも使われてきた。

　知識移転の第二の役割は，柔軟な組織化と自律型マネジメントの基盤を与えることである。これは，移転が資源の移動ではなく，共有や共同利用だという点に着目した時の知識移転の役割である。たとえば専門職がそうであるように（Abbot, 1988），アクターは知識をもつことで，同じ知識をもつ相手や関連する知識をもつ相手と，様々なタイプの協働体系や関係を，既存の組織の枠組みを超えて作ることができる。知識を基盤とする柔軟な組織化と，そのようにして作られた協働体系の自主的な管理運営は，知識のもつ生産手段の側面，技能の側面，価値の側面を組み合わせることで可能になる。送り手から受け手に対して一方向的に行われる知識の移転は，受け入れ側にとっては，権限委譲と同様の受動的で一方的な影響力の受け入れにあたる。一方，様々なアクターを巻き込みながら行う知識の共有や共同利用は，同じ知識の移転であっても，受動的な影響力の受け入れではなく，主体的な組織化と自律型マネジメントを実現する手段になる。本書はこうした知識の送り手と受け手の間で行われる双方向的活動という観点から知識移転を分析する。

2．知識移転を論じる上での留意点

　分析にあたり本書は次の点に留意したい。第一に「移転」の解釈である。人，もの，カネのような一般的な経営資源を移転させる場合，移転は移動であり，資源の所有権や帰属先が移転元から新たな移転先に移ることを意味する。資源の移転によって，原則として移転先は新たな資源のアクセスや利用

が可能になる代わりに，移転元はそれが難しくなる。一方，知識は複数アクターによる同時的な保有と利用が可能である。知識を移転させても，移転元は引き続き同じ知識を保有・利用できる。移転先は移転によって知識を新たに獲得し，それを自分のコントロールのもとで必要に応じていつでも利用することができる。移転元と移転先が同じ知識を使い方も含めて共通化することもあれば，移転先と移転元が同じ知識を保有しつつ，異なる利用の仕方をする場合もある。知識の場合，移転は移転元から移転先への移動ではなく，両者の間での共有や共通化にあたる。

　第二に，知識移転の範囲である。知識移転とは，ある環境下で用いられている知識を別の環境下でも利用可能にするために行われる作業であり，そこには，単に知識を動かすだけでなく，移転の準備作業と，移転先に定着させ，移転先の環境下で利用できるようにするための諸々の作業が含まれている。本書は，知識の移動からそれを利用可能にするまでの一連の作業を「知識移転プロセス」とし，その中に，知識の形態転換を含む知識のコントロールと，移転先と移転元との間で必要になる様々な調整を含むとする。

　第三に，移転対象となる知識と知識移転の対象者の対応関係である。知識移転は基本的にアクターが何らかの目的で行う活動であり，業務遂行上ある知識を必要とするが，それをもっていない者に対して行われる。知識の送り手になるのは，一般的には当該知識を保有する者である。ただし，知識をもっていない者全員が移転対象者になるわけではなく，対費用効果を考えて移転する知識の内容やレベルの設計と移転対象者の選抜がなされる。技術移転なら組織の全メンバーのうち技術者層が対象者になり，管理ノウハウの移転であれば管理者層が対象になる。該当者の中でも，専門性の違いや職位階層上の序列などに応じて，移転させる内容や移転期間は異なる。組織文化などの価値の移転では，新規学卒者や外国人従業員などそれをもっていない人が広く対象となるが，移転の方法や移転にかけられるコストなどを鑑みて，対象者の数や範囲はコントロールされる。移転対象となる知識と移転対象者の対応関係は自動的に決まるわけではなく，個々の組織の方針や戦略，投入可能な資源量などに応じて変化するだろう。

3. 本書のキーワード

3-1. 知識

　知識を論じる難しさは，知識は多くの雑多な要素を含む多面的な概念であるがゆえに，知識をとらえるための方法も無数にあるという，一種のとらえどころのなさにある。これまでに対象とされてきた知識は，内容，形式，構造の違いに応じて次のように整理できる。内容的には，技術，専門知識，ノウハウ，コツ，言語，文化，信念，などがある。組織研究では，これらはすべて組織パフォーマンス向上と直接的あるいは間接的に関わるスキルや能力（ability, capability, capacity, competence）と関連づけられている。形式的には，意味や内容が比較的明確で，文書化などの形で客観的に示すことができる知識（形式知）と，主観的であいまいとしているなどの理由でそのような作業が難しい知識（暗黙知）に大別されている。構造的には，他の知識や，知識と関連する組織やアクターの諸要素や行動などの知識以外の要素から独立しており，単体とみなせる知識と，それらが複雑に絡み合って一体化することで全体が一つの知識として機能する，知識セットあるいは複合的な知識とみなすのが妥当な知識がある。

　知識についてはすでに多くのことが明らかにされているが，知識をマネジメントするための知識についてはその限りではない。我々が組織活動に必要となる知識を獲得，利用するためには，まずターゲットとする知識の性質，内容，使い道，他の資源との関連性，などを把握し，その上で，どのような方法で知識をパフォーマンスに結びつけるかを判断しなければならない。この作業に必要になるのが既習の知識である。知識の習得は主に学習を通じて行われるが，その際，既習の知識がその後の知識獲得と利用を支える基盤となる。既習知識と新規に獲得した知識は，相互に関連づけられ，秩序づけられることで，より高度で強固な知識体系を構築する。このようにして作られた知識体系は，個人単位や組織単位で行われる知識マネジメントプロセス全体を支える基盤となるだけでなく，共通の知識基盤をもつもの同士の組織化やコミュニケーションの円滑化を促すなど，マネジメントツールとしても機能する[2]。

先行研究で知識移転の対象とされてきた知識は，主に組織の活動過程で新規に学習あるいは習得された知識，あるいは，組織外部から新たな資源として調達する知識である。知識マネジメントを行うために必要な知識（基盤知識）の移転については，まだ明らかではない点が多い。本書は，先行研究で対象とされてきた組織内で創造・獲得された知識の移転とともに，それをマネジメントするための基盤となる知識が知識移転においてどのような役割を果たしているのかにも着目する。

3-2. 境界線

　組織研究では，境界線は組織の構造を規定する枠組みであり，与件として分析対象から除外するのが一般的である。しかし本書は，境界線はアクター間を隔てる障壁ではあるが，両者を物理的に分断するものではなく，保有する資源の量や質の違いや適用されるルールの違いなどが原因で生じる差異である点に着目し，知識と同様にマネジメント可能な対象と位置づける。

　既存の知識移転研究は，主に知識の形態転換を通じて組織の構造上の枠組みを越えることを主張する研究（たとえば野中, 1990）と，知識や知識を扱う状況に付帯する移転の障害を取り除く方法を分析する研究（たとえばvon Hippel, 1994）に分かれており，両者の主張や成果を知識移転という共通の枠組みでまとめきれずにいる。両者を統合するには，それぞれが対象としている性質の異なる移転の障害を統一的にとらえるための，何らかの枠組みが必要となる。本書はそのための試案として，多様な知識移転の障害を，アクターを隔てる様々な差異をあらわす「境界線」として統一する。これにより，与件として除外されてきたものや，障害となるメカニズムやその克服方法などが比較的明らかにされているものを含めて，移転の障害を包括的にとらえるためのフレームワークを提示する。そして，境界線となっている差異の調整に必要な手間や時間を「移転コスト」とする。移転の障害を克服する方法として，障害となる差異を何らかの方法で操作する方法と，差異は直接操作せずにその他の要素を操作して境界線を越える方法に着目し，それぞれの具体的方法やその効果を分析する。

---

[2] 知識基盤が組織マネジメントの基盤となる点については，西脇（2013）参照。

4. 本書の構成

　本書は，問題提起と理論研究，事例調査研究，考察ならびにディスカッション，の三つの方向から，国際的枠組みで行われる知識移転が組織において果たしている役割や機能を論じる。本書は4部構成となっている。

　第Ⅰ部は序論と理論研究である。序論では，国際経営学で行われてきた知識移転に関する議論のこれまでの成果と，今後の研究における論点を，オープンイノベーションと知識フローをキーワードに整理して紹介する。序章は，本書で取り上げる様々なタイプの国際的な知識移転において，何が問題となるのかを示している。これは本書全体における問題提起の章であると同時に，国際経営学の観点からの知識移転の議論と組織研究の観点からのそれをつなぐ土台でもある。序章の問題提起をうけて，本書のキーワードである知識と移転の障害について論じる。第1章では，組織と知識の二つの境界線の越境を軸に，知識移転を分析するための理論フレームワークを提示する。知識移転研究は，移転対象となる知識と移転の障害となる要素をそれぞれどのように，どの程度マネジメントするか，という観点から研究が行われてきた。この点を鑑み，これまで統一的に論じられてこなかった知識移転研究を整理し，創造的活動の一環として行われる知識移転と，日常の業務をマネジメントするために行われる知識移転を，包括的にとらえる枠組みを示す。

　第Ⅱ部は，第Ⅲ部の事例研究で登場するアジア地域についての理解を深めるために，アジアのビジネス環境や法制度の機能について紹介する。第2章では，アジアの主要地域で進められている経済統合やハード・ソフトインフラの開発が，日系企業の現地進出やビジネス展開とどのように関わっているかについて，経済的な側面だけでなく，進出する企業側の要因をふまえて論じる。第3章では，国際的な知識移転における法制度の境界線の役割を論じる。ここでは，「企業のグローバル化は企業が国家の規律から完全に逃れたことを意味するわけではない」という問題提起のもと，法制度の越境とコントロールが，企業戦略上の点でも，各国政府が行う企業への影響力行使においても，大きな影響力をもつことを述べる。

　第Ⅲ部では，多国籍企業で行われている知識移転の実態調査とそこからの

発見事項を論じる。この中でとりあげる事例は，創造的活動の一環として行われる知識の移転と，日常生活で行われる知識移転の両方を含む。いずれの事例も両方の内容を含むが，相対的な重要性は事例ごとに異なる。第4章では，パイロット調査等の結果をふまえて，知識移転において地域本社が果たしている役割や移転の課題などを論じる。第5章と第6章では製造開発現場における知識移転の事例を紹介する。ここでは，資源としての知識の移転がどのように行われるかだけでなく，それを現地化する上で必要となる基盤知識が重要な役割を果たしていることを明らかにする。第7章は管理部門の知識移転について，駐在員の間で行われる「引き継ぎ」から明らかにする。業務の引き継ぎは国内でも行われる一般的な活動だが，国際的な枠組みで行われる引き継ぎの特徴，課題，効果などを分析する。

第Ⅳ部の考察では，各章の執筆担当者がそれぞれの事例について，知識移転の特徴，インプリケーション，課題などを自由に論じる。本書は一般の読者も対象にした著作である点を鑑み，事例で記述した点に加えて，そこでは明記できなかった聞き取り時のエピソードや調査内容も視野に入れながら，様々な論点を提示する。これらが知識移転に関心がある研究者のみならず，実務に携わる多くの方に対して，何らかのヒントになれば幸いである。

平成30年2月1日　　　　　　　　　　　　　　　　　　　　　西脇暢子

目　次

巻頭の言葉

はじめに

第Ⅰ部
理論研究
―知識移転をどのように論じるべきか―

序章　国際的枠組みで行われる知識フロー　　　　　　　　浅川和宏

1. 多国籍企業における知識フローの進展 …… **2**
2. 現地知識のグローバル普及における海外拠点
　＝リージョナル・オフィス＝本社のリレー …… **3**
3. 多国籍企業による現地外部知識の獲得 …… **5**
4. 多国籍企業によるグローバル外部知識の獲得 …… **6**
5. 多国籍企業による外部知識の獲得・移転・融合・活用 …… **7**
6. これからの国際的知識フローをめぐる論点 …… **8**

第1章　組織内知識移転と境界線のマネジメント
　　　　―組織の境界線と知識の境界線　　　　　　　　　　西脇暢子

1. 知識 …… **10**
1-1. データ，情報，知識　　　1-2. 知識の形態：形式知と暗黙知
1-3. 複合的知識：プログラム，ルーティン，テンプレート
2. 知識の二側面 …… **14**
2-1. 組織活動のアウトプットとしての知識　　　2-2. 組織活動のインプットとしての知識　　　2-3. 知識マネジメント研究における組織と知識

3. 知識移転 …… 22
3-1. 先行研究の分析フレームワーク　　3-2. 知識の形態転換による移転
3-3. 粘着性　　3-4. 移転コスト削減のパラドクス　　3-5. 知識移転研究の課題
4. 知識移転の分析フレームワーク …… 31
4-1. 境界線とは何か　　4-2. 組織の境界線　　4-3. 知識の境界線
4-4. 組織における知識の階層性　　4-5. 分析フレームワーク
5. 境界線のマネジメント―人による調整と標準化による境界線の克服― …… 38
5-1. 人による境界線の克服　　5-2. 標準化による境界線の克服
5-3. 人による調整と標準化の補完関係
6. まとめ …… 42

第Ⅱ部 アジア地域のビジネス環境
―プラスワン経済圏と法的境界線―

第2章　アジアにおける知識移転の基盤整備と実際　　植木　靖

1. はじめに …… 44
2. 生産ネットワークの拡大 …… 45
2-1. 2つのアンバンドリング　　2-2. 産業集積と分散　　2-3. グローバルバリューチェーン　　2-4. アジア総合開発計画
3. 地域統合と知識移転との関係 …… 51
4. メコン地域開発とタイの地域開発政策 …… 54
4-1. メコン地域における交通インフラ開発　　4-2. 日本政府のメコン地域への経済開発協力　　4-3. タイの産業活動の地方分散と国境経済圏の開発
5. 日本企業のアジア事業戦略と知識移転 …… 65
5-1. 「プラスワン」戦略と事業拠点間知識移転　　5-2. タイの産業高度化政策と事業拠点の機能高度化
6. おわりに …… 77

第3章　国境を超える知識移転と法的障壁　　清水　剛

1. はじめに …… 79

2. 知識移転と国境 …… 81
3. 法的障壁の要素 …… 85
4. 国家による法的障壁のコントロール …… 89
5. 企業による法的境界線への対応 …… 93
5-1. 障壁の引き下げ　　5-2. 障壁の利用
6. おわりに―「境界線」のマネジメント― …… 97

第Ⅲ部
事例研究

第4章　国境を超えるガバナンス
―地域本社の機能と知識マネジメント―
清水　剛

1. はじめに …… 100
2. 地域本社の機能 …… 102
3. 地域本社の機能に関するインタビュー調査 …… 106
3-1. 調査の概要　　3-2. 中国地域本社に対するインタビュー調査
3-3. シンガポールにおける専門家へのインタビュー調査
4. 検討 …… 112
5. おわりに …… 116

第5章　製造・開発現場における
知識移転と「海外準マザー工場」の役割
―タイにおける日本発条株式会社のシート事業の事例
河野英子・植木　靖

1. はじめに …… 118
2. 問題の設定 …… 119
2-1. 海外子会社間での知識移転　　2-2. 海外子会社の吸収能力
2-3. 知識移転組織としてのマザー工場と「海外準マザー工場」
3. 分析のデザイン …… 123
3-1. 分析の視点　　3-2. 研究方法・対象
4. 事例分析 …… 129
4-1. バンプー工場でのシート生産・開発開始と開発設計機能の育成

4-2. バンポー工場・研修センターの設立　　　4-3. タイ人材関与によるヘマラート工場設立と開発・量産体制の確立　　　4-4. タイ人材主体でのカンボジア工場立ち上げ

5. 分析結果 …… 137
5-1. 海外準マザー工場の生成プロセス　　　5-2. 海外準マザー工場の機能
5-3. 三主体間関係とグローバル・ネットワーク

6. インプリケーションと残された課題 …… 140

第6章　製造・開発現場の知識創造と知識移転
―中国における日本アパレル企業A社の事例分析―　　　孫　德峰

1. 問題提起 …… 142

2. 分析視点：現地での知識創造と本国からの知識移転 …… 143
2-1. 現地での知識創造の必要性　　　2-2. 現地での知識創造と本国からの知識移転

3. 事例分析 …… 148
3-1. 第一フェーズ：本国からの知識移転　　　3-2. 第二フェーズ：現地主導の知識創造と知識移転

4. 考察 …… 160
4-1. 事例のまとめと解釈

5. 結論 …… 163

第7章　海外子会社における知識継承
―前任者と後任者の引き継ぎに注目して―　　　服部泰宏

1. はじめに …… 165

2. 先行研究のレビュー …… 167
2-1. 多国籍企業内における知識移転の問題　　　2-2. 多国籍企業における国際人的資源管理と知識移転　　　2-3. 日本企業の海外赴任問題
2-4. 先行研究の整理　　　2-5. 見過ごされてきた論点としての引き継ぎ
2-6. 研究課題

3. 調査デザイン …… 175
3-1. 調査対象と分析の単位　　　3-2. 調査方法と分析方法

4. スタディ1：引き継ぎの内容と帰結 …… 177
4-1. 引き継ぎの内容　　　4-2. 意図せざる引き継ぎ　　　4-3. 引き継ぎ過少の帰結　　　4-4. 引き継ぎ過剰の帰結

5. スタディ2：
   「ドキュメントを伴う丁寧な引き継ぎ」の先行要因の分析 …… **186**
5-1. 質的比較分析について　　5-2. 2値のデータ表の作成
5-3. 分析結果　　　5-4. 結果の解釈
6. ディスカッション …… **197**
6-1. 発見事実の要約と結論　　6-2. 本研究の含意　　6-3. 今後の課題

第Ⅳ部
考察

Ⅳ-1　知識移転における地域本社の役割 …… **202**　　清水　剛

Ⅳ-2　知識移転における下位ユニットの役割 …… **209**
「海外準マザー工場」の役割　　　　　　　　　河野英子

1. 海外準マザー工場の機能 …… **209**
2. 海外準マザー工場による知識移転 …… **211**
3. 海外準マザー工場と他主体との関係 …… **212**
   3-1. 本国本社との関係　　3-2. 他の海外子会社との関係
4. 海外準マザー工場と「統合型」アーキテクチャ・組織 …… **213**
5. 各主体の機能高度化とグローバル・ネットワーク …… **214**
6. 課題：知識吸収・移転サイクルの持続可能性 …… **215**

Ⅳ-3　知識移転・創造における下位ユニットの役割 …… **217**
アパレル企業A社の中国研究開発センターの事例からの考察
西脇暢子・孫　德峰

1. 海外準マザー工場の役割 …… **217**
2. 日本アパレル企業A社の現地研究開発センターの役割 …… **218**
   2-1. 第一フェーズ　　2-2. 第二フェーズ

Ⅳ-4　オペレーショナルな知識のマネジメントと
赴任者が認知する境界線の多様な網目 …… **224**　服部泰宏

1. オペレーショナルな知識の重要性 …… **224**

2. オペレーショナルな知識の引き継ぎと境界線問題 …… 226
3. 海外赴任者が知覚する多様な境界線の網目 …… 227
4. 認知的な境界線を超えるために …… 230

Ⅳ-5　日系企業における知識創造と知識移転の順序 …… 232
孫　德峰

1. 知識の探索と活用 …… 232
2. 知識移転と知識創造の順序 …… 234
2-1．知識移転から知識創造　　2-2．知識創造から知識移転
3. 知識移転と知識創造の順序に関する議論の適用範囲 …… 238

総括

参考文献
索引

第Ⅰ部

理論研究
―知識移転をどのように論じるべきか―

序章

国際的枠組みで行われる知識フロー

浅川和宏

1. 多国籍企業における知識フローの進展

　多国籍企業による知識フローは，伝統的に，本国，本社から海外拠点向けの遠心的流れがその中心であった（Ronstadt, 1977）。主要なイノベーションは本国・本社にて発生するという考え方は，多国籍企業が自国の優位性をベースに競争優位を構築するという前提に基づいている（Dunning, 1994）。

　しかし，近年の急速なイノベーションのグローバル化に伴い，主要知識が世界各地に分散し，企業にとってもイノベーション活動が本国のみならず海外各国にて展開される必要性が高まった。それに伴い，自社の多くの海外拠点に対してイノベーション拠点としての役割が付与されていった（Frost, 2001; Doz and Wilson, 2012; Murtha, Lenway & Hart, 2001）。

　そこでは現地向けイノベーションは本社発の知識を活用する，という伝統的な前提（Ronstadt, 1977; Dunning, 1994）は崩れ，現地向けイノベーションは現地発の知識を活用するという，いわばイノベーションの自給自足的な現地化が進んでいった（Bartlett & Ghoshal, 1989）。

　更には，現地向けイノベーションが本国ないし第三国市場にも通用するように進化し，ローカル・イノベーションの世界市場向け普及という新たな流れに発展していった。とくに，現地知識が現地拠点から本社へ移転される，いわゆるリバース・ナレッジ・フローの方向性が顕著にみられるようになった（Ambos, Ambos & Schlegelmilch, 2006; Frost & Zhou 2005）。

　この段階では，多国籍企業内の知識フローは，本社から海外拠点，海外拠点から本社，海外拠点から他の海外拠点，といったあらゆる方向性が現実的

となった（Gupta & Govindarajan, 2000）。多国籍企業の本社，海外拠点を含めた各拠点が，それぞれの長所を生かして社内の他拠点に対し知識移転を通して独自の差別化しうる貢献を互いに行うパターンは，かつて「トランスナショナル」モデルの特徴とされたが（Bartlett & Ghoshal, 1989），今日においてはそうしたパターンは現実のものとなった。

またイノベーションのグローバル化は，重要な知識創出活動の地理的立地の急速な拡大をもたらし，従来想定外の立地でも重要なイノベーションが十分起こりうる状況となった。そのため，企業は自社拠点の存在しない国・地域であっても重要知識が存在，発生する可能性を常に念頭に置く必要がある。つまり，自社内拠点のみに全面的に依存しえない状況が生まれ，自社拠点のないロケーションであっても公式・非公式な対外的ネットワークにより外部知識を獲得する知識のオープンソーシングの流れがますます重要になっていく（Chesbrough, 2003; Doz, Santos & Williamson, 2001）。重要な知識の所在は，必ずしも従来のイノベーションの実績を誇る定番ロケーションのみではない。イノベーションの実績は乏しい意外なロケーションを含め，広範囲に感度の良い知識情報のアンテナを張り巡らせ，いかなる場所からも価値ある知識を発掘し獲得することが益々重要となった（Doz et al, 2001）。

2. 現地知識のグローバル普及における海外拠点＝リージョナル・オフィス＝本社のリレー

前節でも触れた伝統的な知識フローでは，本社から海外拠点への流れが中心であったが（Ronstadt, 1977; Kuemmerle, 1997），やがて海外拠点の役割も単なる本社知識の受け皿から能力構築型拠点へシフトしている傾向にある（Cantwell & Mudambi, 2005）。そして強力な海外拠点は，その所在国の市場向けイノベーションはもとより，本国市場向けイノベーションに対しても貢献しうる能力を高めている（Ambos et al, 2006; Frost & Zhou, 2005; Kuemmerle, 1997）。

では海外拠点から社内他拠点への知識移転が行われるために必要な条件は何か。海外拠点発の知識が本社へ移転されるにあたり重要な要素は，なによりも海外拠点と本社との関係性が十分緊密であること，技術開発など知的活動に関する共同作業が活発であること（Frost & Zhou, 2005），そして本社側に

海外拠点からの知識を受け入れる意欲と技術吸収能力があることがこれまでの実証研究により明らかにされている (Ambos, et al., 2006)。

　また，海外拠点が現地国，本国以外の第三国向けイノベーションに寄与することもある。海外拠点発の知識が本社を介さず，別の現地拠点に移転され，イノベーションの横展開が行われることもある (Gupta & Govindarajan, 2000)。但し，海外拠点が直ちに世界市場に貢献する知識を提供できるわけではない。海外拠点発の知識は多くの場合，現地特有の文脈に根差しており (Andersson, Forsgren & Holm, 2002)，主に現地市場を対象としたイノベーションを目的として創造されていることから，文脈の異なる他国市場に移転後直ちに役立つとは考えにくい。海外拠点と他の社内拠点をつなぎ，知識の需給両サイドの事情を把握するいわゆる知識の対内的仲介役が必要となる。その意味で，現地各国拠点と本社との両方に接点を持つ中間組織としての「リージョナル・オフィス」の仲介が時として重要な役割を果たす (Asakawa & Lehrer, 2003)。リージョン（すなわち超国家地域）の知識仲介を演ずるリージョナル・オフィスは地域本社あるいは地域統括本部であるとは限らない。あくまでもリージョン内外の知識仲介の役割を果たす組織のことであり，ひとつの国の海外拠点がリージョンの知識仲介を担う場合もある。したがって，ここではあえて「リージョナル・オフィス」という用語を用いている。

　海外現地発知識のグローバル普及の流れを仲介する社内組織としてはリージョナル・オフィスのほか本社があげられる。本社は世界各国の現地拠点と直接つながっており，各現地拠点間の知識や能力の移転，共有を促進することが可能である (Dellestrand, 2011)。しかし，本社が必ずしも世界各国の遠方の海外拠点の知識をすべて把握できるとは限らない。他方，リージョナル・オフィスの場合，リージョン内各国の知識情報をある程度集約し，グローバルに移転普及できる形に変換することは可能だが，リージョナル・オフィスが世界市場（とくに自らのリージョン域外のエリア）に直接接点を持つとは限らない。そこで，現地知識のグローバル普及のためには，現地拠点―リージョナル・オフィス―本社の知識のリレーが重要になる (Asakawa & Lehrer, 2003)。リージョナル・オフィスは現地各国拠点からの知識をグローバル本社につなぎ，グローバル本社が世界市場向けに有用な知識を普及するという流れである。

3. 多国籍企業による現地外部知識の獲得

　多国籍企業の知識フローは社内のみならず社外との関係を含めて考察することが必要である。今日のオープン・イノベーション時代において，社外の外部知識の獲得が企業のイノベーションにとって益々重要となった。多国籍企業の場合，世界各国にある海外拠点の存在は海外の社外知識を獲得する上で有効である。それと同時に，企業や大学などとの公式・非公式な連携，交流を通じて，現地の外部知識の獲得は可能である。獲得する外部知識は，海外現地（ローカル）のものと，より広範囲のグローバルなものに分類できるが，ここではまず現地の外部知識の獲得に焦点を当て，その促進要因に触れる。

　海外現地知識の獲得のパターンには，現地拠点を介した獲得と現地拠点を介さない獲得（通常は本社による直接のアクセス）の両方のパターンがある。まず，現地知識を多国籍企業の現地拠点を通じて獲得する場合だが，現地知識の獲得には現地環境に精通した現地拠点が一般的には適していると考えられるが，そのためには次の条件がそろっていることが重要である（Song, Asakawa & Chu, 2011）。第一に，現地拠点が現地環境における十分な対外的ネットワークを有していること（Andersson, Forsgren & Holm, 2002）。重要な立地に拠点を持ちながら，現地コミュニティーとの関係が希薄では，外部知識の獲得という観点から不十分である。第二に，その拠点が現地の重要な知識を獲得できるだけの十分な吸収能力（Cohen & Levinthal, 1990）を保有していること。自らの技術吸収能力が低ければ，せっかくの高度で価値ある外部知識も適切に獲得，評価，活用できない。第三に，その拠点の能力，役割がローカル・イノベーション遂行であること。能力があまりにも高すぎ，役割がローカル・イノベーションの範囲を超えてしまう場合（例えば，拠点の使命が世界市場向けイノベーションと定義されている場合など），その拠点はもはや現地知識の獲得に関心を失い，その他の国，地域からのより進んだ知識の獲得を目指す傾向にあるだろう（Song, et al., 2011）。

　一方，現地知識を現地拠点経由で獲得ではなく，直接獲得するパターンもある。その場合，多国籍企業自体に海外知識を獲得するだけの十分な吸収能力が備わっていることが必要条件としてあげられる。しかし，多国籍企業の

吸収能力は現地知識の学習能力を高める反面，学習意欲を低めるというパラドックスも指摘される。そこで，十分高いが度を越さない程度の吸収能力が現地知識の獲得には最も有効だという。さらに，現地国の技術水準が本国より高いほど企業は現地知識を獲得するという傾向も明らかになっている（Song & Shin, 2008）。

実際，現地に自社拠点が存在すればその拠点を介して現地知識を獲得するのが好都合だが，現地拠点がない場合でも現地の知識を獲得することは可能である。但し，現地拠点がある国からのほうがない国からより知識獲得は行われる傾向にあるという結果もある（Song & Shin, 2008）。

4. 多国籍企業によるグローバル外部知識の獲得

海外拠点が現地国以外の第三国から遠隔知識を獲得することは，現地知識の獲得を超えたよりグローバルな活動である。そもそも現地拠点は他国の遠隔知識より現地固有の知識の獲得に適している。現地国以外の遠隔知識の獲得は，より困難さを伴うとされるが，最近の傾向として，現地拠点の遠隔知識の獲得の流れがみられる。つまり，本社，海外現地拠点にかかわらず，いずれも世界中の知識にアクセスする流れになりつつある。

海外拠点が他国の遠隔知識を獲得するには，やはりその拠点が世界中の大学・研究機関，ベンチャー，大企業などとの太いパイプを持ち，広範囲にアンテナを張り巡らせていることが必須である。また，海外拠点間同志の横の交流も，離れた国々の事情や知識の保有者へのアクセスなど，海外他国から新たな知識を獲得する上にプラスになる場合もある。

さらには，本社との知識情報共有も有効となる。海外現地拠点は本社の有する世界中の知識情報を有効に利用して，その現地拠点の情報ネットワークのローカルさを克服し，世界中から知識を獲得することがより可能となる（Asakawa, Park, Song & Kim, forthcoming）。本社との間で知識情報共有型交流を深めた海外拠点は，本社から得られた世界各地の情報を有効活用し，他国から直接知識を獲得する可能性が高まる。しかしその反面，本社との関係がマイナスに転ずることもある。本社との管理事務上のつながりが強まるにつれ，そうしたメリットよりも本社からの無用の行政介入があだとなり（Andersson,

Forsgren & Holm, 2007），海外拠点による現地以外の遠隔知識獲得が制約を受ける（Asakawa, et al., forthcoming）。海外拠点は本来，その主な役割として，現地国市場への現地適応，現地独自の知識獲得による現地向けイノベーションということがあげられる。従って海外拠点が他国より遠隔知識の獲得を目指す場合，本社とのかかわりは諸刃の剣である（Asakawa, et al, forthcoming）。

5．多国籍企業による外部知識の獲得・移転・融合・活用

　世界中に点在する知識をいかに迅速かつ的確に発掘，獲得し，社内に移転・融合し活用しうるかは，多国籍企業のグローバルなオープン・イノベーション戦略上，重要な課題である。この一連の流れは，メタナショナル・イノベーション・サイクルといわれる（Doz, Santos & Williamson, 2001）。これまでは主に獲得・移転を中心にみてきたが，その先の融合，活用が機能しなければせっかくの知識も宝の持ち腐れとなってしまう。知識の獲得段階では「対外的知識・情報ブローカー」，すなわち外部コミュニティーとの接触を図りながら現地特有の知識をうまく取り込むことのできる現地状況に精通した知識の仲介役が重要だ。しかし，移転，活用へとつなげる際には，知識の送り手としての現地拠点と受け手としての本社や他拠点との連携が必要となる。そこでは，「対内的知識・情報ブローカー」，すなわち新たに獲得された現地知識を潜在的ユーザーにつなぎ，知識の需要と供給をマッチングさせる役割が重要となる。更には，対外的知識・情報ブローカーと対内的知識・情報ブローカーのリレーを円滑に行うことにより，このメタナショナル・イノベーション・サイクルがスムーズに回っていく。対外的，対内的知識・情報ブローカーをつなぐリレーの役割が重要となる。

　但し，このサイクルに潜むパラドックスがある。いわゆる能力と意欲をめぐるパラドックスといわれるものである（Song & Shin, 2008）。世界中の知識を発掘し獲得できる企業は，吸収能力（Cohen & Levinthal, 1990）の優れた企業であるが，そうした企業は，世界中にアンテナを広げて新規知識を獲得する必要性を感じていない場合が多い。自社内部の技術・知識で十分まかなえるという自信がその基本にはある。よって，敢えてコストを生む広範囲の知識獲得のアンテナ設置には後ろ向きになり，新規の潜在価値ある知識の発掘

機会を逃してしまうことになる。つまり，知識獲得能力はあるが意欲に乏しい状況といえる。他方，世界中に分散する新たな知識を獲得する意欲の強い企業は，多くの場合，自らの限界を認識しており，外部知識によりその能力の欠如を補完しようと考えている。しかしその技術蓄積の欠如により，吸収能力（Cohen & Levinthal, 1990）不足で新たな海外知識を十分に活用できない場合がある。つまり，意欲はあるが能力が不十分の状況といえる。メタナショナル・イノベーション実施のためには，こうしたパラドックスを克服することが課題である。

　企業においてこの一連のメタナショナル・イノベーション・サイクルが円滑にまわるには，何よりも企業全体としてその重要性を共有することが肝心であろう。その意味で，全体を統括するトップの理念，価値観，そしてインセンティブこそ，重要だろう。

6. これからの国際的知識フローをめぐる論点

　イノベーションの高度化，急進化に伴い，一社単独で創出しうる知識は限られてきた。企業組織内外の境界線が益々曖昧になり，外部知識の探索，獲得と活用が成功の鍵となった。グローバル規模でオープン・イノベーションを展開することは多くの企業にとり不可欠となりつつある。

　これまでの議論は主に大企業である多国籍企業がグローバル規模でオープン・イノベーションを推進する上で有効な知識の獲得・移転・活用のマネジメントについて検討した。勿論こうした課題は今後も引き続き重要であることには変わりはないのだが，他方において，イノベーションのパラダイムが大企業を中心としたものから，小規模企業を軸としたものに変化しつつあることも看過できない。いわゆる，ユーザーイノベーションもしくはフリーイノベーションのパラダイムへの流れである（von Hippel, 2005; 2017）。グローバル規模での知識の流動化を考えた場合，リードユーザー，個人発明家，ベンチャー，大学，研究機関，政府などの関係機関を包摂したイノベーションのエコシステムでの知識フローを考えることが益々現実的になった。そこでは大企業主体の論理でグローバルなオープン・イノベーションが展開されるという発想には限界がある。なぜならば，リードユーザーや個人発明家など

は，既存の多国籍企業から提供されるインセンティブにはさほど関心を示さず，何よりも自己実現のためにイノベーションを起こすことが多いからだ。その意味で，企業がグローバル規模で世界各国の知識を獲得するためには，世界中の個人イノベーターやベンチャーの目線に十分に配慮し，金銭報酬や昇進といった伝統的なインセンティブによらない，別のさまざまな誘因を探っていくことが今後必要となるであろう。

第1章

組織内知識移転と境界線のマネジメント
―組織の境界線と知識の境界線

西脇暢子

　知識移転のねらいは，移転対象となる知識を送り手から受け手に伝え，受け手側がそれを新たな知識として利用できるようにすることである。その際に課題となるのが，移転対象となる知識の内容，意味，価値を可能な限り維持しながら，様々な移転の障害をどのようにして越えるかである。知識移転研究も基本的にはこの問題意識に基づいて，多くのことを明らかにしてきた。その一方で，次のような課題も抱えている。

　第一に，知識とその捉え方が研究ごとに異なり，性質や形態の異なる多種多様な知識が混在している。第二に，移転の障害として，知識に関する要因，移転を担うアクターに関する要因，移転の場となる組織や組織内環境に関わる要因があるが，それらの関係性が示されていない。第三に，知識移転が資源の移転という側面からのみ論じられ，もう一つの側面である組織マネジメントの側面からの議論が不足している。本章は，先行研究では与件として除外されてきた境界線の機能に着目することで，これらの課題に対して一つの解答を示す。それをもとに知識移転を統一的に論じるための理論フレームワークを提示する。

1．知識

1-1．データ，情報，知識

　知識の定義や解釈は多様で確定的なものがあるわけではない。ただし，データが情報を構成し，情報が知識を構成するという点，データ，情報，知識は，いずれも組織における知的活動のコアと考えられている点では，先行研

究の間でほぼ共通見解を得られている。知識マネジメント研究の詳細なレビューをもとに知識の概念を整理している研究（Alavi & Leidner, 2001; Faucher, et al., 2008; Hicks, et al., 2006）によると，知識，情報，データは知的資源を表す用語として次のように整理できる。

　データは，事実の一部分や事実を表すシンボル，記号，数値，測定値であり，部分的で定性的で不連続であり，加工や体系化がなされていない点に特徴がある。情報は，意思決定や分析など何らかの目的で用いるために，無機的なデータを加工し，構造化や体系化することで，意味解釈をほどこしたものである。データを事実の一部分を表す「点」とするなら，情報はそれらをつなぎ合わせたもので，ネットワークやフローと説明されている。知識は情報をコンテクストに合わせて加工したり意味解釈を加えたりしたもので，データと情報の構成物にあたる。知識は人間が行動したり何かを判断したりする際の指標や基盤となるもので，広い意味で能力（ability, capability, capacity）と考えられている。そこには，スキルや専門技術のように，テクニカルでよりよい成果を出すためのツールとなるものから，信念やコモンセンスのように，人間が社会的に妥当な行動やふるまいをするための基盤となるものまでが含まれている。データ，情報，知識の関係は，構造的には図Ⅰ-1-1のような連続性のある階層構造として説明されている（Faucher, et al., 2008; Hicks, et al., 2006）。

　知識と情報は，概念上は区別されるが，どちらも認知メカニズムの作用やコンテクストの影響を受ける知的資源であり，実質的な違いを見いだしにくい。以下で述べるが，ルーティンやプログラムのように，知識と情報が結びついて一つの知識を構成している場合には，両者の区別はさらにあいまいになる。先行研究を見ても両者の区別は必ずしも明確ではなく，ほぼ互換的に用いられている[1]。

---

[1] 知識と情報が同一視されるのは，どちらにも意味，価値，行為が関わることが影響しているからである。たとえば野中（1990）は，情報には意味的側面と形式的側面があり，前者は意味や差異を認識させる質的な側面，後者はそれを記号や数字でとらえたものと説明している。情報学の観点から生命体にとっての情報の特性や役割を論じている西垣（2008）も，情報は意味や価値と結びつきをもち，生物の選択的行為を通じて事後的に派生するものと述べている。

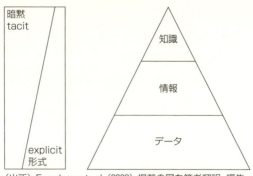

図 I-1-1　知識の階層構造

（出所）Faucher. et. al (2008) 掲載の図を筆者翻訳. 編集.

1-2. 知識の形態：形式知と暗黙知

　知識には，知識の構成要素が記号，データ，情報などの形に転換され，かつそれらが要素間の関係性を含めて体系的に示されているものと，それらがあいまいなものがある。前者が形式知（explicit knowledge），後者が暗黙知（tacit knowledge）である。暗黙知と形式知は，野中（1990）が組織における知識創造メカニズムを解説する際に用いているメタファーであり，知識マネジメントや知識移転研究など，知識を対象とする多くの研究で引用，参照されている。

　暗黙知と形式知の違いは，本質的には知識の構成要素が整理体系化されている程度の違いであるが，それが両者の性質や機能に様々な違いをもたらしている。暗黙知（暗黙的知識）とは，「語ることのできる分節化された明示的知識を支える，語れない部分に関する知識（野中, 1990, p. 54）」であり，属人的で，特定のコンテクストにおける行為，コミットメント，関与に深く関わっている点に特徴がある。形式知は高度に整理体系化がなされており，知識体系に知識以外の要素が含まれる余地が少ない。客観的でアクターの認知やコンテクストの影響が少なく，マニュアルやデータベースなどのように，言語や文書の形で客観的に表記できる点に特徴がある。野中はこれら2タイプの知識の相互循環が，組織における新たな価値創造の鍵だと考えている。

1-3. 複合的知識：プログラム，ルーティン，テンプレート

　知識は単独で知識としての機能を果たすだけでなく，関連する複数の知識

や，組織における人々の活動や諸要素が相互に結びつき，新たな意味や価値や機能を備える場合がある。このような複合的な知識にプログラムとルーティンがある。ルーティンを形式化したものがテンプレートである。

プログラムは，外部環境からの刺激とそれに対応すべき行動，態度，思考の組み合わせをパターン化したもので，「環境からの刺激によって喚起される高度に複雑かつ組織化された反応の集合（March & Simon, 1958）」と定義される。ルーティンは，「複数のアクターを巻き込んでいる反復的で認識可能な相互依存するアクションのパターン（March, 1991; Feldman & Pentland, 2003）」や「企業におけるすべての規則的で予測可能な行動パターンを表す一般用語（Nelson & Winter, 1982, p. 14）」と定義されるもので，反復性があり，ルールや慣習に縛られており，繰り返しても容易には変化しない点に特徴がある（Feldman, 2000）。ルーティンとプログラムの共通点は，反復性，認識可能性，再現性を備えている点，組織における学習を通じて習得されることである。両者の違いは，プログラムは刺激から反応までの過程で，アクターが適切な反応を選び出す「選択」が介在するのに対して，ルーティンは刺激と反応が固定化されているために，選択が介在する余地が少ないことである。選択が単純化されている程度に応じて，活動の集合はルーティン化されているとみなされる（March & Simon, 1958）。

ルーティンには，原則に従って同じ行動を繰り返すことを意味する「指示的側面（ostensive aspect）」と，その場の状況やメンバーの組み合わせなどにあわせて即興的に行動することを表す「遂行的側面（performative aspect）」という対照的な2側面がある（Feldman & Pentland, 2003; Pentland & Feldman, 2005）。前者は組織がもつ慣性や安定的な性質と関係するが，後者は組織の柔軟性と変化の源泉であり，繰り返し行動の中で行われる創意工夫や試行錯誤と関係している。

アクターが行う業務には，繰り返しパターンとしてセットにできる部分とできない部分があり，前者がルーティンとなる。日々の業務プロセスの中で利用されるルーティンのうち，ひな形として繰り返し利用，参照されるものがテンプレートとなる（Nelson & Winter, 1982; von Hippel & Tyle, 1995）。テンプレートは，たとえば不具合の予兆など，通常とは違う何かを発見した時に，その大きさやインパクトを判断するために参照されたり（von Hippel & Tyle,

1995)，巨大かつ複雑すぎて個人では処理できないシステムを比較的正確にコピーできたりすることから（Nelson & Winter, 1982, p120），組織的な行動パターンを他に移転する際に用いられる。

　ルーティン，プログラム，テンプレートを導入，実行することで得られる効果は，資源と認知能力の選択と集中による省力化と効率化の実現である。これにより，アクターは様々な制約や限界を克服できるほか，資源や認知能力のゆとりを創造的活動に振り向けることができる。専門的なスキルとそこから生み出される高いレベルの成果も，多くの部分は自動化されたプログラムやルーティンに依拠している（Abbott, 1988; Nelson & Winter, 1984）。ルーティンとプログラムは組織の各所にある活動単位であり，そこに知識としての価値がある（Nelson & Winter, 1984）。両者が組織の創造的活動とどのように関連するかは，それぞれの構成要素間の結びつきの強さや結びつきの構造による。

2．知識の二側面

2-1．組織活動のアウトプットとしての知識

　知識の特徴は，組織で行われる様々な付加価値創造活動のインプットであり，同時にそうした活動の結果生み出されるアウトプットでもあるという，両義的な性質をもつことである。インプットとしての知識は現在の組織のタスクや目標達成のために利用され，アウトプットとしての知識は，未来の組織活動のための原資であり，さらなる成長やより高いレベルの目的達成のために利用される。このような知識の循環的な創造と活用のサイクルが知識マネジメントであり，先行研究では，知識の創造（獲得を含む），創造あるいは獲得された知識の移転および共有，移転先での知識の活用とそれによって期待される新たな知識の創造，からなる一連のサイクルと説明されている（たとえば Alavi & Leinder, 2001; Becerra-Fernandez & Sabherwal, 2001; Darroch, 2005; Faucher, et al., 2008; Nonaka, 1994）。

　知識を組織活動過程で生み出されるアウトプットと位置づけているのが，学習論に依拠する知識マネジメント研究群（以下「学習論系の研究」とする）である。これらは知識を，個人の認知や組織コンテクストの影響，ならびに

コラム:資源と知識の関係

　経営学において資源と知識の関係は必ずしも明確に示されてこなかった。どちらも資源である点に着目するなら,両者の関係を図のように表すことができるだろう。

　大枠となっている資源（経営資源）には,「リソース」と「ケイパビリティ」が含まれる（Collis & Montgomery, 1998; Grant, 2007）。リソースとは,企業によって所有またはコントロールされている利用可能なストックとしての資源であり,技術ノウハウ（パテント,ライセンスなど）などの知識に該当するものと,ヒトやモノなどの知識に該当しないものが含まれる（Amit & Schoemaker, 1993）。ケイパビリティは組織がインプットをアウトプットへと変換するために用いるもので,人材やプロセスの複雑な組み合わせ方（組織ルーティン）や（Collis & Montgomery, 1998）,資源を束ねたり効果的に配置したりする能力（capacity）と説明される（Amit & Schoemaker, 1993）。ケイパビリティは「知識の統合（knowledge integration）」と表現されるように（Grant, 1996）,知識を使うための能力であると同時に,それ自体もまた一つの知識として機能する。それが「組織能力としての知識」といえる根拠である。ケイパビリティは,ダイナミック・ケイパビリティとの一般的なケイパビリティにわけて考えられている。ダイナミック・ケイパビリティは,急激な環境変化に対応するために組織内部と外部のコンピタンスを統合,構築,再構築する組織の動的能力であり,一般的なケイパビリティを進化させる能力である（Teece et al., 1997; Eisenhardt & Martin, 2000）。一般的なケイパビリティを利用するのがダイナミック・ケイパビリティであることから,両者は明確に区別される。

（孫徳峰・西脇暢子）

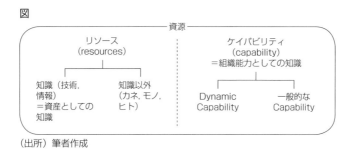

図

（出所）筆者作成

それらの相互作用によって生み出されるものととらえ,たとえば「正当化された本物の信念（Nonaka, 1994, p. 15）」,「現象間の因果関係について個人がもつ信念のセット（Cross & Israelit, 2000）」,「新たな刺激の流入によって引き起

こされる認知処理の結果（Alavi & Leidner, 2001, p. 109）」，「有効な行動のためのケイパビリティ（Argyris, 1993）」と定義している。個人の認知と組織コンテクストを重視するのは，①学習する主体（アクター）としての個人が知識を生み出す過程で行う行動や決定，②その背景にあるアクター個人の感情や思考プロセス，③アクターにとって活動と学習の場となる組織，の３つが，無機的なデータやそれらの集合としての情報を，意味や価値をもつ知識に変える鍵だと考えているからである。さらに，このようにして作られた知識が，組織活動に従事するアクターにとって意思決定や行動の際の基準となっているからでもある。アウトプットとしての知識は，人間の価値体系に深くコミットしている知識であり，学習過程と知識が実質的にセットになっている。そして，セットであることに知識としての価値がある。野中（1990, 1994）の言葉を借りるなら，このような知識は「暗黙知」にあたる。

　学習論系の研究が重視する知識の特徴は，第一に，個人の行動や思考の基盤であるかどうか，第二に，学習の産物としての知識が組織的知識にあたるかどうか，である。後者の判断基準は，知識が組織メンバーだけでなく，組織内にもストックされていること，組織のメンバーであれば誰もが自由に参照できるように，組織の知識が物的な形で保管されたり，ルーティンやプラクティスの中に埋め込まれたりしていることである（Argyris & Schön, 1996）。ルーティンに埋め込まれた価値，行動，戦略，仮説は，組織の各所において「直ちに利用できる理論（theory-in-use）」にあたる。各所で用いられている"theory-in-use"は組織全体での制度的な"theory-in-use"を構成する（Argyris & Schön, 1996）。

2-2.　組織活動のインプットとしての知識

　学習論系の研究は，組織活動過程で行われる学習とその成果である知識に価値があることを前提としているが，ここで疑問になるのが，学習の成果であれば知識は誰にとっても等しく価値があるか，である。

　組織活動の成果である製品やサービスの価値は，原則としてそれを利用する消費者や顧客が判断する。それらの価値は価格で表されるが，それが妥当であれば顧客は購入し，そうでなければ購入しない。知識の価値も同様に，それを利用するアクターによって決められるとすれば，知識が組織内で利用

される限りにおいては価値があるといってもよいだろう。なぜなら，知識を生み出した当事者や関係者がその知識を使うからである。しかし，知識が組織外の第三者に利用される場合，学習の帰結としての知識が常に価値をもつとは限らない。ある人にとっては重要でも別の人にはそうではないかもしれない。同じ人であっても，今は重要でもほかの機会では重要ではないかもしれない。知識の価値を決めるのはアクターのニーズであり，知識それ自体が絶対的な価値をもつわけではない。ここに着目しているのが，インプットとしての知識とそれを活用した付加価値創造を対象とする研究群である。代表的な研究の一つが，オープンイノベーション研究である（たとえば浅川, 2011; Bou-llusar & Segarra-Cipre's, 2006; Chiang & Hung, 2010; Eservel, 2014; Richter & Niewiem, 2009; Szulanski, 2000, 2003）。

　オープンイノベーション研究が重視している知識の特徴は，知識へのアクセスのしやすさ（accessibility）と知識利用のしやすさ（availability）に関する項目である。現代のように知識利用が進んだ社会で活動する組織では，ネットワーク空間上で結びついた複雑で多様なアクター間関係が活動のコアとなる。この場合，組織内外にある様々な知識の中から必要なものをできるだけ低コストで調達し，それを組織的活動のために確実に利用することが，知識マネジメントの成否の鍵を握る。この場合の具体的な課題は，無限に広がるアクターネットワークの中で知識を必要とする者同士がどのような方法でつながるか，関係するアクターの間で効率的，効果的に知識やその価値をどのようにやりとするか，さらに，新規に獲得した知識と手持ちの知識をどのようにして齟齬や違和感なく組み合わせ，そこから新たな価値をどのようにして創出するか，である。

　これらの課題に関わるのが，ネットワーク空間上のアクターのポジションと知識獲得の関係である（たとえばGranovetter, 1983; Burt, 1995）。ここでいう知識とは，ネットワークアクターの間でやりとりされる情報である。情報のアクセシビリティを決めるのは，アクター同士のつながりの強さとつながりの構造である。後者は「社会資本（social capital）」と呼ばれるもので，「人脈」「つて」などと表現される。ネットワーク理論は，①アクターが必要とする情報はネットワーク上の別のアクターが保有している，②必要な情報はアクターがただちに利用可能かつ調達可能な状態に整えられている，ことを議論

の前提としている。知識の獲得と利用を有利に進めるためには，バリエーションのある関係を構築することが鍵となる。限られたアクター同士で閉鎖ネットワークを作り，その中で必要な情報をやりとりするだけでなく，他の閉鎖ネットワークへのアクセシビリティの確保や，ネットワーク空間上で特定のアクターと自分だけが独占的にアクセスできるポジションをもつことも重要となる。

　オープンイノベーション研究が対象としているのは，知識の組み合わせによる価値の創出である。特に，異なるバックグラウンドや知識体系をもつ複数のアクターのコラボレーションによって実現される，新奇でこれまでの延長上にはない価値の創出に着目している。複数組織をまたいで行われる研究開発プロジェクトはオープンイノベーションの好例であるが，そこでは，組織内外から研究目的に適した知識や技能をもつアクターが参加し，お互いに手持ちの知識や情報を提供するほか，それらを組み合わせたり，それぞれの立場から異なる解釈を加えたり，外部から追加的に知識を投入したりすることで，高い付加価値を伴うアウトプットを生み出す。異なる知識を組み合わせる場合，知識を構成する要素同士の関係があまりタイトではない方がよい。これは，ルーティンの遂行的側面でも言及されているが，要素間の結びつきがルーズで「あそび」が多い方が，試行錯誤や創意工夫を生む余地が高く，機動的で柔軟なイノベーションの実現に寄与する。

　知識に価値があることを前提としない場合に重要になるのが知識の価値の測定である。知識の価値測定に関する研究は現状ではまだ少ない。それらも，知識の価値を直接測定する方法ではなく，たとえば知識が組織に流入あるいは流出した量とそれによって生じた組織的影響を分析するなど（たとえばGupta & Govindarajan, 2000），間接的な価値測定方法が中心である。その中では，Reinhardtら（Reinhardt. et al., 2001）の研究が一つの参考になるかもしれない。彼らは知識を「知的資本（intellectual capital）」と表現し，その価値の測定方法をミクロ経済学や会計学を参考にしながら次のように説明している。

　知的資本は経済的資源としての知識の側面をとらえたもので，そこには人的資本（human capital），組織資本（organization capital），社会資本（social capital）が含まれる。人的資本の価値は個人やグループの金銭的な価値（financial value）として表されるもので，たとえば教育投資や採用コストの大きさと成

果との差で測定される。組織資本の価値は組織メンバーの努力によってもたらされるもので，X効率性などの指標で測定される。社会資本の価値は関係性の価値であり，ReinhardtらはNahapietとGhoshal（1998）を援用し，関係のネットワークを通じて直接・間接に得られる，実際および潜在的な資源の総量と説明している。彼らは，社会資本が知的資本の形成と発展の源泉であるとしつつも，その価値測定方法について具体的に示していない。

2-3. 知識マネジメント研究における組織と知識

　以上の二つのタイプの知識マネジメント研究は，どちらも組織における付加価値創造を分析している点では変わらないが，分析において前提としている組織が異なる。学習論系の研究がとらえている組織は，「場」や，アクターが学習や活動を行うための場所や空間である（Argyris & Schön, 1996; Nonaka & Konno, 1998; 伊丹 1992; 1999）。場は「コミュニティ・オブ・プラクティス（Lave & Wenger, 1991）」のように，比較的安定したメンバーで構成される自律的な学習コミュニティであり，アクター間の密な相互関係と，その上に成り立っている日々の活動を支えている。場としての組織は，組織研究では一般的な機能合理的な協働体系としての組織とは必ずしも整合的ではない。しかし，今なお多くの組織的業務がオフィスのような特定の空間や場所で行われていることをふまえると，場のメタファーはアクターが体感する組織の実像を忠実に表していると言えよう。

　オープンイノベーション研究が想定しているのは，ネットワークとしての組織である。ここでいう「ネットワーク」の意味には，①組織を構成する一つ一つの部分であるユニットが相互に連結し，全体が一つのネットワークのように機能しているということ，そして，②そのようなネットワークとしての組織もまた社会ネットワークで活動する一つのアクターとして，他の組織や個人と関係をもちながら活動している，という二つの内容が含まれる。バートレットとゴシャール（Bartlett & Ghoshal, 1989）が多国籍企業を「学習ネットワーク」と描写したように，活動範囲が国際的に広がる大規模組織は，下位ユニットが自律的な学習単位として機能するだけでなく，組織全体も一つの学習する主体として機能している。経営や製品面で成功したイノベーションが子会社間で移転されるのは，組織全体とそれを構成するユニットの双

方が学習基盤として機能しているからである（Westney, 1993）。こうした点を鑑みると，知識マネジメントの観点から組織を捉える場合，組織の捉え方を次のように修正するのがよいだろう。

　古典研究以来，組織は共通目的を分業と協働を通じて達成するシステムや機構と説明され，その際の共通目的として，製品やサービスのような，組織活動から切り離され，組織外部に提供することを前提とするアウトプットの産出が想定されてきた。このような組織像は，組織の内と外が比較的はっきりと区別された，ものやサービスの提供主体としての組織を描写するのに適している。アウトプット産出を担うのは，組織の下位ユニットとそこで活動する人であり，それらは組織の権限体系を通じて統制されると説明されてきた。

　しかし現在の組織は，組織活動の最終成果である製品やサービスをアウトプットとして組織外に提供しているだけでなく，それを生み出すプロセスやノウハウも，組織のアウトプットとして組織内外に提供している。知財はその一つである。オープンイノベーション研究がとらえているように，付加価値創造過程では，組織内外から様々なアクターが業務の進捗状況に応じてフレキシブルに参加や退出を行うようになっており，組織の内と外の境目も以前ほど明瞭ではないケースが増えている。場で表現されるアクターの密な相互関係からなる協働体系は，これまでは組織の構造の枠組みの中で作られる抽象的な空間や場所と考えられてきた。この場合の構造と場の位置づけは，構造が主，場が従である。しかし，構造体としての組織の境界線が以前ほど重要でなくなりつつある現代の組織では，協働体系の範囲を表す場が，構造の枠組みを超えて広がることも珍しくない。この場合，構造の枠組みは業務を括る枠組み，場が実質的な活動単位，という関係性は変わらないが，場の活動が組織の構造を変えることもあり，構造が主で場が従とはいえなくなっている。

　組織を一つの協働体系としてまとめるための主な手段は権限であるが，権限は構造体のように，管理の対象や範囲が明確な協働体系のコントロールには適しているが，それらが安定しない場のような組織の統制にはあまり適していないため，権限に替わる別の手段が必要になる。現場主導の自律的な管理はその一つだが，なぜ自律的な管理統制ができるのかについては，リーダ

表 I-1-1　知識の分類

		知識の機能	
		資源	マネジメントツール
知識のタイプ	形式	記号，データ，フローとしての情報	道具や技能としての専門的知識，専門的技能
	暗黙	コツ，ノウハウ	組織文化，経営理念などの価値体系，ケイパビリティ

（出所）筆者作成

ーシップ，動機付け，コミットメントなどのアクター個人の心的要因を除いて，これまで十分に説明されてきたわけではない[2]。

　先行研究の多くがアクターの個人的要因に組織の自律性の根拠を求める理由は，組織のコアは個人であり，知識は個人アクターが利用または産出する資源と考えているからであろう。しかし，専門職組織やそこで活動するナレッジワーカーに関する研究は，アクターが集団単位で共有する知識体系が彼らの自律性を支える基盤であると考えている[3]。なぜなら，共通の基盤知識をもつことがアクターの組織化を促し，彼らの組織的活動とその中で行われるアクターの意思決定や行動のための指針になるからである。このような知識は，アクターにとって資源というよりも組織マネジメントの手段であり，上述の theory-in-use にあたる。知識のもつマネジメントツールとしての側面に着目すると，先行研究で議論の対象となってきた知識を表 I-1-1 のように整理することができるだろう。

　知識を通じた管理統制は，行動や意思決定の基盤となる知識の共有や共通化によって組織を統制する方法で，組織マネジメントを「任せるか任せないか」という権限委譲の問題から，「一緒に活動するかしないか」というコラボレーションの問題に変換する。アクターにとって，権限によるコントロールは上から指示や命令を受けるという意味で受動的な管理のあり方だが，知

---

[2] 代表的な知識マネジメント研究の一つである野中（1990）でもこの傾向は同じである。彼は，自律性，意図，コミットメントを個人レベルでの知識創造に必要なもの，リーダーシップを，個人レベルの知識創造を集団レベルに発展させた後で，組織レベルでの知識創造に必要なものの一つとしてあげている。

[3] 詳細は西脇（2013）参照。

識によるコントロールは，自身のもつ基盤知識に応じて協働体系への参加や参加の方法を主体的に決められるという点で，能動的で自律的な管理のあり方である。知識のもつ組織マネジメント機能に着目すると，知識移転は，これまで論じられてきたような資源配分の機会であるだけでなく，マネジメントツールの共有や共通化であり，自律型マネジメントを組織的に展開する機会でもある。この点をふまえて，次節では知識移転の先行研究の成果と課題を述べる。

3．知識移転

3-1．先行研究の分析フレームワーク

　知識移転では，①移転対象となる知識を純粋に「動かす」ために必要なコスト（transmission cost）と，②当該知識を移転先に定着させるために必要なコスト（absorption cost），の処理が課題となる（Teece, 1977）。そのうち，知識を動かすコストの処理に関わるのが，暗黙知から形式知への知識の形態転換による移転（野中, 1990, 1994），両方のコストの処理に関わるのが，知識や情報の粘着性に関する研究（stickiness; von Hippel, 1994; Szulanski, 1996）である。厳密にいうと，前者は知識移転を直接の研究対象にしているわけではなく，知識創造過程の分析の中で移転メカニズムをとりあげているだけである。しかし，粘着性研究を含めてその後の知識移転研究に様々な形で影響を与えており，無視できない重要な研究の一つにあたる。

　知識の形態転換と粘着性研究は，どちらも知識移転を特別な資源を動かす特殊な活動ではなく，組織の生産活動の過程で行われる一般的な活動ととらえている。また，両者ともに組織学習論やポランニーの暗黙知概念に立脚し，知識の移転を，知識と知識に付帯する意味解釈に関わる要素や環境要因などの雑多な要素を，組織のある部分から別の部分に持ち込む作業ととらえている。端的にいえば，両者が対象としている知識移転は知識と組織環境の移転であり，情報学などのデータや記号の移動としての知識移転とは分析の焦点が異なる。一方，それぞれが想定している知識移転を分析する枠組みは異なる。前者は，現場の創造性を引き出すために行う，利用の目的や用途に制限のない暗黙知の組織全体への移転を対象にしているが，後者は，組織の特定

部分や特定のアクターに対して行われる,顕著なアウトプットの産出や業務効率化を意図した技術や作業プロセスの移転を分析している。前者は不特定多数のメンバーの間で行われる集団内および集団間での知識の伝播や波及を対象としているが,後者は,知識の送り手と受け手という,役割が決まった二者間または多者間で行われる意識的な知識の移動または共有を対象としている。

3-2. 知識の形態転換による移転

　知識の形態転換による移転は,個人が保有している主観的で内容もあいまいな知識である「暗黙知」を,他者が理解できるように,その内容や使い方を言語や文書などの形で客観的に表した「形式知」にすることで,知識を相手に伝える方法である。

　暗黙知を移転する方法には,形式知化して移転する方法と,暗黙知のまま移転する方法があるが,知識創造において重視されているのは,個人間相互作用過程を通じて行われる暗黙知のままの移転である。主な理由は,暗黙知に含まれる勘やコツの多くは形式知化によって意味やニュアンスが変わったり,失われたりする恐れがあるというテクニカルなものだが,暗黙知のままの移転を選択すると,移転される知識の利用方法や利用目的が制約されないという利点もある。

　野中は知識創造を組織における新たな価値の創造と説明しているが,それが意味することは,たとえば画期的な製品や大ヒット商品のような高付加価値のアウトプットを生み出すことというよりも,そのようなアウトプットを生み出すための原動力となるような知識の創出にある。知識移転の本質的な目的も,高付加価値アウトプットを生み出すことではなく,そのようなアウトプットを生み出せる組織の実現にある。従って,移転対象として重視される知識は,たとえば技術のように,アウトプットとの関係が比較的明確だが使用目的や用途が制約されている知識よりも,組織文化や経営理念のように,抽象的で暗黙的だが,目的や用途に制限がなく,アクターの自由な発想や自律性を促すことが期待できる知識である[4]。知識移転とはそのような知識を組織に広く普及させることであるが,その時に重要になるのが,場と場で行われるコミュニケーションや観察を介した移転である。

場を通じた知識移転のメリットは，文書では表現しにくい知識の細かい部分や，知識に含まれる非公式にしておきたい部分を非公式のまま移転できることである。表情や声音，身振りなどの非言語コミュニケーションや観察などの複数の移転手段を併用すれば，知識そのものは伝達されなくても，受け手は知識に内包されるメッセージを理解することができる。メッセージを通じた知識移転では，受け手側はそこから遡及的に送り手が移転しようとしている知識の中身を推測し，それを自身の知識体系の中に取り込むこともできる。言語コミュニケーションを用いた知識移転を直接的な知識移転とするなら，非言語コミュニケーションを用いた知識移転は，知識の受け手側の推測を媒介とする間接的な知識移転にあたる。間接的な知識移転では，受け手側の理解度によって知識の概略だけが移転されたり，異なる内容に変換されたりするリスクがある代わりに，受け手側が自身のもつ既存の知識体系と調和させながら知識を移転できるメリットがある。間接的な知識移転を成功させるためには推測が狙い通りに行われる必要があるが，そのためには，知識の送り手側と受け手側の思考を支えている基盤知識が共通化されているのが望ましい。

　野中は暗黙知を「語ることのできる分節化された明示的知識を支える，語れない部分に関する知識（野中, 1990, p54）」と説明しているが，意味解釈の基盤となる知識は「語れない部分」を正しく解釈し，的確に知識化するための知識である。これは，個々の暗黙知の解釈を共通化しているメタ暗黙知ともいえる知識である。いわゆる「あうんの呼吸」のように，相手に何も伝えなくても自分の意図したことが相手に伝わるのは，メタ暗黙知の作用と考えることができる。

3-3. 粘着性

　粘着性（stickiness）とは特定の状況下における知識移転のしにくさを表す表現で，「ある状況下において，所与の情報ユニットを相手が利用できる形式で移転するために必要となる付加的な支出（von Hippel, 1994, p430）」と定

---

[4] 野中（1990）ではこのような知識を用いた組織作りの事例として，トップのマネジメントスタイルやポリシーの現場への移転と，それによって実現された現場レベルでのイノベーションと組織改革の事例が解説されている。

義される。粘着性を引き起こす要因は，移転される知識の特性と，移転が行われる状況の特性に大別される（Szulanski, 2003）。前者は主に，知識が単体ではなく，知識と知識を利用する環境とが一体化した知識セットになっていることに起因する。粘着性の高い知識として，ルーティンや，後述するベストプラクティスがある。後者の移転が行われる状況の特性は，知識をやりとりするアクター（情報探索者と情報提供者）の特性と，両者が行う選択が影響する（von Hippel, 1994）。知識移転は，①知識移転のための準備作業，②移転，③移転した知識の定着，で説明される一連のプロセスであるが，粘着性はこの中のどこでも発生しうる[5]。

粘着性研究が着目している知識移転の重要点は，知識の送り手と受け手の間で，当該知識に関して情報の非対称性があることと，学習量や経験値に関してインバランスが生じていることである。これは，移転が必要な知識ほど粘着性が大きくなるという知識移転のジレンマを生み出す。知識移転の場面では当然のことだが，送り手は移転対象となる知識の内容や使い方を熟知しているのに対し，受け手側はそれについてほとんど知らない。受け手側になじみがない知識こそ移転する意味があるが，そのような知識ほど移転への抵抗が大きくなる。知識移転を巡るこうしたジレンマが生じる主な原因は，新たな知識の受け入れのために，受け手側が過去の学習の成果である既習知識の棄却や刷新を求められるからである（たとえば March, 1991; Feldman & Pentland, 2003）。もう一つの理由として，重要知識ほど移転を成功させようとするインセンティブが強く働くため，移転が失敗するリスクを避けるために，知識と一緒に関連する情報のサブセットが，当面必要のないものも含めて大量に移転されるからでもある（von Hippel, 1994, p. 431）。

ここからわかる粘着性を抑制する方法は，追加的な学習を抑制して受け入れ側の負担を軽くすることと，必要以上の知識を移転しない工夫をすることである。具体的な方法として，フォンヒッペル（1994）は次の3つをあげて

---

[5] シュランスキー（1996, 2003）は知識移転プロセスを，技術移転における移転コストを論じた Teece（1977）に準じて，①移転の必要性が認識され，移転の意思決定がなされるまでの過程（initiation），②そこから移転が実行され，最初にその知識が使われるまでの過程（implementation），③知識移転によって満足のいくパフォーマンスが達成されるまで（Ramp-up），④その後のプロセス（integration），で説明している。粘着性は①から④のいずれにおいても生じる。

いる。第一に，移転元と移転先の間で反復的に情報のやりとりをすることである。粘着性の大きさは，移転の回数と一回当たりの移転コストの積で表される。たとえば新製品開発過程では，製造側とユーザー側が互いに情報をやりとりしながら最終的にユーザー側が満足するような製品を仕上げていくが，この方法は，1回当たりの移転コストを減らすとともに，必要のない知識の移転を避ける効果がある。第二に，知識に含まれる粘着性を少なくするようにタスクを区切ることである。粘着性を生み出す要因の一つは，知識に含まれるあいまいさや多義性[6]である。それらを多く含むようにタスクを区切ると粘着性は高まり，少なくするように区切ると少なくなる。タスクをどう区切るかは業務割当の基礎であり，組織全体の業務効率化に影響する。第三に，スキルや技術に含まれる暗黙知をなるべく形式知化するとともに，関連のある知識や情報をテンプレートとしてまとめることである。これらの作業は，移転のたびにかかる粘着性を取り除くための努力を，長期にわたって省力化することができる。

　テンプレート化による知識移転の効率化を分析しているシュランスキーらは（Jensen & Szulanski, 2007; Szulanski, 1996, 2000, 2003），組織内のあるユニットで成功した製品やマネジメントについての知識や，それを生み出すプロセスを意味する「ベストプラクティス」のような，明らかに成功と言えるような知識の移転であっても，受け手側の負担を軽減するとともに，受け手側に移転の目的と効果を明確に示せなければ，うまくいかないことを明らかにしている。

　ジェンセンとシュランスキー（2007）は，ある大手企業で複数回にわたって行われた，国際的な枠組みでのビジネスユニット間の知識移転（テンプレートの移転）とその影響を段階を追って調査し，テンプレートの利用が知識移転の効率化に寄与しているかどうかを質的，量的に分析した。移転対象とされたテンプレートは，ある国のビジネスユニットで成功したベストプラクティスの業務遂行方法である。移転の目的は，他国のビジネスユニットにも

---

[6] あいまいさは問題それ自体が不明瞭で，物事の因果，意図，現実性が不明瞭あるいは一貫性がないことをさす（Weick, 1995）。多義性は情報そのものがリッチなために，対立的なものや矛盾するものも含めて多様な意味解釈が可能であることをさしており，組織のあいまいさと関係が深い（Daft & Lengel, 1986; Daft & Macintosh, 1981）。

それを共有させることで，個々のビジネスユニットのパフォーマンスを向上させることである。彼らはテンプレートの有無を，組織内に複製されたプラクティスやルーティンが存在し，かつそれらが，①移転のスタート時点で存在している，②一つあるいは連結した複数のプロセスから構成されている，③観察可能である，④複製プロセスで意識的に使われる，をもって判断している。分析の結果，テンプレートの移転は，第1回目は予定通り知識が移転され，期待通り受け入れ側のパフォーマンスを向上させた。しかし，より精緻化したテンプレートの移転を試みた第2回目では，テンプレート導入によって得られる効果を移転段階で具体的に示せなかったことや，受け入れ側の抵抗などにより，期待通りの成果を上げることはできなかった。この結果は，テンプレート化された知識の内容と知識移転の状況が移転の成否に影響を与えたことを示しており，それまでの粘着性研究の主張が正しいことを示している。

3-4. 移転コスト削減のパラドクス

知識の形態転換と粘着性の議論は，どちらも移転の障害を何らかの方法で取り除く方法を提案している。知識の形態転換は，暗黙知に含まれる移転困難な要因を取り除き，知識の内容や構成を統一する方法であるが，これはフォンヒッペルやシュランスキーが論じている，粘着性を除去する作業やテンプレートを作る作業に相当する。ベストプラクティスのテンプレート作成過程では，ベストプラクティスに共通する要素の特定や，プラクティスを実行するプロセスのマニュアル化が鍵を握るなど (Jensen & Szulanski, 2007)，粘着性の除去と知識の形式化は相互補完的であることが示されている。

暗黙知のままの移転は，たとえるなら粘着性を残したままでの知識移転であり，送り手側に起因する移転の障害を知識と一緒に受け手側に持ち込むことを意味する。このやり方は，受け手側の知識を扱う環境の修正や転換を求めることになるため，粘着性の研究では移転コストを重くする要因と考えられている。しかし，別の見方をすれば，この方法は，送り手側と受け手側の粘着性要因を共通化する作業であり，知識を扱うための知識を統一する作業にあたる。そこには，双方の活動環境の共通化のほか，アクターの価値や思考の共通化も含まれる。

知識移転研究が明らかにしているように，移転コストを除去すればそれだけ移転効率が向上するとは限らない。なぜなら，送り手と受け手の間で，移転される知識に関して知識量や経験で非対称性やインバランスが発生しており，関係の構造上，両者の関係は対等ではないからである。移転コストの処理の分担は，本来であれば送り手と受け手が平等に負担すべきであるが，送り手側が自分たちに有利になるように動けば，受け手側の反発や移転への抵抗を招くなど，新たな移転コストを発生させる恐れがある。

　複数の研究を通じて，形式知化やテンプレートを用いた知識移転が必ずしもうまくいかないこと，移転の準備作業にかなりコストがかかること，さらには，それらが移転を躊躇させる要因になっていることが明らかにされている。たとえばコア技術の移転に関する研究（Galbraith, 1990）では，移転によって生産ロスが発生するほか，移転先に対して行う事前トレーニングは有効だが，技術者派遣は逆にマイナスに作用することが明らかにされている。技術移転に関する別の研究（Foos, et al., 2006）では，メンバー間の信頼や移転前から行う移転作業への関与は，純粋な技術の部分の移転に対しては有効だが，技術に含まれる暗黙知の移転に対しては，アクター間で当該知識の重要性や移転の必要性に関して認識の差があるため，必ずしも有効ではないことが示されている。

　知識移転は，知識の送り手から受け手に対して行われる一方的な作業ではなく，両者の了解の上になりたつ双方向的な活動である。知識移転は，知識を目的とする場所やアクターに送るだけでなく，移動先で新たな知識として定着させて，はじめて完了する。知識を確実に移転させるためには，移転を完了するまでの間，送り手からのフォローアップを行う必要もあるだろう。こうした作業はすべて移転コストになる。移転を成功させるためには，知識の送り手と受け手の双方が，移転コストをできるだけ少なくするよう，またコスト負担をなるべく平等にするように，協力的に行動するのが望ましい。

3-5. 知識移転研究の課題

　知識移転研究は，知識移転の障害や移転の具体的方法について多くのことを明らかにした一方で，いくつか課題も残している。

　第一に，知識移転対象者は誰なのかである。知識研究の中で移転の対象者

は必ずしも明確に示されているわけではない。代わりに，漠然とではあるが組織ユニットの構成員が移転対象者と仮定されている。移転対象者を比較的明確に示している粘着性研究でも，知識の送り手と受け手はユニットメンバーであり，その中のどのようなタイプの人が対象になっているかは具体的に示していない。ユニットメンバーは，属性，スキル，能力，担当業務などが異なる。知識移転の移転候補者の中から実際に誰に対して知識を移転するかは，期待される移転の利益と移転のコストのバランスによって決められる。ユニットを基盤に行われる個人間知識移転では，ユニット内の同じ属性をもつ者や，業務上の必要性が高いユニット内外のメンバーが対象になる。ユニットを単位とする組織間知識移転では，送り手と同じ業務を担当する複数のユニットや（Jensen & Szulanski, 2007），機能面で相互依存性が高いユニットなどが対象になる。その中で具体的に誰が知識移転の対象者になるかは，移転される知識によって決まる。技術や知財の移転では，それを理解し，利用できる，専門知識をもつメンバーが対象者となる。管理業務にかかわる知識の移転では管理者層が対象になる。組織文化のような組織における普遍的な価値を移転する場合，組織やユニットの全メンバーが対象になる。

　一般的に，移転対象者を拡大すればそれだけ移転コストは高くなる。移転を短期で終了させたい場合と，比較的長期にかけて行う場合では，対象者の選び方が違ってくるだろう。業務プロセスの移転では，その業務に関わる従業員であれば管理職層から一般従業員まで対象にする場合もあれば，業務を主導するリーダー格のメンバーに絞って必要な知識を移転し，あとはユニット内での自主的な移転に委ねることもできる。知識移転の対象者が誰なのかを把握することは，知識移転の範囲を知る手段であるだけでなく，組織側の移転のねらいや移転の効果を補足する手がかりにもなる。

　第二に，知識移転とは知識をコピーすることなのかである。先行研究は知識の移転を，移転元と同じ知識を移転先に移すことや，移転元と移転先で同じ知識を共有することと説明している。しかし，ここでいう「同じ」とは具体的にどのようなことをさすのかは詳しく説明していない。たとえば，移転される知識そのものが同じ，知識移転によって得られると期待される成果のレベルや市場でのインパクトが同等，知識を使うプロセスや手続きが同じ，など多様な解釈がありうる。シュランスキーとジェンセン（2007）が分析し

ているテンプレートの移転は，あるユニットで達成された顕著な成果を，同一組織内の同じ業務を行う別のユニットでも再現するために行うもので，成果もプロセスもコピーするケースに該当する。しかし，ルーティンのコピーによる知識移転が，パターン化されたビジネスの拡大には有効に機能しても，イノベーションにおいてはマイナスであるように (Szulanski & Jensen, 2008)，知識移転の目的がオリジナリティのある成果で他社と差をつけることだとすれば，成功した知識の模倣やコピーでは，知識の送り手側と同等の高い成果を実現するのは難しいだろう。代わりに，そのような成果を生むための発想力や創意工夫など，知識の使い方や，知識を使うための土壌の移転が必要となるだろう。知識移転が知識のコピーを作ることではない場合，知識移転の最終的なねらいがどこにあるのかを把握する必要がある。その際，どんな知識を移転しようとしているのかだけでなく，知識を通して何を移転しようとしているのかに注意しなければならない。

　第三に，移転の障害を包括的に論じるためのフレームワークの提示である。知識の形態転換と粘着性研究を通じて，移転の障害となっている要素の特定と，それらを克服する方法が具体的に示されてきた。移転の障害のうち，どの研究でも組織境界線だけは，組織を規定している構造上の壁であることが前提とされ，アクターがコントロールできない与件として分析対象外とされてきた。先行研究が研究対象としている組織は，構造体としての組織ではなく，場に代表されるアクター間関係を基盤とする協働体系である。構造としての組織を対象にしているのであれば，組織境界線は構造の壁であり，与件としてもあまり問題はないだろう。しかし，移転の障害として扱うべき組織の境界線は，厳密に言えば場やネットワークの境界線である。ほとんどの先行研究は，それらと組織の違いに言及することなく，どちらも組織として扱っている。

　構造体としての組織の枠組みとは異なり，場のような，アクターが日々の組織活動を通じて構築する協働体系を規定している境界線は安定的ではなく，アクターの業務関係や非公式的な関係の変化に応じて適宜修正，変更される。これはアクターが直接的，間接的に操作する組織の境界線であり，移転の障害ではあっても与件として扱うのは妥当ではない。むしろ，他の移転の障害と同様にマネジメントの対象と位置づける必要がある。そのためには，移転

の障害となるような組織の境界線とはそもそも何か，なぜ障害となるのかを整理した上で，知識移転にあたってアクターがそれらをどのような方法でコントロールしているのかを論じるべきだろう。

4. 知識移転の分析フレームワーク

本節では，これまで個別に論じられてきた移転の障害と知識移転の具体的方法を統一的に論じるための枠組みを提示する。はじめに，先行研究で分析対象外となっている組織の境界線と知識の境界線の定義を「命題 (proposition)」として示す。ここでいう「命題」とは試案または提案という意味で用いるもので，定理のように「真」であると証明されたものではない。命題をもとに，知識移転を「組織と知識の2つの境界線をマネジメントすること」という観点でとらえなおし，移転の具体的方法としていくつかの可能性を示す。

4-1. 境界線とは何か

境界線（boundary）とはあるものを別のものと区別する境目であり，法律やルールなどで規定される境界線，メンバーの価値認識や主観的判断を反映した境界線，保有あるいは利用する知識や情報の量や質の違いを反映した境界線など，公式的・非公式的なものを含めて様々な種類がある。境界線の特徴は，それによって規定される内と外を分離する機能と，境界線を挟んで接しているアクター同士を結びつけ，関係づける機能という，全く異なる2つの機能をもつことである。組織全体を規定する境界線の場合，組織を外部環境から分離し，活動の自律性を維持するとともに，窓口となって外部環境と組織の資源交換や相互作用を促進する役割を果たしている。組織研究はこれまで境界線の分離機能に注目し，境界線を，組織の内部を外部から遮断するものであり，構造的な枠組みあるいは組織やユニットを区切る壁ととらえてきた[7]。しかし，オープンシステムとしての組織がもつ，自律性を維持しつ

---

[7] たとえば，組織境界線が組織の機能やパフォーマンスに与える影響を論じているサントスとアイゼンハート（Santos & Eisenhardt, 2005）は，境界線が多面的な要素をもつ概念であり，境界線それ自体をとらえるのは容易ではないことをふまえた上で，あえてそれらを捨象して境界線を「組織と外部環境を分けているもの（"the demarcation between the organization and its environment" p.491)」と定義している。

つも常に周辺環境と相互作用するという一見矛盾する特徴は，境界線がもつ分離と接合の両方の機能によってもたらされているといってもよいだろう。

多様な組織の境界線を生み出しているのは，人間の認知メカニズムや行動が直接的，間接的に生み出す様々な差異である。差異には，資源や情報の量の差を表す非対称性(asymmetry)，社会階層内の縦の差異を表す不均衡(inequality)と横の差異を表す異質性（heterogeneity）(Blau, 1977)，異質な相手に接した際にアクターが感じるずれの感覚（違和感）とそれを客体化した「異和」の感覚（瀬名他, 2006），などがある。差異はそれを認知するアクターが大きさや質などを判断するため，差異があればそこに必ず境界線が現れるとは限らない。差異が組織や集団を規定する境界線であるためには，境界線の元となっている差異を，複数のアクターが差異だと認識している必要がある。この段階では，差異は非公式的な境界線にすぎない。しかし，差異が言葉やルールなど何らかの形で客観的に表現され，多くの人に差異と認知されるようになると，公式的な境界線となる。

命題1　境界線とは認知された差異である。差異の認知が公式的であれば公式的境界線となり，非公式的であれば非公式的境界線となる。

4-2.　組織の境界線

組織の境界線は，資源の組織化の観点からとらえるなら，タスクの遂行のためにアクターが提供した活動・力・知恵が協働体系として組織化されている部分と，されていない部分を規定する境目である。ガバナンスの観点からとらえるなら，組織化に伴って必要になる管理統制が及ぶ範囲と及ばない範囲を分ける境目である。何が境界線となるか，どの程度強固な壁となるかは，組織化される要素の内容，性質，要素同士の結びつきの強さのほか，それらの統制方法によっても異なる。

組織を構成する下位ユニットは「ビジネスユニット」と表現されるように，組織が行う事業や機能を軸に決められた組織内の役割や，割り当てられている業務や資源の範囲を表す。ユニットの境界線は，構造体としての組織の活動単位であるユニットの範囲を表す安定的で公式的な枠組みであり，そこには，業務規模の違い，業務遂行プロセスや手続きの違い，ユニット内で適用

される公式的なルールの範囲と内容の違い，構成員の数と範囲の違い，などが反映されている。場の境界線はユニット内業務を遂行するグループを規定する枠組みで，ユニット境界線と同様の公式的側面と，場に特有の非公式的な側面をあわせもつ。前者は組織の公式的なタスクの境界線に相当する。後者はアクター間関係が作り出す様々な差異であり，信頼やコミットメントで結ばれたメンバーシップの境界線や，グループ内でのみ有効な非公式な手続きやルールを適用できる範囲である非公式的なガバナンスの境界線を表す。

　ユニットの境界線と場の境界線の位置づけは，ユニットと場の関係に依存する。ユニットが比較的小規模で，全体が一つの場として機能している場合，場とユニットの境界線はかなりの部分が重複するだろう。ユニットがある程度以上の規模になり，ユニット内で分業が行われる場合には，ユニット内に複数の場が作られる。場の中には，ユニット内で完結するものと，他ユニットや外部組織に範囲が拡大するものがある。どちらの場合も，ユニット内部には場を規定する複数の境界線が入り込む。

　命題2　組織の境界線は内部と外部環境との間にある，経営資源の質的・量的な差異と，それらを組織化するための統治メカニズムの差異を反映している。

　命題3　ユニットの境界線は構造体としての組織の活動単位を表す枠組みで，ユニット内部と外部の間にある機能の差異と配分された資源の差異を反映している。

　命題4　場の境界線は業務グループを規定する枠組みであり，公式的には業務と資源の違いを反映し，非公式的にはメンバーシップを通じた統制が有効に機能する範囲を表す。

　ネットワーク型組織は，組織外部の諸要素に対してオープンであり，ネットワーク理論でいう「クリーク[8]」のように要素間が密で排他的な相互関係性をもつ場合を除いて，基本的には構造上の境界線は存在しない。ただし，組織はどのような形態をとっていても，権限や自律性など何らかの統治の手

段をもつことから，構造上の境界線はなくてもガバナンスの境界線は存在する。特に国際的な枠組みで行われる知識移転では，これは法律の違いやビジネス慣行の違いと並んで大きな障害となると考えられる。

4-3. 知識の境界線

どのような形式であれ，知識には，知識の構成要素を意味の体系として統括している枠組みがある。境界線を差異ととらえるなら，知識の境界線は知識を規定している枠組みの内側と外側を分ける調整が必要な差異であり，差異の調整にかかるコストが移転コストである。知識の境界線には，知識それ自体が生み出す境界線と，知識を扱うアクターが生み出す境界線がある。前者は知識の構造的な境界線であり，知識の構成要素を規定している枠組みの内側と外側にある差異として表される。後者は知識がもつ認知の境界線であり，知識の構成要素の解釈に関して知識の送り手と受け手の間で生じる意味や理解の差異として表される。移転コストも同様に，知識の要素間の調整に必要となるコストと，知識の解釈や認識のずれを調整するためのコストに大別される。

命題5　知識の境界線には構造的な境界線と認知の境界線がある。構造的な境界線は，知識の構成要素を規定する枠組み内外で生じる要素間の差異，認知の境界線は，知識を扱うアクターの間で生じる知識の解釈や内容理解の差異である。

複合的知識は，複数の知識とそこにかかわるアクターや環境などの複数の要素が，全体で一つのプロセスやパターンとなるように順序づけられている。プログラムはそれらが一定条件のもとで喚起される刺激と反応のセットとして，ルーティンはそれらが原則通りの，あるいは，状況に合わせた繰り返しのパターンとして体系化されている。

複合的知識を構成する諸要素のうち，形式知化可能な部分は仕様書やマニ

---

[8] クリークとはネットワーク内で直接的に連結し，相互に強い関係で結ばれているアクターの集合をさす（Burt, 1995）。クリークの境界線は，ネットワーク上のその他のアクターとの間で生じる，ネットワーク内部のつながりの構造とつながりの密度の差である。

ュアルなどの形で文書化したり，コアとなる作業手順やプロセスをテンプレートとして標準化したりする。そのような形に落とし込めない部分は暗黙知のまま残される。先行研究が明らかにしているように，暗黙知やルーティンのような形式化が十分ではない知識に比べて，形式知やテンプレートは移転コストが低い。つまり，形式化された知識は外部との間に移転の障害となるような差異を生み出していないか，差異はあっても調整が比較的容易であるために，実質的に移転の障害になりにくいと言える。

　形式上の違い以外で複合的知識の移転コストを高くする要因として，第一に，構造上の理由があげられる。複合的知識は，知識の構成要素の順序や組み合わせが意味や価値を生み出しているために，それらの変更や他の要素との差し替えによって本来の意味や価値が失われる恐れがある。それを避けるためには知識全体を一つのセットとして扱わざるを得ず，移転の大きな障害となる。

　第二に，知識とそれを利用する組織の間で行われる相互正当化があげられる。知識は「正当化された信念」と定義されるように，単なるデータや情報の集合体が知識になるためには，何らかの方法で正当なものとして承認される必要がある。暗黙知やルーティンのように客観化されていない知識の場合，組織内で利用されることが正当化の根拠となる。知識を利用するのは実質的な協働体系である場である。構造体のような明確な枠組みをもたない場は，活動することが組織内で存在を示す根拠となる。活動実態のない場は利用されない知識と同様に，存在が認識されず，いずれ忘れられる。知識と場は，互いに相手を利用しあうことが互いに相手を正当化する手段となっている。一体化する知識と場が生み出す境界線は，知識を相手に送る場合にも，新たな知識を受け入れる場合にも，高い障壁となる。

　知識の境界線には，移転対象となる知識の境界線だけでなく，それをマネジメントする知識を規定する境界線もある。知識を扱うための知識は，組織内で獲得されるものだけでなく，資格や言語のように，組織参加前の学習を通じて習得されるものも含まれる。このような知識の中には，ケイパビリティとして知識の活用の鍵を握る重要な基盤知識となるものもあれば，専門家集団や学閥のように，同質的な知識をもつ者同士や，知識習得の経験や知識習得のための場を共有する（した）者同士が集団を形成する時の土台となる

ものもある。知識の保有と利用を通じて組織内に様々な集団や組織が作られることで、組織内にそれらを規定する多様な境界線が生み出される。

4-4. 組織における知識の階層性

多様な知識で構成される組織の知識には、各ユニットが保有、利用する知識の体系と、それらを統括している組織の知識体系がある。両者の関係を図示したのが図 I-1-2 である。組織の知識には、主に組織で行われる生産活動の資源や手段となっている知識と、そのような知識をマネジメントするための知識（基盤知識）がある。基盤知識にはさらに、ユニット固有の基盤知識と、ユニットで共有する基盤知識がある。すべてのユニットが共有する基盤知識は、個々のユニットの基盤知識を支えている土台であると同時に、組織の基盤知識にあたる。ユニット単位あるいは組織単位の基盤知識を主に構成するのは、ルーティンやプログラムのような複合的知識であり、技術やスキルなどの体系化された知識や技能のほか、文化や価値などの、意思決定や思考プロセスに影響する組織における theory-in-use が該当する。

知識は、構造的にはデータや情報などの記号やシンボルから構成されるストックまたはフローであり、それ自体も意味をもつが、他の知識や組織のコンテクストを構成する要素と組み合わされることで、多様な意味や機能を備えることができる。知識からどれだけの付加価値を生み出せるかは、知識が資源としてどれだけの価値をもつかだけでなく、組織や個人アクターが知識を扱うための十分な知識基盤をもつか否かが鍵となる。知識移転で論点になるのはまさにここであり、どのような知識を移転するかだけでなく、知識の送り手と受け手がそれぞれどのような知識基盤をもっているか、それらは共通性や親和性があるのかも無視できない。

図 I-1-2 では、最下層のユニット共通の基盤知識となる組織の基盤知識として、組織で用いる theory-in-use を想定している。一般的な企業組織であれば、このような捉え方でも問題ないであろう。しかし、組織のタイプによっては、組織以外の theory-in-use が適用される場合もありうる。たとえば医療機関やローファームのような専門職組織は、多数のスペシャリストやプロフェッショナルを従業員として雇用し、組織全体で専門的業務を遂行している。このような組織の場合、組織の基盤知識となるのは、組織の

図 I-1-2 組織の知識階層

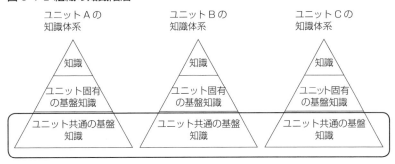

（出所）筆者作成

theory-in-use というよりも、メンバーが属する専門職集団（プロフェッション）をささえる専門的知識体系とそれに由来する theory-in-use であろう。そのほか、組織の価値よりも宗教上の信条や教義が優先される場合があるように、メンバーが所属する社会集団の差異や多様性が固有の基盤知識になるケースもある。何が知識階層を支える基盤知識となっているかは、特に国際的な枠組みで行われる知識移転を論じる場合には重要である。

4-5. 分析フレームワーク

図 I-1-2 を基にすると、組織内知識移転を次の3つのパターンに分けて議論することができる。まず、ユニット間で行われる知識階層の最上部に該当する知識の移転である。これらはユニットの生産活動で用いる知識であり、ユニットで創造された知識とユニット外から導入した知識を含む。これらの知識のうち、表面的なテクニカルな部分だけを移転するケース、暗黙的な部分を可能な限り形式知化して移転するケース、暗黙知のまま移転するケースがありうるが、いずれも送り手側の基盤知識を移転しないため、受け手側が自分たちの基盤知識をもとに、移転された知識を自由に解釈、利用することができる。オープンイノベーションで論じられているユニット間で行われるフレキシブルな知識移転のケースのほか、本書の第6章「第一フェーズ」で論じる形式化された技術的知識の移転、および、第7章で論じる人事異動に伴って行われる引き継ぎのケースが該当する。このケースで障害となる主な

境界線は，知識の形式的な境界線とユニットの構造的境界線であろう。

次に，知識階層の中層部であるユニットの基盤知識の移転である。これは，送り手側ユニットのtheory-in-useを相手側に持ち込むケースであり，資源としての知識をどのように使うか，なぜ使うのか，といったユニットの価値の移転に相当する。この場合，受け手側は現在利用している手持ちのtheory-in-useを，新たなtheory-in-useに適合するように調整したり，新たなものと完全に入れ替えたりする必要がある。このケースで障害となる境界線は，ユニットの構造的境界線とユニットの基盤知識の境界線である。組織の基盤知識を共有している場合としていない場合で違ってくるが，2つの境界線を克服しなければならない点で移転コストは高くなる。事例としては，第6章の「第二フェーズ」で解説する現地主導の知識の創造と移転が該当する。

最後に，組織の基盤知識の移転である。これは，組織で広く利用されている基盤知識を，それをもたないユニットに移転させるケースである。M＆Aなどで他組織から獲得した事業単位への価値の移転や，国際的な枠組みで行う組織文化や企業理念の移転が該当する。このケースで障害となる境界線は，組織とユニットの構造的境界線と知識の境界線である。多様な境界線の越境が必要になるため，知識移転の中でもっとも移転コストが高いケースにあたると考えられる。

本書の第5章は，以上の3タイプの知識移転が本国と現地の縦の階層で行われるケースと，現地ユニットを起点として横断的に行われるケースに該当する。詳細は5章にゆずるが，技術的な知識移転を起点として，それを使うための知識（知識階層の中層部の「ユニット固有の基盤知識」），さらには，それを統括する組織全体での基盤知識が，トレーニングを通じて移転される重層的な知識移転メカニズムを詳細に説明している。

5．境界線のマネジメント―人による調整と標準化による境界線の克服―

境界線のマネジメントという観点からとらえると，知識移転とは，組織と知識の2つの境界線をマネジメントすることで，移転対象となる知識を送り手側から受け手側に動かすことをさす。もう少し詳しく説明すると，移転対

象となる知識と移転先知識の間にある差異と，移転される知識と一緒に持ち込まれる移転元の組織内環境と移転先のそれとの間で生じる差異を，何らかの方法で調整し，障害でなくすることで，知識の共有や共通化をはかることである。以下では，様々な先行研究で論じられてきた境界線のマネジメントの具体的な方法を，人を介した差異の調整と標準化に分けて説明する。

5-1. 人による境界線の克服

人を介した境界線の克服は，差異の削減による境界線の克服方法であり，境界線となっている意味解釈のずれや非対称性を，境界線の橋渡し役となるアクター（バウンダリースパナー）が，境界線内外の情報の収集と伝達（Aldrich & Herker, 1977; Leifer & Huber, 1977; Reiche, 2011; Tushman & Scanlan, 1981），利害調整（Friedman & Podolny, 1992; Perry & Angle, 1979），組織の意思決定への影響力行使（Jemison, 1984），などを通じて調整する。この方法は，細かい差異の調整に対応できるメリットがあるが，調整がバウンダリースパナーの個人的能力に依存する。そのため，バウンダリースパナーの能力の範囲で差異を処理できるうちは有効に機能するが，それを越える場合には機能しなくなる。さらに，たとえば複数の組織階層や組織境界線をまたいで垂直的あるいは水平的に行われる知識移転のように，接触できないバウンダリースパナー同士の境界線の処理は基本的には難しい。このような場合，個人間調整だけに依存しない何らかの方法が必要になる。

5-2. 標準化による境界線の克服

標準化による知識の移転は，移転の障害となっている差異は直接操作せず，移転対象となる知識や知識にかかわる要素を調整することで，境界線を克服する方法である。標準化のメリットは，タイプの異なる境界線や複数の境界線を一度に処理できることである。標準化の対象となるのが，知識，知識伝達手段，知識を扱うための知識となる基盤知識，である。

5-2-1. 知識の標準化

知識の標準化には，まず形式の標準化がある。これは，知識移転研究が論じている形式知化による境界線の越境方法であり，組織内に多数存在する知

識の境界線と組織の境界線を克服する方法にあたる。標準化によって知識を複数の場所で共有できるようにすると，それを必要とするアクターがそれぞれの目的に応じて適宜利用できるようになる。複数境界線の同時的な越境も可能である。こうした利点がある一方で，形式知化は万能薬ではない。ジェンセンとシュランスキー（2007）が明らかにしているように，形式知化はルーティンの移転においてはあまり有効ではなく，テンプレート化して移転する場合でも，移転元と移転先の間で生じる知識と組織の境界線を完全に克服することはできない。

次に，知識の内容の標準化がある。資格はその一例である。資格は専門知識の基礎部分を習得しているか否かを示すもので，分野ごとに必要な知識の内容や使い方が標準化されている。専門知識は長期的学習を必要とする体系化された知識であるため，一般的には組織参加前に獲得しているか，組織外部での学習を通じて獲得される。同一資格取得者同士は共通基盤知識をもつために，口頭や文書を通じた知識伝達を効率的に行えるほか，職業上の価値判断や倫理観も共通化されている。たとえば法的判断の妥当性に関して専門職と非専門職の間でずれが生じるように，「正しさ」の判断基準が専門職固有のものであるケースはそれほど珍しくない。専門知識の習得は，標準化された知識の習得と基盤知識の習得の両方の効果がある。

5-2-2. 知識伝達手段の標準化

知識伝達手段の標準化として，共通言語の利用やシステムの共通化がある。言語を共通化する効果の一つは，コミュニケーションツールを統一化することで得られる移転コストの削減効果である。近年の研究では，言語が組織にとって戦略的資源の一つであり，言語の共通化が知識移転に対して有効であるなど（金, 2017），対面コミュニケーションを通じた情報伝達の効率や有効性に影響を与えることが指摘されている。もう一つの効果は，言語の背景にある文化などのコンテクストや価値を共有することで得られる効果である。これは次に述べる基盤知識の標準化の事例でもあり，組織参加前からの長期的な知識習得という点では知識の内容の標準化でもある。

システムの共通化は，コンピューターシステムの統合やデータベースの共有化など多様なものがあるが，形式知化された知識の伝達を効率的に行うの

に役立つ。伝達手段の標準化のメリットは，複数の境界線を同時かつ瞬時に越境できることである。伝達できる知識は形式知化されたものに限られるが，地理的に離れた場所への知識移転など，時間や空間的な制約が多い知識伝達において有効である。

5-2-3. 基盤知識の標準化

基盤知識の標準化の一例として，組織文化の共有化，専門知識の習得，言語の統一がある。基盤知識の移転は，移転の障害となる意味解釈のずれや考え方の違いを統制するもので，暗黙知の効率的移転において有効である。組織文化は「意味のシステム（佐藤・山田, 2004）」と説明されるもので，組織メンバーとしてもつべき価値や態度などを規定する基盤となる。日本企業が日本人従業員や現地採用外国人従業員に対して行ってきた企業理念やノウハウの伝承は，スキルの伝授という側面だけでなく，組織メンバーとしてあるべき思考や行動の元となる基盤知識の伝承という側面もある。

専門知識や言語は，それぞれその背景にある価値基盤に影響する要素をどこまで共通化しているかによって，基盤知識を標準化しているケースにあたるか否かが違ってくる。専門職集団でも，技能やテクニックを共有するだけのエクスパートやスペシャリストがプロフェッショナルのような強固な職業集団を形成できないのは，技能やテクニックを支える基盤知識をもたない，または共通化していないからである。言語も同様で，文法や単語などのテクニックの部分を共通化しているだけの場合，共通言語をもつ相手と情報伝達はできても，背景にあるコンテクストの伝達や理解は難しい。同一言語を使う場合でも地域差が出るのは，それぞれのコンテクストの違いが影響していると考えられる。基盤知識の違いは目に見えない境界線であり，国際的な枠組みでの知識移転では大きな障害となる場合がある。

5-3. 人による調整と標準化の補完関係

人による境界線の調整と標準化による境界線の克服は相互補完的である。人を介した調整の限界は，バウンダリーアクターとなる者同士が，その都度異なる相手と，その相手との間にある差異を調整しなければならないために，物理的制約や認知能力上の制約に直面することである。基盤知識の標準化は，

調整役となるアクターの価値や判断基準を統一化する方法であり，認知上の制約を克服するのに役立つ。たとえば，組織内の言語の統一，専門知識の統一，教育水準が同質なものを集めることなどは，基盤知識の標準化であると同時に，保有知識の標準化やコミュニケーションツールの標準化などの，複数の要素の標準化を含む。一つの要素の標準化が他の要素の標準化を含む場合，個人間調整の制約となる物理的制約や認知能力上の壁をなくす効果が期待できる。

6. まとめ

　暗黙知であっても形式知であっても知識の境界線と組織の境界線の調整が必要になる。従って，知識移転において何をどこまで標準化するのが望ましいかは，知識移転の目的と移転にかけられるコストによって異なる。知識そのものの確実かつ迅速な移転を目的とするなら，意味解釈の操作性が低く，知識間で生じる差異の調整が少なくてすむ形式知にして移転するのがよい。しかし，知識を利用する過程で行われる創意工夫など，新たな行動や発想を生み出す土壌の移転が目的であるなら，暗黙知のまま移転するのが望ましい。複合的知識も同様に，プログラムやルーティンに含まれるパターン化された行動や手順の部分を移転するのが目的であれば，テンプレートやマニュアルの移転で対応可能である。しかし，それらを使いこなすためのコツやその背景にある価値や意味を含めたトータルでの知識の移転を目的とするのであれば，移転元の価値体系や学習基盤を移転先にも導入し，定着させなければならない。この場合，移転対象となるアクターに対して，企業文化の伝承や言語の習得など，アクターの価値体系の再構築も視野に入れた基盤知識の移転が必要であろう。

第Ⅱ部

アジア地域のビジネス環境
―プラスワン経済圏と法的境界線―

第2章

アジアにおける知識移転の基盤整備と実際

植木　靖

1. はじめに

　本章は，アジアにおけるビジネス環境の変化が多国籍企業の知識移転にどのような影響をもたらしているのか，特に，地域経済統合，開発政策・戦略などの新しい動きが与える影響について議論するものである。

　アジアが地域として持続的に経済発展してきた一因は，先発国で高コスト化した成熟産業が低コストの後発国へ順次移転され，工業化が先発国から後発国に広がってきたことがある。このアジア特有の発展プロセスを促進したのは，域内諸国間の発展格差を含む多様性であり，日系企業を中心とする多国籍企業による海外直接投資と知識移転であった。しかし，アジア域内の国際分業は，東南アジア諸国連合（ASEAN）が地域経済統合に動き出した1990年代頃を境に，産業単位から生産工程・タスク単位の国際分業へと質的に変化してきている[1]。

　こうしたアジアにおける国際分業の質的変化の背景には，どのようなメカニズムがあるのだろうか。より具体的には，アジアにおけるビジネス環境の

---

[1] アジアのキャッチアップを雁の群れに例えた雁行形態論（Akamatsu, 1962）は，国内経済発展プロセスに着目した理論（小島，2000）であり，産業単位での国際分業が一般的であった時期には，アジアの工業化を説明する理論として評価された。しかし，安藤（2016）が主張するように，東アジア諸国は，1980年代から1990年代にかけて，第1のアンバンドリングの世界から第2のアンバンドリングの世界へと順次移行し，貿易パターンも一方向・完成品から双方向・部品中心を特徴とするものへとシフトしている。近年では，ロボットの遠隔操作等を可能にする情報通信技術の発展とその経済のグローバル化に対する影響が，第3のアンバンドリング（Baldwin, 2016）として注目されている。

変化が，多国籍企業における知識移転にどのような変化の圧力をかけているのだろうか。

この疑問に答えるために，2節では，アジアの工業化・経済発展に関わる理論とアジアにおける地域経済統合，開発政策・戦略を論じる。3節では，地域統合と知識移転との関係について議論したうえで，4節では，開発政策・戦略が進展し，日系多国籍企業の活動が活発化しているメコン地域を取り上げ，知識移転ネットワークの変容について議論する。5節では，4節でみたメコン地域における日系多国籍企業の事業展開の中で，中核的役割を果たしているタイを取り上げ，知識移転と海外子会社・本社の機能変化について考察する。

2．生産ネットワークの拡大

1990年代に世界経済がグローバル化すると，アジア域内諸国間での海外直接投資や産業内貿易が増加した。生産ネットワークに関連する様々な事業活動が国際的に分散立地し，分散した事業活動が補完的に機能していく中で，アジア諸国は高成長を達成している。したがって，アジアの事業環境が企業の事業拠点間の役割分担や知識移転経路の発展に及ぼす影響を理解するためには，国際経済論における生産ネットワークの拡大や産業の集積と分散，およびグローバルバリューチェーンに関わる理論を理解する必要がある。以下では，関連する先行研究と，そのもとでのアジア開発計画をみていく。

2-1．2つのアンバンドリング

経済活動のグローバル化や生産ネットワークの発展は，国際経済学により理論付けされてきた。Baldwin（2011）は，経済のグローバル化の背景を「2つのアンバンドリング」から説明した。第1のアンバンドリングは，産業・業種単位での国境を越えた生産と消費の分離を意味する。第1のアンバンドリングは，産業革命期の蒸気機関の発達により実現された。産業革命以前の輸送手段が未発達な状況では，生産地と消費地とは近接せざるを得なかった。しかし，蒸気機関が鉄道，船に導入されたことで，輸送費が大幅に削減された。これにより，生産地が国際的に分散し，国際貿易が増加した。輸送費の

低下による第1のアンバンドリングは，蒸気機関以降の輸送技術の発達，例えばコンテナ化やコンテナ船の大型化等によっても進展している。第2のアンバンドリングとは，国境を越えた生産工程・タスクの分離のことである。第2のアンバンドリングは，20世紀後半の情報通信技術（ICT）の革命的発展により実現された。ICTの進歩は，生産工程間・タスク間の調整を容易にし，生産工程・タスクの地理的分散を可能にした。地理的に分散した生産工程・タスクの統合的な運営は，中間財貿易に加えて，生産設備・人・研修・技術・情報や，生産工程間を調整するためのサービスの国際的なフローを伴う。そのため，第2のアンバンドリングは，近年の複雑なアジア域内の国際分業体制が展開された要因と考えられている。

「フラグメンテーション理論」（Jones & Kierzkowski, 1990; Kimura & Ando, 2005）もまた，国際生産ネットワーク形成メカニズムを説明する有力な経済理論である。フラグメンテーションとは，「元来1か所で行われていた生産活動を複数の生産ブロックに分解し，それぞれの活動に適した立地条件のところに分散立地させること」（木村, 2006, p. 87）である。フラグメンテーション理論によれば，生産技術や要素投入が異なる生産ブロックを切り出し，それぞれを最適立地させることで全体の生産コスト削減が可能になる。ただし，その実現には，生産ブロック別の生産コスト削減と，サービスリンクコストの削減が必要である。生産ブロック個々の生産コスト削減は，土地代や人件費といった要素費用の削減や規模の拡大といった個別企業の選択や努力だけでなく，立地場所のビジネス環境等の自社努力以外の要因（いわゆる外部経済性）によっても達成され得る。サービスリンクコストの削減には，財，資本，情報，人を含む生産ブロック間の調整に係わるすべての要素の円滑な移動を実現する必要がある。域内経済統合は，参加国間の合意に基づき，多様な生産要素の域内移動に影響を及ぼすことができるため，生産ブロックの分散立地を促進する有力な政策手段と考えられている。Kimura & Ando（2005）は，フラグメンテーション理論（Jones & Kierzkowski, 1990）に地理的距離を導入して，1990年代以降のアジア機械製造業の国際生産ネットワーク形成メカニズムを説明した。

2-2. 産業集積と分散

　国際経済学が国際生産ネットワークの発展に着目しているのに対して，新経済地理学や空間経済学 (Fujita, Krugman & Venables, 1999) は，生産活動の「集積」と「分散」のメカニズムから，経済成長と生産ネットワークの地理的な拡張のメカニズムを明らかにしている。産業集積が形成・発展するのは，産業集積地内に立地することで企業レベルでの規模の経済性が実現したり，企業が近接して立地することで企業間で外部経済性が生じたりするためである。

　産業集積を促進する要因としては，「自国市場効果」「技能労働者のプール」「垂直型産業連関効果」「輸送ハブ形成」「知識伝播」がある (Nishikimi & Kuroiwa, 2011a, 2011b; 黒岩, 2014)。これらのうち「知識伝播」は，特定企業が持つ市場や技術に関する情報が，その企業内に留まらず，集積地内の人的交流や情報交換等を通じて競合企業も含めた他企業へ伝播することである。「知識伝播」は，集積内でのイノベーション活動や起業環境を改善し，集積地への企業流入を促進する。

　産業集積の理解にとって重要なのは，これらの要因が「集積が集積を呼ぶ」好循環を起こし，産業集積が発展することである。一方で，過度な集積は，賃金や地代等の要素価格を高騰させたり，交通渋滞や大気汚染を引き起こしたりする要因となり，生活・事業環境を悪化させる。こうした外部不経済が分散力になり，要素費用に敏感な生産活動の集積地外への移転を促す。

2-3. グローバルバリューチェーン

　現代の国際分業は，生産工程・タスク単位での集積と分散を伴いながらグローバルに展開されている。タスクには，製造関連だけでなく，研究開発 (R&D) やデザイン，マーケティング，流通，アフターサービス等，製品・サービス提供に必要なあらゆる活動が含まれる。商品企画から製造，商業化に至る連続した生産的活動全体は「バリューチェーン」と呼ばれる。バリューチェーンは複数の企業と国により細分化される (WTO & IDE, 2011, p. 9)。多国籍企業は，グローバルに展開したバリューチェーンを統治し，チェーン全体の最適化を図ろうとしている。グローバルバリューチェーン (GVC) を構成する様々な機能が分散立地することで，より多くの開発途上国がグローバルバリューチェーンに参加する機会を得ることができるようになる。

図 II-2-1 :集積力・分散力とグローバルバリューチェーンを活用した産業開発

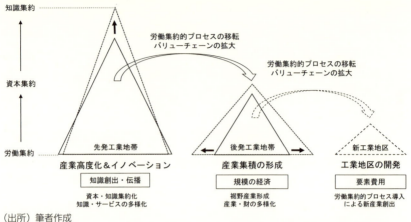

(出所) 筆者作成

　グローバルバリューチェーンへの参加は，開発途上国に多くの便益をもたらす。新産業が創出され，企業間ネットワークを通じた知識移転を受けられるようになる。企業の集積が進んで規模の経済性が発揮されるようになれば，産業集積地内の生産性が改善し，生産活動が一層活発になり，集積がさらに拡大する。さらに，集積地が多様な人材や企業を集めることができれば，知識伝播が生じ，集積地内でのイノベーションが促進される。したがって，開発途上国は，グローバルバリューチェーンへの参加を足がかりに集積と分散のメリットを活用することで，持続的な経済発展を達成することが可能となる（図 II-2-1）。

　開発途上国は，グローバルバリューチェーンへの参加とそれを通じた工業化，経済発展を促進するため，特定産業を構成する事業活動に着目し，自国の優位性を活用できる事業活動の誘致・育成を可能にする開発戦略を策定する必要がある[2]。この考え方は，産業別の比較優位に着目し，特定産業に関

---

[2] 従来までの（特に輸入代替的）セクター別産業政策は，自動車産業を例にすれば，完成車メーカーと部品メーカーをセットで誘致することを目指すものであった。現在の自動車部品メーカーの中には，生産プロセスのうち資本集約的なプロセスと労働集約的なプロセスを別の場所に配置し，自動車組み立て工場の近くで最終製品に組み立てているメーカーもある（例えば5章で例示される自動車用シートメーカー）。グローバルサプライチェーンを活用した開発戦略では，特定部品の製造，さらにはその生産プロセスの一部を誘致するための政策が必要とされる。

図 Ⅱ-2-2　アジアの開発戦略

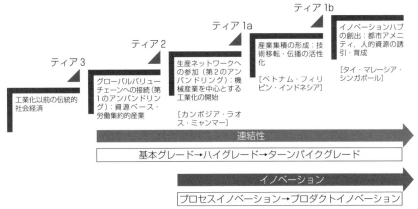

(出所) ERIA (2015), 木村 (2016)

連する活動をフルセットで育成・誘致することを目指した伝統的な産業政策とは異なるものである。

　この「第2のアンバンドリング」と「産業集積を伴う分散のメカニズム」を活用した新しい開発戦略の政策手段として重要となるのはインフラ整備である。生産ネットワーク拡大のメカニズムを説明する第2のアンバンドリングやフラグメンテーション理論，集積と分散のメカニズムを説明する新経済地理学・空間経済学のいずれにおいても，カギとなる要素は広義の輸送費（財の他にも，サービス，資金，情報，人を含む多様な要素の移動費用）である。生産工程・タスク単位での国際分業は，事業拠点間での複雑な調整があって成立し得るものである。したがって，財やサービス，資金，人の円滑な移動を可能にするインフラ整備や制度改革等が不可欠となる。

　ただし，一口にインフラと言っても，種類・質の面で非常に多様であり，その整備には多額の費用と時間がかかる。経済環境や事業活動に応じて必要とされるインフラも異なる。同一地域に立地する企業間，異なる優位性を持つ地域に立地する企業間の連携を促進するインフラを整備することで，異なる発展段階にある地域が補完的な関係を構築して，新産業の創出や産業高度化を達成することができると考えられる。

図 II-2-3　ティア別の開発政策

	ティア3：グローバルバリューチェーンへの接続	ティア2：生産ネットワークへの参加	ティア1a：産業集積の形成	ティア1b：イノベーションハブの創出
物的インフラ・接続性	□輸送インフラ整備 ・基本グレード	□経済インフラサービス ・経済特区 □輸送インフラ整備 ・ハイグレード ・中距離輸送向け	□経済インフラサービス ・広域都市圏開発 ・大規模安定供給 □輸送インフラ整備 ・高速・定刻・多頻度物流 ・都市圏輸送網 ・大型港湾・空港	□都市アメニティの充実 1) 多様性 ・消費財・サービス ・国際交流 2) 美的・物的設定 ・芸術文化 ・スマートシティ 3) 公共政策 ・教育・治安 4) スピード ・都市交通
制度的インフラ・接続性	□一般特恵関税（GSP）の利用	□関税撤廃（特に機械類） □貿易円滑化 ・通関手続きの電子化・迅速化 ・越境交通・トラック相互乗り入れ □投資自由化（特に機械類） □投資促進・円滑化 ・ワンストップサービス ・経済特区	□関税撤廃 □非関税障壁撤廃 ・貿易の技術的障害（TBT） □貿易・輸送円滑化 ・シングルウィンドー □投資自由化 ・製造業全般 ・特に生産支援サービス □サービス自由化 ・特に生産支援サービス □人の移動 ・特にビジネスマン □法制・経済制度整備 ・取引費用削減	□非関税障壁撤廃 ・衛生植物検疫措置（SPS） ・基準認証 □投資自由化 ・全般 □サービス自由化 ・サービス全般 □人の移動 ・高度人材全般 □知的財産権保護 □競争政策 □国有企業改革

（出所）ERIA(2015), 木村（2016）, Kimura & Ueki (2017) より作成

2-4. アジア総合開発計画

　2010 年の東アジアサミットに提出された「アジア総合開発計画（CADP）」(ERIA 2010)，その改訂版で 2015 年の東アジアサミットに提出された「アジア総合開発計画 2.0（CADP 2.0）」(ERIA 2015) は，このような経済発展メカニズムの理論に基づき，インフラ開発を中心に位置付けて，ASEAN の工業化・経済発展と格差是正に資する開発戦略を提示している。アジア総合開発計画の特徴は，工業化を段階分けし，発展段階に応じた開発政策の必要性を明示していることである。アジア総合開発計画 2.0 では，工業化の段階を 5 つに分け，そのステップアップに必要な貿易投資やインフラ整備に関連する政策を「ティア」と呼んでいる（図 II-2-2，II-2-3）。

「ティア3」は，伝統的経済社会を維持する遠隔地が，第1のアンバンドリングにより，グローバルバリューチェーンに接続されるステップである。「ティア2」は，第2のアンバンドリングにより，機械産業を中心とする産業のグローバルバリューチェーンへの参加に取り組むステップである。最近では，タイの隣国のカンボジア，ラオス，ミャンマーがこのステップに取り組んでいる。「ティア1a」は，「産業集積の形成」と集積力を活用して産業の裾野を広げながら，グローバルサプライチェーンに参加できる中小企業を育成するステップである。インドネシア，フィリピン，ベトナムの主要工業地帯がこのステップに取り組んでいる。ティア2では，より上位のティアにある産業集積地からの知識移転が産業振興にとって重要となるが，ティア1aでは，そうした集積間知識移転に加えて集積内での技術伝播も活用しながら地場企業の能力向上を図り，プロセスイノベーションを中心とする漸進的なイノベーションを継続的に実現できる事業環境の創出が求められる。したがって，このステップでは，集積間を結ぶ高速道路の拡充や代替交通手段を整備するなど，広域でのジャストインタイムを安定的に可能にするレベルにインフラの質を高める一方で，集積内の混雑を緩和しながら集積の拡大を実現する都市・工業インフラの継続的な整備が必要とされる。「ティア1b」は，「イノベーションハブ」を創出するステップである。ASEANでは，シンガポールに加えて，マレーシアやタイがこのステップに取り組み始めている。ティア1aまでの政策は生産面の集積形成に主眼が置かれていたが，ティア1bでは，プロダクトイノベーションを含む，より革新的なイノベーションを自律的に実現できる環境を集積内に創出することが政策課題となる。政策としては，R&D活動を促進するための税制優遇や人材養成の他，創造性豊かな人材を引き付け，知的な生産活動を刺激する都市アメニティを実現するためのインフラ整備が求められる。

3. 地域統合と知識移転との関係

　本節では，アジア総合開発計画の考え方に基づき，ASEANでの地域統合と知識移転との関係について考察する。
　アジア総合開発計画によれば，地域経済統合の深化とハード・ソフトイン

フラ整備のための国際協力を推進することで，第2のアンバンドリングを促すビジネス環境とASEAN全体の経済発展・格差是正に向けた基盤を整備することができる。そのうえで，各国は，国内や地域の状況に応じたインフラ整備や貿易投資促進，産業振興政策，イノベーション等にかかわる国内政策を立案・実施することで，ASEAN加盟国間で競争しながらも各国が目指す方向の経済発展を促進できると考えられる。

ただし，ASEAN経済統合・インフラ開発と各国の産業政策が創出する事業環境の活用は，企業の意思決定に委ねられる。企業が既存の事業拠点から新たな拠点に知識を移転することで，事業活動の地理的な拡大が実現される。知識移転の役割を担う事業拠点もまた，別の拠点や外部から知識を導入することで，既存事業の質を高め，新規事業を立ち上げることができる。従って，企業活動の国際展開を支援するインフラ開発政策は，財やサービス，資金だけではなく，知識の自由で円滑な国際移動に資する必要がある。

企業の国際化とそれに伴う知識移転は，越境事業活動に影響する企業外部の多様な要因や資源制約等の企業内部の要因に影響される。Ghemawat (2001) は，企業が国際展開する際に考慮すべきコスト・リスク要因を，自国と進出国との間にある4つの「距離（差異）」，すなわち文化的（Cultural）差異（例えば言語，民族性，宗教，社会規範），行政（制度）的（Administrative）差異，地理的（Geographic）差異，経済的（Economic）差異（人的資源や情報・知識のコストや質の差を含む）に区分した。この「CAGEフレームワーク」に従えば，文化的に多様で経済格差も大きいASEANを包含する地域での国際ビジネスの展開や知識移転は，企業にとって容易ではない。

しかし，ASEANは「政治・安全保障共同体（APSC）」「経済共同体（AEC）」「社会・文化共同体（ASCC）」から成る「ASEAN共同体」の構築に必要な取り組みを「ブループリント」にまとめ，その実施を通じて加盟国間の相互理解とCAGEフレームワークが提示する差異の克服に努めている。ASEANはまた，東アジア諸国（日本，中国，韓国，インド，オーストラリア・ニュージーランド）と個別にASEAN+1型の自由貿易協定（FTA）や経済連携協定（EPA）を締結し，ASEAN域外との制度的差異の解消に努めている。

2015年に設立されたASEAN経済共同体は，知識を含めたあらゆる生産要素のより自由な移動を可能にする事業環境の構築を目指している。また，

連結性の強化による経済成長と開発格差是正を意図して作成された「ASEAN連結性マスタープラン」は，連結性を「物理的連結性」(ハードインフラ)，「制度的連結性」(ソフトインフラ)，「人と人との連結性」に分類し，ASEAN共同体の実現に資する取り組みをまとめている。統合深化に向けた関連施策が2015年以降も継続的に実施されることで，企業によるASEAN事業展開や知識移転にかかわる障壁，特に制度的差異と地理的距離に起因するものが取り除かれていくことが期待されている。

さらに，文化的差異を多様性と認識すれば，この差異はイノベーションにプラスに作用する。アジア総合開発計画 (ERIA, 2010; 2015) が提示したティア別の開発戦略は，ASEAN加盟国内・国間の文化的，経済的多様性の積極的な活用により，ASEAN全体の経済発展と格差縮小を同時達成するための方策である[3]。アジア総合開発計画はまた，連結性の強化がその実現のための基礎的な条件であることを示している。

2015年のASEAN経済共同体設立に向けた関連施策の実施により連結性は強化されてきたが，人のより自由な移動のための「人と人との連結性」強化に向けたASEANとしての取り組みは，他の連結性強化に向けたものに比べて遅れている。専門職の移動は資格の相互認証により円滑化が図られて，商用の短期訪問者や企業内転勤者等の移動を規定する「ASEAN自然人移動協定 (MNP)」も2012年に署名，2016年に発効された。しかし，こうした取り組みが対象とする専門職や熟練労働者の移動よりも，未熟練労働者の移動が非合法なものも含めて広がっているのが実態である。

人の越境移動，特に知識移転の担い手となる専門職や熟練労働者の移動の制限は，国際的な知識移転を大きく制約する。知識の共有や移転は，知識を文書化して行われるか，人を介して行われる。文書化されていても，知識の受容者の理解力が不十分であれば，文書のみによる知識移転は困難であり，受容者に対するきめ細かな基礎教育の提供が円滑な知識移転のために必要とされる。ASEAN加盟国の中には，カンボジアやラオスのように教育の質が不十分な国もあり，所得制約等の理由から企業が必要とする水準の教育を受けていない労働者も数多くいる。そのため多くの場合，人を介した知識移転

---

[3] 藤岡 (2015) は，CAGEフレームワークを用いてタイプラスワンを分析し，差異を積極的に活用する戦略的思考の重要性を主張している。

が必要とされている。さらに，教育者の養成も人を介した知識移転を伴うことに留意すべきである。

ASEAN 全体としての人の移動に関する取り組みが遅れる中，ASEAN 加盟国は各国独自の産業政策とサブリージョナルな協力という現実的なアプローチにより，国際的な知識移転を促進している。その先進的なサブリージョンがメコン地域である。メコン地域は，ASEAN で工業化の後発国である CLMV と先発国であるタイを含み，中国・広東省の巨大な産業集積地へ陸路で移動可能な距離の範囲にある。この地域は，サブリージョナルな協力を通じて，国境インフラの整備や越境措置の円滑化を ASEAN 全体より先行させることで，経済格差に着目した直接投資を後発地域に誘致し，先発地域からの知識移転を促進している。知識移転において，各国の標準語で見れば言語的な差異が障壁になりえるが，実際には，国境地域等に存在するローカルな言語の近似性が知識移転を容易にしている。こうしたサブリージョンの特徴の効果的な活用は，長年，言語的な差異を知識移転の主要な障壁とみなし（Ichimura, 1985），費用のかかる日本での研修で現地人材を指導者に養成してきた日系企業に，大きなメリットをもたらすと期待されている。

4．メコン地域開発とタイの地域開発政策

本節では，開発政策・戦略が進展し，日系多国籍企業の活動が活発化しているメコン地域を取り上げ，知識移転ネットワークの変容について議論する。

4-1．メコン地域における交通インフラ開発

メコン地域におけるインフラ開発において，アジア開発銀行が事務局として支援する GMS プログラムが果たしてきた役割が多い。GMS プログラムの対象地域は現在，CLMV 諸国とタイ，中国（雲南省と広西チワン族自治区）である。分野別には，農業，エネルギー，環境，健康・人的資源開発，電気通信・情報技術，観光，交通，交通・貿易円滑化，都市開発，その他マルチセクター・国境経済圏関係の地域開発プロジェクトに焦点をあわせた支援を実施している。これら優先度の高い分野のうち，経済開発とビジネス促進のいずれにとっても重要であり，成果を挙げてきたのは交通と交通・貿易円滑

化に関連する経済回廊の開発である。

　GMS プログラムが特定している経済回廊には，南北・東西・南部の3つの経済回廊がある。南北経済回廊は，①タイ・バンコクから（ラオスまたはミャンマーを経由して）中国・雲南省の昆明に至るルート，②昆明からベトナム・ハノイを経て，ハイフォンに至るルート，③ハノイから中国・広西チワン族自治区の南寧までの3ルートから構成されている。東西経済回廊は，①ベトナム中部のダナンから，ラオスのサバナケット，タイ中部のピサヌロークを経て，ミャンマーのモーラミャインに至る。南部経済回廊は，①バンコクからカンボジア・トンレサップ湖南岸経由でカンボジア・プノンペンに至り，さらにベトナム・ホーチミンを経て南シナ海沿岸のブンタウに至るルート（中央サブ回廊），②タイ・トラートからカンボジア・コンポートを経てベトナム・ナムカンまでの海岸線を結ぶルート（南部沿岸サブ回廊），③トンレサップ湖北岸からシェムリアップを経てベトナム・クイニョンに至るルート（北部サブ回廊）から成る（石田，2006; 2007）。ただし最近は，中央サブ回廊を南部経済回廊という場合が多い（図Ⅱ-2-6）。

　経済回廊開発には，道路などの基礎的なハードインフラの整備に加えて，交通・貿易円滑化のための措置も含まれる。交通・貿易円滑化には，人や車両，物品の越境を円滑にするための国際的な取り決めと，その実施のためのハードインフラの整備も必要とされる。その実現の基礎となる多国間取り決めが越境交通協定（CBTA）である。CBTA は，越境手続きの円滑化，人や物品の越境，自動車の相互乗り入れ，インフラ基準，組織的枠組みを定めている。CBTA は GMS 関係6か国により 2003 年までに批准された（ADB, 2011）。しかし，ミャンマーとタイによる付属文書・議定書の批准が遅れ，2015 年になって6か国による批准が完了している。

　2015 年の CBTA 批准完了以前から，二国間・三国間協定を根拠に，越境手続きを円滑化するシングルウィンドー検査（SWI）[4]・シングルストップ検査（SSI）[5] や車両の相互乗り入れ等の早期実施に向けた取り組みが行われて

---

[4] 税関・出入国管理・検疫（CIQ）など，複数の官庁が関係する人・物品・車両等の越境に必要な手続きの窓口をひとつにすること。

[5] 出国時と入国時にそれぞれ，つまり出入国に伴い合計2回必要とされる CIQ 関係の手続きを，隣接する2か国の協力により入国側か出国側のどちらか1回で済ませられるようにすること。

いる。東西経済回廊では，タイ・ラオス・ベトナムの三国間合意に基づき，国際保税輸送（トランジット）の取り組みが 2009 年から実施されている[6]。デンサワン（ラオス）＝ラオバオ（ベトナム）国境は，シングルストップ検査のモデルケースになっている。ラオス・ベトナム両国の合意に基づき，2005 年から同国境ではシングルストップ検査の実施に向けた取り組みが行われ（ADB, 2011），2015 年からは共同検査場（Common Control Area: CCA）[7]が本格運用されている[8]。ムクダハン（タイ）＝サバナケット（ラオス）国境では，タイの CBTA 批准の遅れや，タイの公務員がラオス側で働くことが国内法上認められていなかったことから（石田, 2010），シングルストップ検査の実施が遅れていた。しかし，タイ側の問題が解消されたことで，タイ・ラオス両国の合意に基づき，シングルストップ検査の導入に向けた取り組みが始められている（国際貿易投資研究所, 2017）[9]。

CBTA の完全な批准は，交通・貿易円滑化にとって極めて重要であるが，署名から 10 年以上経過しており，時代にそぐわない合意内容の見直しが行われている。同時に，2016 年に CBTA の早期実施（アーリーハーベスト）も決定されている。

4-2. 日本政府のメコン地域への経済開発協力

GMS プログラムは，中国の雲南省・広西チワン族自治区も含めた広域で，交通インフラの整備を推進している。しかし，産業振興の観点からは，日本の関心は日系企業が進出している地域内のインフラ整備と地域間の連結性の強化にある。メコン地域における日系企業の主要な進出先は，タイのバンコ

---

[6] ASEAN における交通円滑化に向けた同様の取り組みとして，ASEAN 税関トランジット制度がある。EU の支援でマレーシア・シンガポール・タイによるパイロットプロジェクトが実施された段階であり，東西経済回廊における取り組みが先行している。
[7] シングルストップ検査の実施のため，関係する 2 カ国の税関職員・出入国管理官・検疫官が集まって必要な手続き・検査を一度で行うために指定される場所。
[8] CBTA の実施状況については JETRO 通商弘報「東西経済回廊の国境でシングルストップ検査の第 4 フェーズ実施—越境交通協定の進捗（1）—」（2015 年 1 月 14 日），「2015 年中の施行に向け進む体制整備—越境交通協定の進捗（2）—」（2015 年 1 月 15 日），「メコン圏越境交通，新措置の準備進む—越境交通協定の全面改定待たずに実施へ—」（2017 年 9 月 26 日）を参照されたし。
[9] Bangkok Post (2016, January 26) "Thailand, Laos ready one-stop service at Mukdahan bridge".

ク近郊・東部臨海地域とベトナムの北部ハノイ近郊・南部ホーチミン近郊である。これらの集積地の拡大と産業高度化を促進しながら，集積地間を連結するインフラ整備と経済回廊沿線での産業開発を推進することで，経済成長と所得格差縮小とが同時に達成されることが期待されている。

　日本政府による支援は，GMS プログラムが指定する経済回廊のうち，南北経済回廊よりも東西経済回廊や南部経済回廊に関係する案件が多い。南北経済回廊に含まれる地域の開発支援はベトナムの工業化に関連しており，ベトナム北部の主要コンテナ港であるハイフォン港の整備，ハイフォンとハノイを結ぶ道路の整備，ハノイ・ハイフォンの工業インフラの整備が重視されている。また，ハノイの都市化に対応した都市交通システムの整備も進められている（図 II-2-5）。

　東西経済回廊は，ハノイとバンコクの産業集積を連結する幹線道路であり，その開発は回廊沿線，特にタイ国境のラオス・サバナケットとベトナム中部ダナンの工業化に資するものである。東西経済回廊では，日本の援助等で既にメコン川に第二友好橋が建設され，道路も舗装されており，基礎的なハードインフラの整備はある程度進展している。ただし，ハード面では道路の維持・補修費用の財源確保，ソフト面では国境措置の円滑化と産業振興が政策課題として残っている（図 II-2-5，II-2-6）。

　南部経済回廊開発には，ベトナム南部ホーチミンとタイのバンコク周辺・東部臨海地域の産業集積を連結し，沿線にあるカンボジアのプノンペンとタイ国境のカンボジア・ポイペトの産業振興を推進する狙いがある。ホーチミンでは河川港が主に利用されてきたが，日本の援助等でホーチミンから 50 キロ離れたバリア・ブンタウ省にカイメップ・チーバイ港が整備されたことで，大型コンテナ船の寄港が可能になった。これによりホーチミンは北米向け等の基幹航路と直結された。またカンボジア国内のメコン川に日本の無償援助で「つばさ橋」が 2015 年に建設され，プノンペンからホーチミンまでのトラックによる貨物輸送が効率化されている[10]。ただし，カンボジアの幹

---

[10] プノンペンの企業は，国際港としてシハヌークビル港とカイメップ・チーバイ港を主に利用している。欧米に輸出する際，シハヌークビル港の場合はシンガポール経由になる。カイメップ・チーバイ港への輸送には，プノンペン港を利用した内陸水運とトラックによる陸上輸送が利用可能である。企業は，納期や輸送費用，船の運行スケジュールに応じて輸送経路や手段を選択している。

線国道の拡幅やアップグレード,国境措置の円滑化等のため,継続的な投資が必要とされている.

南部経済回廊沿線の製造活動は現状,バンコクが西端となっている.ただし,日本はタイとともに,バンコクの西方約300キロのアンダマン海沿岸に位置するミャンマー・ダウェーの開発構想を後押ししている.ダウェーに深海港と経済特区を開発し,ダウェーとバンコクとを結ぶ道路を建設してダウェーをバンコク周辺の産業集積と接続することで,南部経済回廊はインドシナ半島を横断する広大な工業地帯になる.またメコン地域のインド洋へのアクセスが改善し,インドやそれ以西のヨーロッパ,中東,アフリカの産業集積地や市場とのビジネスも容易になると期待されている(図Ⅱ-2-6).

こうした日本とメコン地域諸国(CLMVとタイ)との国際協力の全体的なビジョンは,その実現のための行動計画とセットで,2009年以降3年毎に更新されている.最近では2015年の第7回日メコン首脳会議と第8回外相会議において,「新東京戦略2015」と,その実現のための「行動計画」が採択されている.さらに,第8回外相会議では,日本の提案により「日メコン連結性イニシアティブ」が立ち上げられた.このイニシアティブの下で,「新東京戦略2015」と「行動計画」に沿って,東西経済回廊と南部経済回廊のハード・ソフトインフラと沿線開発,産業人材育成と人的連結性の強化等に資するプロジェクトが優先的に取り組まれる見通しである.

産業開発関係では,経済大臣会合を通じたビジョンの共有とイニシアティブの策定が推進されている.2009年の第1回経済大臣会合で,①ハードインフラ整備,②貿易円滑化,③中小企業振興,④サービス・新産業分野の強化を柱とする「日メコン経済産業協力イニシアティブ(MJ-CI)」が合意され,2010年の第2回会合では4つの柱に関連する実施方針を示した「MJ-CI行動計画」が策定された.さらに,2012年の第4回会合では,MJ-CI行動計画に基づき,①ダウェー開発などのハードインフラ整備,②貿易円滑化,③個別産業協力の強化を柱とする「メコン開発ロードマップ」が策定され,2012年から2015年までのメコン各国と日本との協力内容で合意がなされた.2015年の第7回会合では,「メコン産業開発ビジョン」が採択され,アジア総合開発計画(ERIA, 2010; 2015)が提唱するバリューチェーンを活用した開発戦略の重要性が関連各国により共有された.メコン地域におけるバリュー

表 II-2-1　日本の対メコン地域産業開発協力

分野	目標
貿易構造	メコン地域におけるバリューチェーン構築のための越境ビジネスに関する統一的政策の構築
	戦略的輸出産業の振興
海外直接投資	日系企業への情報提供
	経済特区開発を含むインフラ開発での協力
	新産業の創出
ビジネス間連携	ビジネス間連携強化のための事業環境改善と共通基盤の構築
	地場サプライヤーと日系企業とのビジネスマッチング機会の拡充
	世界市場への輸出拡大のための自動車産業クラスター開発
研究開発活動	ハイエンド・マスマーケットのニーズを満たす生産性・技術開発
中小企業の競争力	生産性・技術・イノベーションの促進
	市場アクセス向上と国際化の推進
	資金アクセスの改善
	政策・規制枠組みの強化
	アントレプレナーシップ・人材養成の推進
連結性	質の高いインフラ投資の促進
	東西経済回廊開発
	南部経済回廊開発
	その他の経済回廊の開発
	その他関連ハードインフラ開発
	フードバリューチェーン開発
	税関近代化を通じた貿易円滑化の推進
	越境交通協定（CBTA）の実施・その他交通円滑化
	民間輸送・ロジスティックスサービスの強化
	その他関連ソフトインフラ開発
エネルギー・環境	適切なエネルギー政策・プランの策定・実施
	域内電力供給の安定化・効率性
	省エネ・再生可能エネルギーの促進
	エネルギーセキュリティーの強化
	静脈産業の振興
	防災に強靭なサプライチェーンの構築
	持続可能な社会の構築
産業人材養成	メコン地域における人材養成ハブの構築
	職業能力・ビジネススキル・労働倫理の向上
	基礎教育・高等教育の強化
	産業政策立案者の能力向上
	研究開発能力の向上（自動車産業等）

（出所）経済産業省「メコン産業開発ビジョン」,「ワークプログラム（2015-2020）」より作成

チェーンの拡張と相互補完関係の深化に資する取り組みが推進される見通しである（表 II-2-1）。

4-3.　タイの産業活動の地方分散と国境経済圏の開発

　経済回廊開発は，企業によるメコン地域内の生産ネットワークの拡大と拠

点間の知識移転を容易にする。CLMV 諸国政府は，工業インフラを整備し，中国沿海部やタイのバンコク近郊および東部臨海地域を含む先発工業国の産業集積地から自国への生産活動の移転を促すことで，アジアの生産ネットワークとの連結を強化できる。

日本の製造企業による CLMV 諸国への進出形態は，各社が採用するアジア戦略や社内分業体制に着目して，①チャイナプラスワン，② ASEAN プラスワン[11]，③その他（主に日本から投資）に分類できる。チャイナプラスワンでは既存の中国拠点，ASEAN プラスワンでは ASEAN 拠点を起点に後発地域へ生産ネットワークが拡張される。チャイナプラスワンや ASEAN プラスワンは，ビジネス実務・学術研究いずれにおいても周知の事実であるが，厳密な定義付けはされていない。本書の焦点は知識マネジメントにあるため，本章では中国拠点から ASEAN 拠点への知識移転を伴う社内分業をチャイナプラスワン，ASEAN 拠点間での知識移転を伴う社内分業を ASEAN プラスワンと定義する。この定義に基づくチャイナプラスワン，ASEAN プラスワンでは，既存の中国拠点・ASEAN 拠点は，ASEAN に新設される工場に対して，管理職の長期派遣や技術者の短期派遣を行い，工場の建設から知識移転なども含めた新拠点の立ち上げ支援で主導的な役割を担う。

「プラスワン」の出現は，個別企業の戦略的な意思決定によるものである。その根底にあるのは，既存の産業集積の拡大が生み出す分散力である。製造活動の地理的な広がりに対する分散力と地方分散政策の影響は，タイの産業集積の発展を概観することで理解できる。タイプラスワン型の生産ネットワークの起源は，バンコク近郊での産業集積形成にあることが分かる。

日系企業による現地生産のためのタイ進出は 1960 年頃までさかのぼることができる。先発企業はサムットプラカーン県などバンコク近郊で工場の操業を開始した。バンコク近郊は，当時の主力港であったバンコク・クロントイ港からも駐在員の生活圏からも近く，立地面で優位性があった。タイの製造業の発展に伴い，このエリアに企業が集積したのは自然であったが，同時に過度な集中により事業・生活環境は悪化した。

---

[11] 本章では，タイプラスワンの事例を紹介するが，ベトナムからラオス，ミャンマーの生産拠点を支援する企業（ベトナムプラスワン），インドネシアからミャンマーの生産拠点を支援する企業（インドネシアプラスワン）（小林, 2017）もある。

表 II-2-2 タイ主要工業団地の立地と設立時期

地域	1970年代	1980年代	1990年代	2000年代	2010年代	合計
バンコク・近郊	3	1	2	4	1	11
東部		7	6	4	12	29
中部		2	3		1	6
北部		1	1		1	3
東北部					2	2
西部			1			1
南部			1			1
合計	3	12	13	8	17	53

出所：タイ工業団地公団（IEAT）ホームページのデータベースより作成
注：地域区分はタイ政府（例えば NESDB, 2015）によるが，表に含まれる工業団地が立地する県は以下のとおり：バンコク・近郊（バンコク首都圏，サムットプラカーン，サムットサコーン），東部（チョンブリ，チャチェンサオ，ラヨーン），中部（アユタヤ，サラブリ），北部（ランプーン，ピチット），東北部（ノンカイ，ウドンタニ），西部（ラチャブリ），南部（ソンクラー）

　企業活動のバンコクへの集中を緩和するため，タイ政府は1980年代前半から，東部臨海地域における港湾，工業用水，工業団地の建設と，バンコクと東部臨海地域とを結ぶ鉄道網，道路網の整備に着手した。日本政府は，1982年度から1993年度までの間に累計1788億円の円借款貸付供与を承諾し，関連事業の実施を支援した（有賀・江島, 2000）。この東部臨海開発計画関連事業により，バンコクからラヨーンまでの200キロ圏内で製造活動を受け入れる産業基盤が整備された。

　インフラ整備の一方で，タイ政府（投資委員会：BOI）は，1987年に「奨励ゾーン制度」を導入した（国際協力銀行, 2012）。ゾーン制度は，全国を3ゾーンに分け，バンコクを離れるに従って好条件の税制優遇を供与するものである。制度導入時は，東部地域を含むバンコク隣接県外がゾーン3に指定された（石田, 2014）。この結果，税制優遇を供与されバンコクにも近い東部や中部に，1990年代には多くの工業団地が建設された（表 II-2-2）。東部臨海開発事業が実施された東部3県（チャチェンサオ，チョンブリ，ラヨーン）には，特に自動車関連企業の集積が進み，「アジアのデトロイト」と呼ばれる自動車産業集積が形成された。

　産業集積の拡大に従い，奨励ゾーンの区分見直しが行われてきた[12]。チャチェンサオとチョンブリをゾーン2に繰り入れる中で，2010年代になって

もラヨーンへの投資にはゾーン3と同じ恩典が供与された。またチャチェンサオ，チョンブリ，ラヨーン以外の東部地域のうち，チャチェンサオの北側に位置するプラチンブリは，ゾーン3であることに加えて，アユタヤやチョンブリ，ラヨーンと等距離にある立地の良さから，工業団地が開発され，電機や自動車関連の日系企業が多く進出している（国際協力銀行, 2012）。タイ国内の産業集積地との位置関係の他，この地域は南部経済回廊にも近いため，住商グローバル・ロジスティクス（タイランド）[13]，近鉄エクスプレス[14]や日通商事[15]等が物流関連施設を設置している。

　タイは，アジア通貨危機やリーマンショック等による景気悪化を経験しながらも，産業集積を拡大させることで経済を発展させてきた。その結果，労働不足が深刻化し，近年は失業率が1％前後で推移するようになっている。数百万人規模の外国人労働者を主に隣国のカンボジア，ラオス，ミャンマーから公式・非公式に受け入れることで，タイに労働集約的な生産活動が維持されている。しかし，タイの労働力人口は現在の4900万人が2040年には4050万人（11％減）に減少する見通しである（World Bank, 2016）。長期的には，労働集約的なプロセスをタイに維持することは難しい状況にある。

　一方で，単純労働者の供給源であるタイの周辺国は，上述したように，地域統合やサブリージョナルな国際協力により，道路や港湾等の工業インフラの整備を進め，タイとの連結性を強化してきた。さらに，経済回廊沿線や主要都市・港湾・空港近郊，国境地域に経済特区（SEZ）を開発し，スポット的に製造業に適した事業環境を整備することで，製造業投資の受け入れ態勢を構築している。

---

[12] 制度導入時，バンコクとサムットプラカーンをゾーン1，バンコクに隣接するナコンパトム，ノンタブリ，パトゥムタニ，サムットサコーンをゾーン2，その他の県をゾーン3に指定。1989年の見直し時に，バンコクに隣接する4県がゾーン2からゾーン1に，中部3県（サラブリ，アントン，アユタヤ），東部3県（ナコンナヨク，チャチュンサオ，チョンブリ），西部4県（ラチャブリ，カンチャナブリ，スパンブリ，サムットソンクラム）がゾーン3からゾーン2に変更された（石田, 2014）。
[13] ニュースリリース「タイ王国　304工業団地における新物流センター【プラチンブリ支店】稼働開始について」（2014年1月29日）。
[14] ニュースリリース「タイ法人プラチンブリ新倉庫稼動，開所式を開催」（2015年6月8日）。
[15] ニュースリリース「タイに新ロジスティクス・サポートセンターを建設」（2015年7月31日）。

表 II-2-3　主な経済特区開発

国	SEZ	総面積	場所
カンボジア	プノンペン	360ha	プノンペン国際空港から西に8km
	ケリーワールドブリッジ	63ha（うち17ha保税倉庫）	プノンペンから南へ17km
	シハヌークビル港	70ha	プノンペンから約230km
	シハヌークビル	1113ha（第1期528ha）	港から12km
	サンコーポイペト	83ha	国境から7km, 新国境から3km
	ポイペトPPSEZ	65.7ha（工事中）	国境から8km
	コッコン	336ha	国境から2km
ラオス	ビタパーク	第1期110ha（第2期142ha）	ビエンチャンから22km
	サワン・セノ	954 ha	サバナケットとセノの間に分散
	サイトA (Savan City)	305ha	
	サイトB	20ha	国境から28km, ニコン
	サイトB1	300ha	
	サイトC (Savan Park)	211ha	国境から10km, トヨタ紡織
	サイトD	118ha	
	パクセー	195ha（第1期56ha, 当初10ha開発）	パクセーから17km
ミャンマー	ティラワ	2400ha（第1期ZoneA405ha, B101ha工事中）	ヤンゴンから南東に約20km
	ダウェー	19600ha（初期事業工業団地分2700ha）	タイ国境から132km, バンコクから318km
タイ工業団地（参考）	ロジャナ	2400ha	アユタヤ
	アマタナコン	4000ha	チョンブリ
	レムチャバン	569ha	レムチャバン
	イースタンシーボード	2854ha（2工業団地計）	ラヨーン

（出所）各種資料より作成
（注）数値は資料により異なるので参考程度

　国境地域がSEZの候補地になるのは，隣国の産業集積地との距離が近いうえに，事業環境整備のためのハードインフラ投資を抑えられるからである。人や物品の越境にかかわる国境措置や国境周辺のハードインフラの整備は，SEZの有無や場所を問わずに必要となる。しかし国境SEZの運営上，国境と内陸地とを結ぶ道路建設は必ずしも必要とされない。ナショナルグリッドが未整備で国内の発電所からSEZへの送電ができなくても，タイのグリッドをSEZへ接続することで，安定的な電力供給も実現可能となる。
　メコン地域で開発されているSEZのうち，日系製造企業が立地する主要

図 II-2-4 タイ（バンコク近郊・東部臨海地域）の工業団地とカンボジアの国境SEZの立地

（出所）アジア開発銀行データより作成
（注）工業団地は一部の工業団地のみで，タイ工業団地公団（IEAT）のデータと異なる

なSEZは，カンボジアに9か所（プノンペンSEZ・シハヌークビル港SEZ・サンコーポイペトSEZ・ポイペトPPSEZ[16]・コッコンSEZ・タイセンSEZ・ドラゴンキングSEZ・マンハッタンSEZ・シャンドンサンシェルSEZ），ラオスに3か所（ビ

---

[16] プノンペンSEZ（PPSEZ）社がポイペトに建設中のSEZ。2017年9月末現在，土地の造成が完了し，その他のインフラ（上下水道・排水・電力供給等）が整備中である。SEZへの送配電は，タイのアマタナコン工業団地等で実績のあるB. Grimmパワー社とPPSEZ社との合弁により行われる予定である。2018年2月からは入居予定企業による工場建設が開始される計画である。

タパーク SEZ・サワン・セノ SEZ・パクセー SEZ)，ミャンマーに1か所(ティラワ SEZ)ある。このうちカンボジアの2か所(シハヌークビル港 SEZ・コッコン SEZ)とラオスの SEZ を除いて，南部経済回廊(中央サブ回廊)沿線に開発されている。また，4か所(カンボジアのサンコーポイペト SEZ・コッコン SEZ，ラオスのサワン・セノ SEZ・パクセー SEZ)がタイとの国境近くに立地する。ビタパークは，ビエンチャン近郊に位置するため，首都圏近郊とタイ国境の立地特性を持つ[17]。タイ国境の SEZ およびプノンペン SEZ は2010年頃からタイなどからの投資を受け入れ始め，タイの産業集積地に接続されている。

　現在，タイの産業集積をハブとする生産ネットワークのフロンティアは，国境を越えて隣国の国境地帯に到達している。さらにハード・ソフトインフラの改善を通じて，隣国の大都市圏周辺の工業地帯との連携を強めようとしている。

5. 日系企業のアジア事業戦略と知識移転

　本節では，4節でみたメコン地域における日系多国籍企業の事業展開の中で，知識移転の中核的役割を果たしているタイを取り上げ，事業拠点間知識移転の変化と，そのもとでの海外子会社と本社の機能変化について考察する。

5-1.「プラスワン」戦略と事業拠点間知識移転

　日系企業による「プラスワン」戦略のうち，チャイナプラスワンを端的に言えば，2000年頃から顕在化した中国リスク回避のための ASEAN 拠点設置のことである。中国リスクとは，賃金上昇，人民元の切り上げ，不動産バブル，金融システムの脆弱性，日本や周辺国との外交関係の不安定化，生産活動の中国への一極集中等のことである。また，中国の経済成長に伴い中国製品が，先進国が低開発国の物品のみに適用する一般特恵関税(GSP)の対象外になり，後発 ASEAN 諸国に生産移管されるケースもある。こうした要因のうち，経済的な要因は中国で操業する企業共通の問題であり，中国企業にとっても労働集約的生産を中国で続けることは困難になっている。中国

---

[17] カンボジアのタイセン SEZ，ドラゴンキング SEZ，マンハッタン SEZ，シャンドンサンシェル SEZ は，ベトナム国境バベット近くに立地する。

図 II-2-5 メコン地域（ベトナム北部・中部）の主要な経済回廊

出所：アジア開発銀行データより作成

政府は，1999年に中国企業の海外進出を促進する「走出去」政策を導入したのに続き，2006年には国務院が「国家中長期科学技術発展計画綱要（2006-2020）」を公表し，イノベーション重視の開発政策にシフトしている。こうした中国政府の政策変更もチャイナプラスワンを後押ししている。

チャイナプラスワンを採用できる日系企業は，当然ながら中国への進出経験を持つ企業である。チャイナプラスワンには，①中国工場を維持しながら，追加的にASEANに拠点を設置するケースと，②中国での生産中止・ASEANへの生産移転のケースがある。中国工場が維持される場合でも，フラグメンテーション理論が例示する生産工程の生産ブロックへの分離・分散立地ではなく，製造品目を拠点別に特化させて，拠点間の補完関係を構築するケースもある。熟練労働を要する製品の製造は中国で行い，未熟労働者でも時間をかければ製造できるコスト重視の製品の製造はASEAN後発国で行われるケースがこれに該当する。

チャイナプラスワンでは，中国沿海部の産業集積で生産される中間財の輸送に便利なベトナムが，特に電気電子産業において主な受け皿になっている。

図 II-2-6　メコン地域（タイおよび周辺国）の主要な経済回廊・経済特区

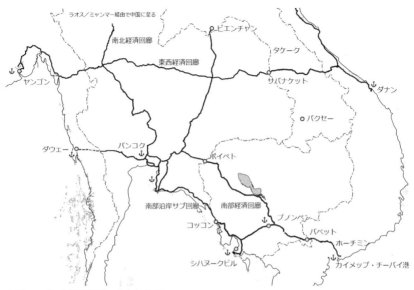

出所：アジア開発銀行データより作成

　知識移転においても，ベトナム北部には立地上の優位性がある。華南地域とハノイとの間の移動には，国際バスや旅客鉄道も利用可能である。そのため，中国人の技術指導者やリーダー，多数のベトナム人研修生を高頻度に移動させても，日本人が現地で技術指導したり，研修生を日本に派遣したりするより，企業は知識移転のスピードを速め，費用を安く抑えることができる[18]。

　ベトナムにおけるチャイナプラスワンの先駆的な例としては，2000年頃にキヤノンが行った中国沿海部からハノイへのプリンター生産の移管が有名である。キヤノンの進出を可能にしたのは，1990年代後半に実施された日本政府の支援によるハイフォン港のリハビリとハノイ―ハイフォン間を結ぶ国道5号線の改良と，住友商事によるタンロン工業団地の開発であった。このキヤノンのハノイ進出は，ベトナム北部の産業集積形成のきっかけになった。

　電子部品製造では，スミダコーポレーションが，中国国内の低賃金地域へ

---

[18] チャイナプラスワンのメリットのひとつとして，中国拠点の意思決定の速さ（日本本社の意思決定の遅さを避けられる点）を指摘した日系企業のマネージャーもいた。

の工場展開とチャイナプラスワンとを組み合わせて，低コスト生産体制の確立を試みている。同社は，中国・華南にメインとなる工場を有するが，2008年にベトナムに接する広西チワン自治区・南寧に最初のサテライト工場を設立し，2010年に二番目のサテライト工場としてハイフォンにベトナム子会社を設立した。このハイフォンの稼働に際しては，華南のハブ工場と南寧のサテライト工場が支援を行ったと言われている。同社は2016年にベトナム中部クアンガイ省でベトナム第二工場を稼働させている[19]。

　近年は韓国企業のベトナム進出が活発である。韓国はベトナムを「インドシナへのゲートウェー」と位置づけ，官民一体となってベトナムへの進出を行ってきた（Cheong, 2010; 2011）。2009年に携帯電話工場を稼働させたサムソンの投資のインパクトは大きく，2013年に携帯電話が衣料品を上回るベトナム第一の輸出品となり，関連する韓国企業のベトナム進出を誘発した（ブイ，2016）。中国の対ベトナム貿易に占める電気機器・部品の割合は2016年に輸出で20％，輸入で48％を占めるまで拡大している。これらの貿易では車両による輸送に加え，空輸が広く使われていることも特徴的である（表Ⅱ-2-4）。

　カンボジアを利用したチャイナプラスワンでは，縫製業などの軽工業の事例が多いようである。日系企業が多数入居するプノンペン経済特区（PPSEZ）の開業初期に入居した日系企業も靴製造である。カンボジアには韓国や台湾等の日系以外の外資系企業も進出しているが，縫製業では中国企業，製靴業では台湾企業が多くを占めている（道法, 2012）。縫製業界は華僑・華人社会であり，中国語も業務に使われている（山形, 2004）。現地華僑社会でも縫製業のプレゼンスが高い（野澤, 2006）。中国に工場を操業し，中国で外注も使っている日系企業の中には，外注先の中国企業によるカンボジア現地生産を通じて，間接的にタイプラスワンを行っているケースもある。

　ASEANプラスワンは，ASEAN事業全体のコスト削減・効率化を目的に，ASEAN域内に複数の生産拠点を設置する企業戦略である。ASEAN拠点間の補完関係としては，チャイナプラスワンと同様に①フラグメンテーション理論が提示する生産工程・タスク別と②製造品目別の分業がある。この他，

---

[19] 同社ホームページ情報に基づく。

表 II-2-4　中国の輸送モード別対ベトナム貿易の推移（単位：億ドル）

貿易	品目	輸送モード	2005	2006	2007	2008	2009	2010	2011	2012	2013	2014	2015	2016
輸出	全品目	船舶	43	57	87	114	110	149	178	195	252	300	349	357
		車両	9	11	20	26	38	60	79	95	176	279	252	186
		航空	1	2	4	5	6	10	13	28	44	45	51	55
		その他	3	5	7	6	9	13	21	24	13	12	12	11
		合計	56	75	119	151	163	231	291	342	486	636	664	609
		車両比率	15%	15%	17%	17%	23%	26%	27%	28%	36%	44%	38%	31%
	電気機器・部品（HS85）	船舶	2	4	8	13	15	17	21	20	23	26	33	33
		車両	1	1	3	4	6	12	13	16	34	61	57	46
		航空	0	1	2	3	4	7	10	23	37	32	37	41
		その他	0	0	0	0	0	1	1	2	1	1	1	1
		合計	4	7	13	19	26	36	45	60	94	121	129	121
		車両比率	17%	18%	19%	19%	24%	32%	29%	27%	36%	51%	44%	38%
	電気機器・部品比率		7%	9%	11%	12%	16%	16%	15%	18%	19%	19%	19%	20%
輸入	全品目	船舶	21	19	24	33	35	48	77	87	86	100	104	120
		車両	3	5	6	7	9	12	16	30	42	45	68	78
		航空	0	0	1	2	4	8	18	45	40	54	66	75
		その他	1	1	1	1	0	0	0	0	0	0	0	0
		合計	25	25	32	43	47	70	111	162	169	199	238	273
		車両比率	12%	19%	17%	16%	19%	18%	15%	18%	25%	23%	29%	29%
	電気機器・部品（HS85）	船舶	0	0	0	1	1	1	3	4	5	7	8	8
		車両	0	1	1	2	2	5	7	19	27	28	48	56
		航空	0	1	1	1	3	5	16	43	37	48	59	66
		その他	0	0	0	0	0	0	0	0	0	0	0	0
		合計	1	2	2	4	6	12	26	66	70	83	115	130
		車両比率	44%	46%	41%	45%	40%	41%	28%	30%	39%	34%	42%	43%
	電気機器・部品比率		4%	6%	7%	9%	13%	17%	23%	40%	41%	42%	48%	48%

（出所）Global Trade Atlas

第 2 章　アジアにおける知識移転の基盤整備と実際

既存拠点で生産している製品の増産を他拠点で行う際に実施される拠点間支援もある。生産ネットワーク拡張の起点となる既存のASEAN拠点の立地国の数だけASEANプラスワンにはバリエーションがある。例えば、起点となる拠点がタイにある場合はタイプラスワンと称される。ASEAN域内での新拠点設置に際しては、チャイナプラスワン同様、域内にある既存の拠点が新拠点を支援する。日系企業のASEAN製造拠点による経験知の蓄積と現地化がASEAN経済共同体設立プロセスに並行して進展してきたこともあり、様々な国の組み合わせのASEANプラスワンが展開されている。ベトナムからミャンマー・ラオスの製造拠点を支援している会社もある。

どのプラスワンを企業が採用するかは、各社のアジア事業や顧客・市場、各国政府が進める事業環境整備などに影響されていると思われる。しかし、カンボジア・ラオスのタイ国境地帯にあるSEZでは、タイプラスワンが採用される傾向がある。これは①タイの製造業の現地化が進展しており、タイ拠点の知識移転能力が向上されていること、②現地語でのコミュニケーションが容易なこと[20]、③タイと隣国との開発ギャップが大きく、タイ人がカンボジア・ラオスで指導的な立場になれる、④タイとの距離が近く、タイからであればカンボジア・ラオスに対して頻繁に技術指導ができること、などが背景にある。

カンボジアでタイプラスワンを行っている日系企業が入居するSEZは主に、PPSEZと国境地帯にあるサンコーポイペトSEZ、コッコンSEZである。PPSEZは日系不動産会社と現地資本との合弁で2006年に設立され、2008年に稼動した。PPSEZは、シハヌークビル港に通じる国道4号線沿線、プノンペン国際空港から西に8キロ、市内中心部から18キロ地点という便利な場所に位置する。立地面の優位性に加えて、充実したインフラ設備、入居企業に対する日本人によるサポートを提供することで、PPSEZは日系企業を含めた外資系企業の誘致に成功している（植木, 2015）。PPSEZで操業する代表的な日系企業は、電子部品製造のミネベアミツミである。2011年に生

---

[20] コミュニケーションのハードルの低さの背景はいろいろある。まず、ラオス語は東北タイの方言と極めて似ており、ラオス人とタイ人は現地語でコミュニケーションできる。同様に、カンボジアの国境付近にタイ語を理解できる人材がいる。さらに、クメール語とタイ語には類似の単語が含まれていると言われる。近年では、衛星放送の普及で、タイのテレビ番組がカンボジア、ラオスで広く視聴できるようになっていることも大きい。

産を開始したカンボジア工場は，アユタヤから部材を陸路で輸入し，PPSEZ で製品に組み立てて，陸路でアユタヤに再輸出している。アユタヤ工場が主にカンボジア工場の運営を支援しているが，工場立ち上げ時はタイ・マレーシアの工場から生産移管されており，移管元のタイ・マレーシアが技術支援を行った（ミネベア, 2011）。大手企業では，デンソーも 2013 年に PPSEZ のレンタル工場で生産を開始し，2015 年に建設に着手した自社工場でタイプラスワンを実践している。デンソー・カンボジアに出資するデンソー・インターナショナル・アジアは，戦略的な意図を持って，アジア拠点間での設備・知識（現地人材による作業指導・立ち上げ支援）の玉突き移転により，後発 ASEAN での低コスト生産体制を構築しようとしている（デンソー, 2013）。

　沿海部のタイ国境コッコンでは，国境から 2 キロ地点にコッコン SEZ が稼動している。コッコン SEZ で操業する日系企業によるタイプラスワンで代表的なケースは，ワイヤーハーネス製造の矢崎総業である。同社は，2012 年末に工場を開所し，設備や部材をタイから輸入し，カンボジアで最終製品にしてタイに再輸出している。カンボジア製の製品は，タイ工場で検品後，顧客に納品されている（日本貿易振興機構, 2013）。

　内陸部のタイ国境のポイペトには，オーニアンポイペト SEZ とサンコーポイペト SEZ が稼働中であるが，日系企業が入居しているのはサンコーポイペト SEZ である。同 SEZ 内では，日本発条が自動車用シートカバーを生産している。同社はタイから原材料を供給してカンボジアで縫製し，タイで完成品のシートにして顧客に納品している。この工場の設立や運営は同社のタイ現地法人が主導している（詳細は本書第 5 章）。また，サンコーポイペト SEZ 内に豊田通商がテクノパークを開設し，自動車産業等の中小企業をターゲットに貸工場や工場開設・運営支援サービスを提供している。この他に，ポイペトでは PPSEZ がポイペト PPSEZ を建設中である。自動車産業が集積するタイの東部臨海地域へのアクセスの良さから，ポイペトに自動車産業を中心とするタイプラスワン型企業が集まることが期待されている。

　ラオスにおけるタイプラスワンは主にビエンチャン，サバナケット，パクセーで行われている。サバナケットやパクセーで日系企業進出によるタイプラスワン型の工場運営が始められたのは 2010 年以降であるが，ビエンチャンではそれ以前から東京コイルエンジニアリングや旭−マキシマなどによる

表 II-2-5 タイの国境貿易の推移 (単位：億バーツ)

タイ税関 (国境)	インフラ	貿易相手	貿易	2005	2006	2007	2008	2009	2010	2011	2012	2013	2014	2015	2016
ノンカイ	友好橋 (1994年)	ラオス	輸出	74	183	237	291	311	361	453	622	556	579	570	564
			輸入	12	15	16	21	23	28	24	39	30	35	55	94
ムクダハン	友好橋 (2007年)	ラオス	輸出	54	64	63	103	79	237	478	643	349	347	358	746
			輸入	10	65	127	137	94	146	248	341	251	318	449	610
ナコンパノム	友好橋 (2011年)	ラオス	輸出	24	38	37	41	36	41	46	83	383	439	632	543
			輸入	6	5	8	13	15	15	24	32	122	431	467	420
ビアンマンサバン	パクセー SEZ	ラオス	輸出	22	28	33	51	46	65	82	94	106	139	131	127
			輸入	12	25	7	8	9	11	14	18	16	17	32	44
サケオ	ポイペト SEZ	カンボジア	輸出	150	177	179	267	215	289	341	459	525	600	620	551
	プノンペン SEZ		輸入	10	11	14	22	19	37	51	67	92	161	183	146
トラート	コッコン SEZ	カンボジア	輸出	113	133	148	165	180	189	216	247	253	276	291	297
			輸入	0.3	0.6	0.5	0.3	0.5	0.6	0.9	5	15	23	32	45

(出所) タイ中央銀行 (貿易データ)、インターネット情報 (インフラ) 等より作成

タイプラスワンの事例が報告されている (Hiratsuka, Keola & Suzuki, 2008)。ラオス中部のサバナケットにはサワン・セノ SEZ が開発されている。東西経済回廊沿線でタイ国境に近いという道路インフラや立地の良さから，トヨタ紡織やニコンなど大手日系企業も進出し，タイプラスワンを行っている。トヨタ紡織は日本発条同様，ラオスでシートカバーを縫製し，タイで完成品のシートにしている。南部パクセーには日本の中小企業をターゲットにした SEZ が開発されている。進出企業のうち，大和産業は自動車用ワイヤーハーネスの生産をタイから移管し，パクセーで組み立てた製品をタイ工場で検品後，タイの顧客に納品している[21]。

タイプラスワンの事例はまだ多くはないが，地域経済にとっては少なからぬインパクトを与えている。表 II-2-5 が示すとおり，タイとカンボジア・ラオスとの陸路による貿易は近年増えている。交通の難所であったメコン川に橋が建設され，経済回廊沿線や国境に SEZ が開設されたことで，川の両岸の経済関係が緊密化し，物品のやり取りが増加した。タイにとっても地方開発が重要な政策課題になっており，国境地域の開発はタイ政府にとってもメリットになっている。近年はタイ政府も橋の建設や国際道路の整備を通じて隣国の経済開発を支援するようになっている。

5-2. タイの産業高度化政策と事業拠点の機能高度化

タイプラスワン戦略の根底にはタイの産業集積の分散力があると上述したが，同時にタイの産業集積には集積力も作用している。タイプラスワンは，タイの産業集積の成長に伴って実現される。タイ政府も中国同様，投資促進による量的拡大から，産業集積力を活用した裾野産業育成，機能の高度化，イノベーション促進・高付加価値化へと政策を展開している。2000 年初頭

---

[21] ただし，後発地域における実際の工場運営は，品質管理も含め，様々な問題に直面している。カンボジアやラオスでは，製造業，特に機械産業での就業機会がこれまでほとんどなく，農村で労働者を確保しているため，工場勤務が初めての労働者も多い。企業は，勤務時間に出勤する，といった会社勤務の常識から教える必要がある。カンボジアの場合は，読み書きや簡単な計算もできない労働者がおり，企業が母国語や算数のスクールを社内で開講している例もある（植木, 2015）。ラオスでは欠勤率の高さを問題として指摘する企業もある。こうした社会人教育は，教育機関を含めた公的機関が取り組むべき課題であり，企業がお互いに協力しやすい課題でもある。個別企業による企業努力から，徐々に公的セクターか官民協力により改善が図られる必要がある。

にはマイケル・ポーター氏がタイに招へいされ，この時期から，タイ政府は輸出指向の開発政策を継続しながら，クラスター政策の考え方を取り入れるようになっている。

　裾野産業が広く，集積への依存が高い自動車産業の場合，2001年から2006年までのタクシン政権は，「アジアのデトロイト」をスローガンに，タイをピックアップトラック関連を中心とする自動車生産・輸出の世界的な拠点にするための政策を実施した。2003年には自動車製造事業への投資奨励を布告し，輸出向け生産限定だったが，自動車組立とそのための部品製造から成るパッケージプロジェクトに，奨励ゾーンに関係なく恩典が供与されるようになった。2007年に導入された「エコカープログラム」でも，低燃費・低公害の小型車生産・輸出のための自動車組立，エンジン製造および部品製造または調達事業で構成される総合計画（パッケージ）に優遇税制が適用されている。

　こうしたタイ政府による自動車生産振興策は，在タイ自動車・部品企業による，ものづくりの強化と現地調達率の向上，研究開発活動のタイへの導入を促した。これらの実現に向けた取り組みが，2000年前後から本格的に始められている。自動車産業人材の育成のため，日タイ両国は民間部門と協力して，2006年度から2010年度に「自動車産業人材育成プロジェクト（AHRDP）」を実施したのに続き，2011年度から2016年度に「自動車人材育成機関プロジェクト（AHRDIP）」を日タイ経済連携協定に基づく協力事業として実施した。AHRDPでは，ものづくり人材育成に重点が置かれた。AHRDIPでは，R&Dの基礎を成すVA/VE（価値分析／価値工学），製造技術（日本のものづくり）等に関するタイ人トレーナーが育成された（海外産業人材育成協会, 2016）。個別企業では，トヨタが2005年に生産推進センター（AP-GPC）を開設し，タイ人を含むアジア全域の現地スタッフに対して研修を行うようになっている。部品企業でも，2005年にデンソーが，2007年に日本発条が研修施設を設立している。こうした官民協力や個別企業による現地人材養成の仕組みづくりが，タイプラスワンの基礎になっている。

　自動車関連企業によるタイでのR&D活動では，いすゞ自動車が1991年にテクニカルセンターを開設しているが，トヨタ，日産，ホンダを含む完成車企業の多くは2000年代前半にR&D部門をタイに設立している。部品企

業では，矢崎総業が開発設計を行う子会社を 2004 年に設立した。デンソーは R&D 機能（テクニカルセンター）を持つ地域統括会社を 2007 年に設置している。ASEAN や新興国市場の重要性が増すに従い，タイでの R&D 活動が拡充され，2010 年代からは日産，三菱，ホンダが現地市場向けの製品開発に必要なテストコースを開設している。さらに，地域統括会社を設立する企業も増えている。トヨタは，2006 年にアジア地域の生産拠点を統括する Toyota Motor Asia Pacific（TMAP-タイ）を設立し，2007 年に TMAP-タイとタイのテクニカルセンターを統合し，Toyota Motor Asia Pacific Engineering & Manufacturing（TMAP-EM）としている。2017 年にはトヨタとダイハツによる新興国小型車カンパニー設立に伴い，TMAP-EM は Toyota Daihatsu Engineering & Manufacturing（TDEM）に改称された。日産は，2011 年にシンガポールにあった地域マーケティング・販売機能とタイの R&D 機能を統合し，地域統括会社 Nissan Motor Asia Pacific（NMAP）を設立している（植木, 2017）。

　自動車産業の例のように，タイ拠点の機能高度化に伴い，タイに地域統括会社を設置して，ASEAN 域内の生産拠点を支援する日系企業が製造業を中心に現れている[22]。タイ政府は，地域統括会社の設立を促進するため，従来から「地域事業本部事業（ROH）」や「貿易・投資支援事務所（TISO）」，「国際調達事務所（IPO）」への投資を奨励してきた。2015 年には，国際地域統括本部（IHQ）への恩典の創設を含めた制度改正を実施し，恩典を受けるための要件緩和や恩典の拡充が図られている。

　日本貿易振興機構による「2015 年度アジア・オセアニア進出日系企業実態調査」によれば，在タイ回答企業 540 社のうち 38 社（7%）が地域統括機能を有し，105 社（19%）が設置を検討中であった（日本貿易振興機構, 2016a）[23]。

---

[22] 地域統括会社は，管轄地域内のグループ企業に対して，販売・生産・物流・調達・研究開発・人事・法務・財務などに関連する支援を提供する。地域統括会社は，持ち株会社である場合もある。
[23] シンガポールとタイの両方に地域統括会社を設置する企業もある。タイの地域統括会社は，研究開発から生産技術，生産・調達・物流・品質保証などの製造に関する機能を持ち，顧客が現地に調達機能を持つ場合は販売機能を持つこともある。シンガポールの地域統括会社は，金融・財務などの機能を持つ傾向がある（日本貿易振興機構, 2016a）。第 2 のアンバンドリング理論が示唆するように，こうした企業は，タイ，シンガポールの優位性を活用した機能面での分業を行っていると考えられる。

表 II-2-6　在タイ企業の高機能化（BOI 奨励事業活動別企業数）

地域	企業数	地域統括	貿易投資支援	国際調達	R&D
バンコク・近郊	5,830	116	533	374	83
東部	2,517	12	86	125	26
中部	571	6	13	44	4
北部	506	1	4	2	2
東北部	611	0	0	6	3
南部	619	1	2	0	0
西部	218	1	1	0	4
未公表（個人投資家）	29	0	0	1	2
合計	10,901	137	639	552	124

（出所）タイ投資委員会（BOI）ホームページのデータベースより作成（2017 年 9 月中旬にアクセス）
（注）企業数はデータベースに含まれる企業・個人投資家の総数。社名の変更等，考慮していない。2015 年に導入された新制度に基づく事業機能と思われるものとして，地域統括には International Headquarters（IHQ）が 1 社，国際調達には International Trading Center（ITC）が 1 社含まれる

　在タイ企業の機能高度化についての全体像を把握するのは簡単ではないが，タイ投資委員会のデータベースによれば（2017 年 9 月中旬にアクセス），日本企業以外も含めて 137 社が地域統括会社の恩典を認可されている。同データベースからは，貿易・投資支援事務所（約 639 社）や国際調達事務所（約 552 社）に対する恩典を享受している企業が少なからずあることが確認できる。なお，R&D 活動への恩典件数は 124 社と少ない。ただし，貿易・投資支援事務所の事業内容には，本格的な R&D 業務は含まれないが，技術支援サービスや機械・機具・器具および機器にかかわる事業上の活動（研修サービス，設置・メンテナンスおよび修繕等），ソフトウェア設計・開発といった事業改善に資する活動が含まれていることは留意すべきである。

　タイ政府は，イノベーション・新産業創出を推進するため，2015 年に新たな産業クラスター政策も策定した[24]。同政策は，指定地域にハイテクや次世代産業を育成する政策である。2015 年に指定されたクラスターには，自動車・自動車部品（7 県：アユタヤ・パトゥムタニ・チョンブリ・ラヨーン・チャ

---

[24] Thailand Board of Investment Announcement No. 10/2558 "Cluster investment promotion incentives and privileges in the Special Economic Development Zones." 16 September 2015.

チェンサオ・プラチンブリ・ナコーンラチャシマ），電気・電子機器および電気通信部品（ナコーンラチャシマ・アユタヤ・パトゥムタニ，プラチンブリ・チャチェンサオ・チョンブリ・ラヨーン），デジタル（チェンマイ・プーケット），環境にやさしい石油化学および化学品（チョンブリ・ラヨーン）が含まれる。企業が投資恩典を受けるためには，クラスターに立地する教育機関，研究機関，もしくは中核的研究拠点との人材開発・技術向上のための協力があること等の条件を満たすことが求められている[25]。タイ政府は，2016年に「東部経済回廊（EEC）」開発プロジェクトを承認した。このプロジェクトには，①チョンブリ，ラヨーン，チャチェンサオの東部3県での輸送インフラ（ウタパオ空港・レムチャバン港・高速鉄道等）の高度化投資，②電気自動車，プラグインハイブリッド車等ハイテク10業種への投資促進，③職住環境の整備などから構成されている。

6．おわりに

本章では，アジアにおけるビジネス環境の変化が多国籍企業の知識移転にどのような影響をもたらしているのか，特に，地域経済統合，開発政策・戦略などの新しい動きが与える影響について議論した。具体的には，アジア地域で最もサブリージョナルな経済協力が進んでいるメコン地域を取り上げた。

アジアの持続的な経済発展と格差縮小に向けた過程では，多国籍企業による直接投資と知識移転が重要な役割を果たしてきた。そこでは，地域経済統合と連結性強化に向けた各国および地域レベルのインフラ整備が推進され，企業に生産ネットワークの空間的拡張と知識移転を促している。特にASEAN内におけるメコン地域は，経済回廊開発を進めながら，ASEANの他地域に先行して，経済統合とASEAN経済共同体創設のメリットを活用できる事業環境を生み出している。

本章で紹介した事例が示すように，日系企業は，サブリージョナルに整備された事業環境を有効活用するため，「チャイナプラスワン」「タイプラスワン」等の「プラスワン戦略」を採用している。すなわち，インフラ整備で改

---

[25] Thailand Board of Investment (n.d.) *Thailand Moving Ahead with Cluster Development*.

善した物品や人の移動だけでなく，言語の類似性等ローカルな特徴も活用して，事業所ネットワークを中国やタイ等の先発工業化地域から後発地域へ拡張している[26]。この生産ネットワークを通じ，アジアの先発工業化地域からメコン地域の後発工業化地域への知識移転が促進されている。

Ghemawat（2001）の「CAGE フレームワーク」に従えば，文化的に多様で教育や経済水準で格差も大きいアジアを包含する地域での国際ビジネス展開や知識移転のコストは必ずしも安くはないように思われる。しかし，ASEAN による ASEAN 共同体の創設や東アジア各国との ASEAN+1 自由貿易協定・経済連携協定の締結の取り組みは，円滑な知識移転を支え，格差を是正する土壌となり得るものである。

日系企業は，メコン地域の後発工業化地域へ事業展開しながら，タイや中国等のアジア開発途上国の先発工業地域における事業活動を高度化している。既存拠点の高度化と事業所ネットワークの国際的拡大のいずれにおいても，知識移転が不可欠である。こうした中で ASEAN は，その多様性を積極的に活用し，経済格差縮小と同時にイノベーションを通じた持続的な経済発展の達成が求められている。とりわけ，後発地域への知識移転の担い手となるタイに代表される先発工業地域の事業所の機能高度化は，今後のさらなる課題である。大学における研究の促進や公的研究機関の拡充等を通じて，民間企業によるイノベーション活動の環境整備が必要とされている。アジアに展開する日系企業においては，地域経済統合とサブリージョナルな開発政策のもと，各国政府の事業高度化支援策を活用することで，在外拠点の機能強化を図り，成長するアジア市場で拠点間の知識移転を効果的に行いながらビジネスチャンスをつかんでいく姿勢[27]が求められる。

---

[26] 現状では，「プラスワン戦略」を採用する企業はまだ多くないとされる。しかしながら，日本国内で生産縮小やファブレス化が進む一方で，海外生産拠点に量産のノウハウが蓄積されてきている。海外工場で生産されている製品や採用されている生産プロセスは，国内工場の製品やプロセスよりもメコン地域への移管が容易な場合もあると考えられる。このため「プラスワン戦略」のような南―南技術移転の事例が増えてくることが予想される。

[27] それは日系多国籍企業における社内拠点間の役割分担の変化を伴い，結果として日本本社の役割が改めて問われることになる。

第3章

国境を超える知識移転と法的障壁

清水　剛

1. はじめに

　企業活動がグローバル化したといわれるようになって久しい。実際，企業活動は国境を超えて展開するようになっており，従来特定の国の内部にとどまっていた活動も様々な国に広がるようになってきている。今や生産拠点や販売拠点が世界の様々な場所におかれることは珍しいことではない。一国内にとどまることが多かった研究開発活動等もグローバル化し，研究開発拠点自体が世界的に広がるようになってきている（e.g., Asakawa and Westney, 2013; 金, 2010）。近年注目を集めており，第1章でも取り上げられているオープンイノベーションもこのような流れと無関係ではない。企業活動の世界的な広がりは，従来利用することのできなかった知識を利用する機会の拡大をもたらし，結果的にオープンイノベーションを刺激したことは間違いないだろう（Asakawa, Song and Kim, 2014）。

　また、第2章で見たように、地域統合やそれによる物的な、あるいは制度的なインフラの整備といったものが、国境を超えたビジネスの展開を容易にし、国境を超えた機能の再配置やグローバルバリューチェーンへの参加、さらには産業集積の発展をもたらしている。言い換えれば、地域統合やインフラの発展により、企業活動はますます国境を超えて拡大しているわけである。

　しかし，ここで注意しなくてはならないのは，企業活動のグローバル化は，企業が国家の規律から完全に逃れたことを意味するわけではない，という点である。企業活動のグローバル化，あるいは市場のグローバル化は，国家がなくなったことを意味するわけでも，国家が経済活動を規律する力をなくし

たことを意味するわけでもない（Sassen, 1996; 藤谷, 2012）[1]。

　17, 18世紀にヨーロッパで形成され，20世紀後半には世界中に広まったとされる主権国家（sovereign state）という仕組み，すなわち各国家はその領土においては排他的な主権を行使し，この主権の行使に介入できるような超国家的な主体（例えば世界政府等）のようなものは存在しないという仕組みは現在も基本的に維持されている（古城, 2005）。もちろん，このような状況に対して，国際機関や条約の形で様々な修正はなされているものの，国際機関や条約それ自体はあくまで主権国家を前提として成り立つものである（小寺・岩沢・森田, 2010）。この意味で，企業活動がグローバル化し，企業間の取引関係が国境を超えるようになったとしても，国家がその領域において市場を規律する権力はなお維持されているのである。

　このことは，ある国から別な国に経済活動を拡大しようとすれば，そこには乗り越えるべき障壁が存在していることを意味する。ある企業のある国における経済活動をそのまま拡張しようとしても，別な国ではその国の国家が独自のやり方で市場を規律しているだろう。そうである限り，そこには何らかの意味での摩擦が発生する[2]。例えば，ある国の製品は別な国ではそもそも販売してはならないかもしれない。販売には許可が必要かもしれない。許可は不要だとしても，輸入の手続きを取り，関税を払わなくてはいけないだろう。そのような製品について，工場を建てて現地で生産しようとすれば，まず直接投資が規制されているかどうかを確認しなくてはならない。規制されているのであれば工場を作るためにまず政府の許可を取らなくてはいけないだろう。工場の設立の許可を取ったとしても，実際に生産をしようとすれば，従業員を雇用しなくてはならず，また原材料や部品を購入しなくてはならない。そこには、国家の規制がかかっているだろう。このように，様々な意味において経済活動は国家が規律しており，ゆえに国家間の境界線を超えようとすれば，そこには様々なコストが発生するのである。

---

[1] Sassen（1996）は国家の市場に対する規律の弱体化を論じていると理解される場合があるが，Sassen（1996）は一方で国家の市場に対する規律能力が維持されることも指摘しており，その上で経済のグローバル化により超国家的な制度や組織が規律する部分が拡大していることを論じていると理解すべきであろう。
[2] もちろん，実際には国家間がその規律を調和させることで，この摩擦を弱めることは可能である。この点は後述。

このことは，本書のテーマである知識のマネジメント，とりわけ知識移転にも影響を与える。オープンイノベーションがもてはやされ，知識の移転もグローバル化しつつあるといっても，実際に知識の移転をしようとすれば国家間の境界線が影響を与える（Kogut, 1991）。そもそも，直接的な知識移転（例えば技術導入や直接投資）は規制されているかもしれない。また，ある製品を生産するための方法が別な国では使えないかもしれない（ある製品を作るのにある薬品が必要だが，その薬品の使用が別な国では禁止されている等）。すなわち，上で述べたような政府による市場の規律は，知識の移転にとっても障壁になりうるのである。

　それでは，このような国家による規律はどのような形で知識移転に対する障壁となるのだろうか。国家は市場に対する規律の一環としてこの障壁をコントロールしようとするはずだが，どのように国家は障壁をコントロールするのだろうか。そして何より，企業はこのような障壁にどのように対応するのだろうか。

　本章で考えようとしているのはこのような問題である。本章では，国家の市場に対する規律—法的なものから政治的なものまで様々なものが存在するが—の中でもとりわけ法的な規律に注目し，国家による法的な規律と知識マネジメントの関係を論じようとする。ここで法的規律に注目するのは，政策的あるいは政治的な判断も，結局は法的な規律の形を取ることが多いことから，国家の市場に対する規律の主たる構成要素は結局，法的規律になるためである。言い換えれば，本章では国家間の法的な境界線に注目し，そのような境界線と知識のマネジメントとの関係を論じようとする。

　以下，次節ではまず国境を超えた知識移転とそれに対する障壁の種類について論じた上で，第3節で法的な障壁の内容を説明する。第4節では国家がそのような障壁をいかにコントロールするかについて検討する。第5節では，そのような国家の行動を踏まえて企業が法的な障壁にいかに対応するかについて論じる。第6節はまとめである。

2．知識移転と国境

　既に本書でも取り上げられているように，多国籍企業においては様々なレ

ベルで国境を超えた知識の移転が必要とされ，そして実際に発生する（e.g., Kostova, 1999; Kogut and Zander, 1993; Rugman and Verbeke, 2001）。それは世界本社と地域本社（地域統括会社），地域本社と各子会社の間で起こるかもしれないし，子会社間あるいは地域本社間で起こるかもしれない（e.g., Asakawa and Lehrer, 2003）。いずれにせよ，多国籍企業においては知識の移転は国境を超えて発生する。例えば，世界本社で作られたマニュアルが子会社に持ち込まれ，子会社で利用される，あるいは工場のオペレーションに関する知識がマザー工場から現地工場に移転される，といった状況が考えられる。

　実際のところ，国境を超えた知識移転というのはどのような形で行われるのだろう。第1章で整理されているように，境界線を超える知識の移転は基本的には人を介するか，あるいは標準化という形をとる。前者は，例えば本社のスタッフが現地に派遣されて研修を行う，あるいは実際に事業を一緒に行いながらノウハウや考え方を移転していく方法である。日本企業でしばしばみられるマザー工場による新規工場の立ち上げ支援（本書第5章; 大木, 2014）等もこのような例と言えるだろう。いうまでもなく，このような形の移転により，暗黙知を暗黙知の形で伝えることができる。

　一方で標準化による移転は，例えばマニュアルの移転や設備・設計図の移転のような形をとる。生産の手順などはしばしば設備や設計に体化されているため，マニュアルや設備を移転することで製品・サービスの生産や販売，あるいはメンテナンス等に関する知識が移転することになる。これは形式知による知識の移転ということになる（野中, 1990）。ただし，必要な知識のすべてが形式知化されているとは限らないため，場合によっては上記のような人による移転と組み合わされる必要がある。

　このような，国境を超えた知識移転を行おうとする際には，国境内での知識移転とは異なる形の「粘着性」（von Hippel, 1994）あるいは障壁が発生する（e.g., Dunning 1988; Buckley and Casson, 1991; Porter, 1998; Szulanski, 2000; Riege, 2007）[3]。

---

[3] 「クラスターの範囲は行政上の区分と一致していることも多いが，宗教や国境をまたがっている場合もある。…（中略）…言語が共通で物理的な距離が近く（例えば，事業拠点のあいだが200マイル以下程度），法律などの制度が類似しており，貿易・投資障壁が低い場合には，クラスターが政治的境界を超える可能性も高くなる」というPorter（1998, p.230 邦訳II p.114）の言葉はあくまでクラスター形成に関するものだが，（文化的障壁を除く）知識移転に関する障壁の所在を簡潔に表現している。

例えば，人による知識の移転を考えてみよう。そもそも，本社所在国と現地では言葉が異なるだろう。暗黙知を移転しようとする際に，お互いの言葉が理解できなければまず移転は不可能である。実際には，例えば本社所在国の言葉を使う（日本企業であれば日本語），あるいは現在世界中でいわばリンガ・フランカ（lingua franca，通商語・共通語）となっている英語を使う，現地語を使うなどの対応手段が考えられるが，いずれの場合であっても完全な意思疎通は難しいため，とりわけ暗黙知の移転には支障が生じる[4]。このような意味での障壁を言語的障壁と呼ぶことにしよう（Welch et al., 2001; 吉原・岡部・澤木，2001）。

　また，仮に言葉の問題を解決できたとしても，人々の行動の背後にある知識や考え方や規範等の文化的背景が異なる場合には人による知識の移転は難しくなる（Bhagat et al., 2002; Javidan et al., 2005）。説明をしようとしても，単純に背景知識や背景となる価値観・規範に関する理解がなければ知識移転は難しくなる。例えば，イスラム諸国におけるハラール（イスラム教において認められている内容，とりわけ食べてよい食品のこと）の考え方やハラールと認められる食品の生産の方法について説明しようとすれば，まずイスラム教の考え方そのものをある程度知らなくてはならない。このような障壁のことを文化的障壁と呼ぶことにしよう。なお，慣習等はここに含まれるものとする。

　そしてもちろん，上で述べたような法的な障壁がある（Dunning, 1988, p.31; Buckley and Casson, 1991, p.67; Kogut, 1991）。まず単純に，ある国に入国しようとする場合にはその入国に関しての規制がかかっている。また，あまり例は多くないだろうが，入国は認められたとしても，特定の人にしか会ってはならないといった形で人的接触に制限がかかっているケースもありうる。また，後で詳しく述べるように，移転される知識が法制度と結びついている場合には各国の法制度の固有性のために移転が難しくなる。これを法的障壁と呼ぶことにしよう。

　そして最後に，もちろん人の移動に関する金銭的・時間的コストがかかる

---

[4] とりわけ経営における理念や考え方はしばしば言語と結びついているため，このような言語の相違は理念や考え方そのものの伝達に支障をきたすことになる。例えば大木（2014, 第8章）では，日本企業の海外子会社において，日本から来たトップが経営の指導を行う事例を紹介しているが，この事例からはその際に Gemba や Kaizen 等の日本語を使っていることが分かる。

(Dunning, 1988, p.31; Buckley and Casson, 1991, p.67)。このコストは国境内においても発生しうるが、とりわけ国境を超える移動はしばしば長距離にわたり、費用もかかる。かつて、日本から欧州に移動しようとすれば船旅しかなく、ある程度の費用と時間がかかったことを考えれば理解できるだろう[5]。これを経済的障壁と呼ぶことにしよう。

　これらの障壁は標準化による移転の際にも発生する。図面等による標準化であれば良いが、何らかの言語によりマニュアル等を作っても、結局従業員が地域固有の言語を使っていればやはり移転の障壁が存在している（Welch et al., 1991）。また、文化的障壁とは認知的あるいは規範的な問題を含むため（Bhagat et al., 2002; Kostova, 1999）、標準化だけでは解決しない。経済的障壁については人が移動して接触するよりも一般には小さいものと考えられる（設備を送る場合にはコストがかかるが、情報の移転であれば電話やメール等である程度対応できる）ものの、どこまで知識を標準化できるかについては知識の性質などにもよる（Winter, 1987）。法的障壁については、例えば詳細なマニュアルや設備を導入しようとする場合には法的な手続きが必要となり、また人による移転と同様に、移転しようとする知識が法制度と結びついている程度に応じて移転が難しくなる。

　このように、国境を超える知識の移転には様々な障壁が存在する。もちろん、経済活動のグローバル化の中で、このような障壁の高さは変わってきている（e.g., Sassen, 1996）。例えば、移動手段とコミュニケーション手段の発達により、国境を超える際の経済的障壁は劇的に小さくなっている。例えば30年、40年前に比べ、海外への出張は容易になっており、電子メール等により海外との連絡はさらに容易になっている。また、グローバル化の進展それ自身が英語の一層の普及をもたらした結果として、言語的障壁は（もちろん、それ自体は基本的には維持され続けるとしても）少なくとも低下してきていると言えるだろう。さらに、グローバル化に伴う文化的接触は文化的障壁をも低下させている。そして最後に、グローバル化による法制度のハーモナイゼー

---

[5] 1916（大正5）年当時の横浜—ロンドン間の3等運賃は片道で170円、2等400円、1等600円であった（日本郵船株式会社, 1916）。物価指数によると当時と現在の物価の差はおよそ1000倍であるため、これに従うと3等運賃で往復34万円程度となり、現在の東京—ロンドン間の運賃に比べかなり高い。また、日数については瀧本（1935）から、片道でおよそ40日程度かかったものと思われる。

ションや自由貿易協定の増加は法的障壁を低下させていることも間違いない。

しかし，いくらグローバル化が進展しても主権国家体制という基本的なシステムが変化しない以上，国家は経済活動に対する規律を続けるだろうし，そうであれば法的な障壁は存在し続けることになる。一方で，その他の障壁についてはグローバル化の進展と技術の発達により，徐々に低くなっていくことが予想される。このように考えれば，とりわけグローバル化を前提とすれば，国境を超える知識移転を考える際に考慮すべき重要な要素として，法的な障壁が存在し続けることになる。

3. 法的障壁の要素

さて，上で法的障壁について若干の例を挙げておいたが，そもそも知識移転に対する法的障壁とはどのような要素から構成されるのだろうか。

① 知識移転そのものに対する規制

まず，知識移転そのものにかかわる規制が存在する（Porter, 1998; Dunning, 1988）。人の移動については言うまでもなく，出入国管理は国家の重要な権限となっている（Sassen, 1996）。また，設備やマニュアル等については，いわば技術の貿易あるいは投資の形を取るため，これに対する規制が存在する。例えば，かつての日本では外資法（外資に関する法律，1980年廃止。）及び外為法（外国為替及び外国貿易管理法，現在の外国為替及び外国貿易法）の下で技術導入は許可制とされていた[6]。また，工場を建設するような場合についても，海外からの直接投資はやはり外資法に基づき許可制となっていた[7]。日本の技術導入の事例は数多くあるが，例えば化学産業で見れば，塩化ビニルやナイロン，ナフサ分解によるエチレン生成（石油化学産業の基礎）等，日本の化学産業の基礎となる技術のかなりの部分は技術導入によるものである（米本，

---

[6] 外資法に基づく認可（甲種。その対価の支払いが1年を超えるもの）と外為法に基づく認可（乙種。支払い期間が1年以下）の2種類があった。主要なものは外資法に基づいて認可が行われた。なお，日本における技術導入の実状については米本（1962），井田（1970）等が興味深い。

[7] 旧外資法11条。日本の対内投資自由化を含む資本取引の自由化については荒巻（2004）参照。

1962)。これらがすべて規制の対象であったことは，国境を超えた知識移転における法的障壁の影響の大きさを示している。

このような外資導入に対する態度は国家の方針によるものであり，外資を積極的に受け入れる場合にはこの障壁は低くなるが，例えば国内企業と競合するような企業の場合には技術導入や子会社の設立が制限されるかもしれない（井田, 1970）。また，人の移動については経済的要因だけでなく，政治的な要因によっても制限される場合がある。

② 法制度のそのものの固有性

直接的に知識移転を規制するわけではないが，「粘着性」に影響する要素として挙げられるのが法制度そのものの固有性である。もちろん，法制度が他国から移入されるケースもしばしばあるが[8]，他国の法をそのまま移入するのではなく，何らかの形で自国の事情に合わせて修正することが多い[9]。この意味で，各国の法制度には固有性が存在しているため，法制度に関する知識は移転にコストがかかる。例えば米国において最も利用されている会社法はデラウェア州の会社法であるが，このデラウェア州会社法と日本の会社法はある程度の共通性はあるものの異なる法律であるため，デラウェア州会社法に関する知識（たとえば会社の設立手続き）を日本に移転するのにはコストがかかる。ゆえに，日本企業が米国で子会社を設立しようとする場合には，米国の会社設立手続きについて日本本社の側で理解しようとするよりも，まずは米国の弁護士を雇うことで知識移転の必要性そのものを下げようとするだろう。また，会計基準についても，ある程度調和化がなされており，また国際財務報告基準（International Financial Reporting Standards, IFRS）が適用される国も多いものの，例えば日本基準と米国基準は同じではないため，日本の会計基準に関する知識を米国に移転させる，あるいは逆に米国の会計基準に関する知識を日本に移転させるには一定のコストがかかる。実際，米国公認会計士の資格と日本の公認会計士の資格は共通ではなく，相互にお互いの

---

[8] 日本法が大陸法，特にドイツ法から多くの要素を受け継いでいることはよく知られているが，例えば英国の旧植民地が英国法を受け継ぐ等の場合もある。

[9] 例として，英国法に淵源を持つ信託法の導入と修正について道垣内（1996），会社法に米国法を導入しようとした昭和25年改正について中東（2003; 2005）等を挙げることができよう。

国で会計士として活動することもできない（猪熊, 2015, 第7章）。

③　法制度に依拠した知識

　法制度そのものに関する知識でないとしても，ある知識が何らかの形で法制度に依拠している場合にはやはり移転にコストが発生する（Kostova, 1999）。例えば，ある国においてその使用が禁止あるいは制限されている製品に関連する技術については，その国では技術が発展しないだろう。逆にそのような禁止・制限がない国においては技術が発達するだろうが，そのような禁止・制限のある国にその技術を持ちこもうとしても（持ち込むこと自体は違法ではないとしても）そのような技術移転を受け止める基盤がないため，技術移転のコストが増大する。分かりやすい例は軍事関連技術で，日本がロケット技術を導入するときにかなり苦労したのも（宮沢, 1991），戦後の航空機関係技術の開発の禁止により技術の基盤が弱体化していたことが一つの原因であると思われる（日本航空宇宙工業会, 2003, pp.7-9）。

　また，逆に法制度の結果としてある国にのみ見られるような製品やサービスがある場合には，他国にはその前提となる法制度がないため，この製品に関係して生み出される技術や知識については，それが生み出されるコンテクストが理解されない，あるいは他の技術体系と調和しないために技術の移転にコストがかかる可能性がある（なお浅川, 1999参照）。例えば，軽自動車は日本に特有の規格と言われており，軽自動車に関する技術そのものは他国への移転が難しい可能性がある。実際のところ，小型車に関する需要そのものは一定程度あるが，軽自動車を中心とするダイハツ工業やスズキなどが技術移転をしようとする場合，これまでとは異なった技術体系とみなされる可能性がある。これらの会社が特に新興国への技術移転を得意としており，その際には現地化を進めつつも設計，工場レイアウト，工場労働者のトレーニングなどをいわば一つのモデルとして持ち込む形になっていることは（今田, 2014），このような軽自動車に関する技術の移転の難しさを示唆している。

　製品・サービスそのものが規制されていなくても，製品・サービスを生み出す方法に関する知識が法制度に依拠している場合には，やはり修正や追加的な知識の提供が必要になる。例えば，外食産業が海外に展開する場合には材料の一部を海外（例えば日本）から輸入しなくてはならないが，食肉や野

菜などの輸入にはしばしば規制がかかっているため，これに応じて製造方法を変更しなくてはならない。また，製造過程に機械を使っている場合，展開先の企業でその機械の使用に関する認証が得られないためにその機械を使えないこともありうる（日本貿易振興機構, 2016c）。

なお，このような法制度に依拠した知識に基づく障壁や，あるいは上の法制度そのものの固有性による障壁は構造的なものであるが，一方で認識に基づくものでもある（Kostova, 1999）。法制度の差異は人々の認識にも影響する。ある法制度がある場合とない場合，あっても中身が異なる場合には，人々の認識の仕方も変わってくる。例えば，著作権という制度がある場合とない場合，あるいはあっても実質的に保護されていない場合では，そもそも著者が持つ権利に対する人々の認識が異なってくるであろう[10]。さらに言えば，同じような法制度でも国や管轄域によって認識の仕方や利用の仕方が異なる場合もある。株式会社というものをどのように認識し，いかに利用するかというのは国によって異なっている（Hannah, 2014; Shimizu, 2016）。

④　知識の保護の脆弱さ

以上の①〜③は何らかの形で移転そのもののコストに関わっている。これに対して，移転そのもののコストではないが移転に伴うコストに含まれるものとして，移転に伴う技術の流出などのリスクがある。この点は知的財産権の保護に関わっており，ある国における知的財産権に関する法制度が未整備な場合には，例えば知識の移転に関して他の企業がそれをコピーするなどの形で追加的なコストが発生しうる。例えば，かつて中国における自動車産業の発展期には，他社の技術者の引き抜き等とともにリバースエンジニアリングによって開発を行っていたことが指摘されている（例えば塩地, 2007）。また，経済産業省の『技術流出防止指針』（経済産業省, 2003a）を見ると，提携先企業や同じ企業の子会社からの様々な技術流出の例が挙げられている。このような事態が発生しうるのであれば，企業は他の企業に対する知識移転に消極的になるだろう。また，上記『技術流出防止指針』にもしばしば見られるよ

---

[10] このような例として，中国における知的財産法の未整備とこれにともなう知的財産に関する認識の不足を挙げることができるだろう。この点については例えば黒瀬（2007）を参照。

うに，所有権や契約に関する保護が不十分な場合も，知識の移転に関する追加的なコストを発生させる可能性がある（North, 1990）。

　以上が法的障壁の主たる構成要素である。なお，この法的な障壁について，これまでは国境を超える場合に発生する，という形で述べてきたが，正確に言えばこのような障壁は同じ国の中でも法制度が異なれば発生する。同一の法制度を持つ範囲をしばしば管轄域（jurisdiction）という言葉で表現することがあるが，この管轄域は必ずしも国境とは一致せず，また法律の種類によっても異なる。例えば，米国の場合には法の種類によって州が管轄する場合と連邦が管轄する場合があり，会社法等は原則として州の管轄となる（ただし証券取引法については連邦法が中心。例えばミルハウプト（2009）参照）。欧州連合（EU）については原則として加盟国がそれぞれ独自の管轄域をなしているが，例えば人の移動についてはシェンゲン協定（Schengen Agreement）により原則として自由化されている（一部 EU 加盟国以外の国を含み，逆に英国・アイルランドを除く）。また，EU としての独自の法を持っている（庄司，2009）。さらに，後で見る中国の場合のように，基本的には中央政府が決定するが，地方政府がある程度権限を持っている場合にはそれぞれの地方を一つの管轄域と考えるほうが良い場合がありうる。

4．国家による法的障壁のコントロール

　以上では法的障壁を構成する要素について述べてきたが，このような法的障壁は国家による規律によってもたらされているために，国家（あるいはある管轄域における政府機関。以下，国家という場合にはいわゆる中央政府のみならず，このような政府機関も含む）はこのような障壁の高さをある程度コントロールできる。もし，国家が例えば外部からの技術導入を促進しようとすれば，導入に関する手続きを簡素化し，場合によっては導入に対して補助金を交付することで技術導入を行うインセンティブを与えるだろう。この場合，全体としてみれば知識移転に関する障壁は低くなったと理解できる。逆に，知識移転を制限しようとするのであれば，技術の移転を制限し，あるいは人の移動を制限しようとするだろう。

以下では，上の①〜④に応じて国家がどのように法的障壁をコントロールするかについて検討しよう。

①知識移転そのものに関する規制

技術移転そのものに関する障壁のコントロールについては，まずいわゆる貿易自由化あるいは投資自由化といった知識移転に関する規制の緩和，さらには知識移転に関する優遇政策等を挙げることができるだろう。WTO協定や自由貿易協定，あるいは投資協定等を含む様々な国際的な条約により貿易や投資の自由化が促進されれば，知識移転に関する障壁は低くなることになる。例えば，かつて日本は，1964年のOECD加盟により投資及び技術導入の自由化の義務を負うことになり，段階的に自由化を進めていった[11]。また，人の移動の自由化についてはWTO協定の一つであるサービス貿易協定(GATS)のサービス貿易の一つの形態（第4モード）として自由化が図られており，これ以外にも自由貿易協定で自由化が行われている（例えば東條, 2007）。また，APEC（Asia-Pacific Economic Cooperation, アジア太平洋経済協力）においては，ビジネス関係者の移動を促進するために，APECビジネス・トラベル・カードという仕組みを用意しており，このカードの交付を受けると，事前審査で承認を受けた国については（収入を伴わない短期商用目的の場合）ビザなしでの渡航が可能になるようにしている（星野, 2017）。

さらに，先端的な技術を持つ海外企業に対する優遇政策（特に，そこからの技術移転に対する優遇政策）や従業員のトレーニングに対する優遇政策，高度な技術を持つ人材の定住を可能にするような形での技術移転に対する促進策はしばしば見られる。先端的な技術を持つ海外企業への優遇策は現在でも中国等で見られ，従業員のトレーニングに関する優遇策は例えばシンガポールで行われている（日本貿易振興機構, 2016b）。高度な人材に対する定住促進は例えば日本でもポイント制の形で実施されている。

一方，知識移転に関する障壁を高めるのは，特に技術流出の防止という形

---

[11] 投資の自由化についてはOECD加盟に伴うOECD資本移動自由化コード（OECD Codes of Liberalisation of Capital Movements）により自由化の義務を負った。また技術導入については，同じくOECDの経常的貿易外取引自由化コード（OECD Code of Liberalisation of Current Invisible Operations）に基づき自由化の義務を負った。いずれも段階的に自由化を行い，70年代には対応を終了している。荒巻（2004）参照。

で行われることが多い。日本においては例えば軍事的に利用可能な高度技術や日本の競争優位を支えるコア技術の流出は問題になっており，前者については外為法による規制が，後者については不正競争防止法の「営業秘密」に関する規制がかかっている。田上（2006）によれば，同様の規制は例えば米国やドイツ，韓国でも見られる。

②法制度のそのものの固有性

法制度そのものの固有性については既に少し述べたが，調和化や国際標準化のような形で固有性を低下させることがしばしば見られる。例えば，従来社会主義法に基づく会社制度を取っていた中国やベトナムでは，欧米の会社制度をモデルにした会社法改革が進行しており（今泉・安部, 2005），中国では2005年に新しい公司法が制定され，ベトナムでは同じ2005年に外資企業と国内企業を統一する形での企業法が制定された。また，上でも触れた会計基準については，欧州では連結財務諸表については統一的にIFRSを使用することになっており，米国と日本はそれぞれ独自の基準を持つものの，この3者間での調和化（コンバージェンスと呼ばれる）が進められている。また日本では，日本基準に加えて米国基準やIFRSによる財務報告も可能になっている（これらの点については猪熊, 2015）。このような調和化や国際標準化が進めば，制度の固有性が低下し，知識移転に関する法的障壁も低下する。

逆に，法制度をより独自のものにしていくことにより法的障壁を高めることも可能である。知識移転を阻害することを目的として，しかし知識の移転に対する直接的規制ではない形で，法制度を変更し，法の独自性を高めた事例というのは管見の限りでは見られないが，それぞれの管轄域の固有性に応じて法の独自性を維持していることは珍しくはない。例えば，カナダは原則として英国法の影響下にあるが，もともとフランス領であったケベック州だけはいわゆる大陸法系に属するフランス法の影響下にあり，この意味でケベック州だけが他州と異なる法体系を持つ。このような固有の法の知識は移転が困難であるために，裁判所においてもケベック州の法の運用に関しては大陸法の知識を持つ裁判官が必要とされる。この結果，カナダ最高裁判所の裁判官は長官を含む9名の裁判官で構成されるが，このうち3名はケベック州出身でなくてはならないという規定を持つ（Supreme Court Act, Art. 6）[12]。

③法制度に依拠した知識

　ある製品やサービス，あるいはその生産に関する知識が何らかの法制度に依拠している場合には，その知識それ自体がその法制度に依拠しないとしても，そのような前提となる法制度に関する知識を共有しなくては知識の移転が難しい。このような場合，法制度を変更して他国に合わせること（調和化）により知識移転はやりやすくなる。前に挙げた例に即していえば，例えば特定の製品に関する禁止や制限を解除する，ある国にしかない法制度を削除する，財・サービスの生産に関する基準をそろえる，などが考えられる。ただし，これらの法制度はしばしばそれぞれに特有の事情があって作られているため，改正は簡単ではない。例えば，日本における航空機関連技術の開発の禁止はそもそも日本の軍国主義化の防止という目的によるものであり，サンフランシスコ講和条約の発効直前まで解除されなかった（日本航空宇宙工業会，2003, pp.7-9）。また，食品の輸入規制等も国民の生命・健康の保護や生態系の保護を目的としているため，すぐに変えることは難しい。さらに，一旦制度ができてしまうとそれに応じて技術や産業も発展するため，それを変更することは難しい。軽自動車についてもそのような規格を廃止する議論はあるが，現在のところ軽自動車税の増税（近年では2015年）が行われたのみで，軽自動車という規格そのものは廃止されていない[13]。また，変更により他の制度との整合性が問題になるケースもありうる。このため，実際には調和化のような形でこのような知識の移転に関する障壁を引き下げることは簡単ではない。

④知識の保護の脆弱さ

　これについては，例えば知的財産権保護の強化（いわゆるプロパテント政策）や所有権，契約の保護の強化により対応することができる。知的財産権の保護を強化すれば，知識の移転により積極的になる企業もあるだろう（例えば黒瀬, 2007）。

　ただし，これについては知的財産権保護を強化することによって現地企業に対する知識移転が進まなくなる恐れがある。例えば，医薬品に関する特許

---

[12] 条文については http://laws-lois.justice.gc.ca/eng/acts/S-26/ 参照。
[13] この点について，例えば日経産業新聞2014年12月18日朝刊参照。

の保護の結果，医薬品を必要とする国において，一定の生産能力がある製薬会社が存在する場合でもこのような医薬品の生産ができなくなる。このような事態を避けるために，TRIPS協定（知的所有権の貿易関連の側面に関する協定）31条ではある国の国内法令に基づき，一定の条件の下で特許権者の許諾なく特許を使用することができる強制実施権を定めており，強制実施という形で製薬に関する特許を実施できるようになっている。これにより，自国にジェネリック製薬企業を持つ場合には，その製造に関する知識を強制的に移転して自国で生産できるようになる（古城, 2008）[14]。

5. 企業による法的境界線への対応

それでは，このような法的な障壁及びそのような障壁のコントロールに対して，企業の側ではどのように対応すればよいのだろうか？　この対応には大きく分けて二つの方向性がある。一つは，法的障壁を引き下げて知識の移転を促進することであり，もう一つは法的障壁の高さを逆に利用する（場合によっては法的障壁を引き上げる）ことである。以下，それぞれに説明していこう。

5-1. 障壁の引き下げ

知識移転に関する法的障壁を引き下げる一つの方法は，通常の知識移転と同様に知識移転を円滑にする手段を取ることである（第1章参照）。例えば，人を介した知識移転の場合であれば，人の接触回数を増やし，あるいは接触する人の数を増やす等がありうる。接触回数を増やすためには，本社からの短期的な派遣の回数や期間を増やす，共同でプロジェクトを行う，本社や地域本社で研修を行う，等が考えられ，人を増やす場合には駐在員を増やすことや新規工場立ち上げ時の「立ち上げ部隊」を増やす等が考えられる。

また，標準化による知識移転，すなわちマニュアルや設計図の整備，テン

---

[14] TRIPS協定31条に定める強制実施は基本的には国内での使用を想定したものだが（同条f項），これに対して輸入する資格を有する加盟国（例えば医薬品の生産能力を持たない国等）に対して輸出する場合には必要な範囲においてこのf項を適用しない旨の改正（TRIPS協定31条の2）が2005年になされ，2017年に発効した（発効には加盟国の2/3の受諾が必要であったため）。

プレートの作成やデータベース化等も考えられる。例えば，監査法人は国際ネットワークの中で事例に関する知識をデータベース化し，それを共有することで知識の移転を行っている（鹿島，2014）。会計基準の調和化により会計基準の運用に関する知識はもともと比較的移転しやすくなっているが，とりわけデータベース化によって移転を行いやすくしている。

　ただし，このような通常の意味での知識移転の円滑化とは異なり，法的障壁についてはもう一つの対応の方法がある。それは国家に対して障壁を低くするように働きかけるという方法である。前節で述べてきたように法的障壁は国家によりある程度コントロールされるため，国家を動かすことを通じて障壁の高さをコントロールすることが可能である。典型的には政治家に対する陳情，業界団体や頂上団体（日本経団連や日本商工会議所，経済同友会等）を通じた提言，官庁への要請・請願等を考えることができるだろう。このような政治的な働きかけは，企業による社会に対する働きかけ（非市場戦略(non-market strategy)と呼ばれる）の中の主要な構成要素であり，実際にしばしば見られるものである（e.g., Baron, 1995; Mellahi et al., 2016; 井澤，2018）。

　もちろん，このような行為はやり方によってはアンフェアになる可能性もあるが，法や倫理に乗っ取ったうえで，単独の企業にとってメリットがあるような内容ではなく，結果として多くの国民にとって利益になるようなものであれば許容されるだろう。この場合には単独の企業ではなく，他の企業や個人と協力して働きかけを行うことが可能だろうし，実際に行われる[15]。

5-2. 障壁の利用

　もう一つの対応方法は，逆に法的障壁を利用して競争上の優位を作り出そうとするものである。

　もともと，知識というものがある程度コンテクストに依存している場合には，コンテクストに関する知識を含めて移転しなくてはならないため，そのコンテクストが共有されていなければいないほど移転が難しくなる。そして，法律に関係する知識（法制度そのものに関する知識や法制度に依拠した知識）は法

---

[15] イギリス帝国内における二重課税に対して企業や商工会議所，個人が協力して法改正を目指した帝国内所得税重複抗議協会の事例はこのような事例の一つとみなすことができるだろう。井澤（2018）参照。

制度というコンテクストに依存し,かつ法制度には固有性が存在するために,知識の移転が一般には難しい。知識移転そのものに対して規制がある場合や,知識の保護が不十分な場合には知識移転はなお一層難しくなる。

しかし,これは必ずしも悪いことばかりではない。法的境界線を超えた知識移転が難しいということは,逆にそのような知識移転を他社が行うことも難しいことを意味する。そうであれば,そのような参入障壁を利用して競争優位を築くことも可能であるかもしれない(一般的な議論として Kogut, 1991)。

一番単純なケースは,ある国にある企業が最初に進出し,一定の時間をかけて法制度に関する知識を蓄積した後に他の企業が参入しようとするケースである。この場合,法制度に関する知識を蓄積するには時間がかかるために,先行する企業が一旦知識を蓄積すれば,この企業はその知識と時間を利用して市場における地域を確立し,競争上有利な状況を築くことができるかもしれない。例えば,フォルクスワーゲンは中国で成功を収めているが,その一つの理由は 1985 年という早い段階で進出(北京ジープは 1984 年,広州プジョーが 1988 年)し,中国市場に関する知識を獲得したことにあると言えるだろう。とりわけ,中国の部品国産化のスキームに対応して急速に売り上げを伸ばしたことは(丸川, 2005),中国の法制度に関する理解が競争優位につながったことを示唆している。

また,ある国の法制度の下で製造されていた製品に関する知識を移転しにくいことは,その製品についてはその国以外で製造するのが難しいことを意味する。結果として,その製品の製造や今後の技術開発もまたその国で行われ続けることになるだろう(Kogut, 1991)。このような例としては,日本における排気ガス浄化技術の事例を挙げることができるかもしれない。米国のマスキー法の影響の下で作られた「世界で最も厳しい」1976 年の排気ガス規制が,日本の自動車会社における新しい排気ガス対応技術(三元触媒技術)の実用化をもたらしたが,この三元触媒技術はその後世界中で使われる技術となった(朱・武石・米倉, 2007)。そして現在においても,排気ガスを浄化するための触媒技術では日本は欧米に先行しているとされる(例えば小沢・浦島, 2005)。このような状況を考えると,排気ガス規制という制度がそれに対応する技術開発を生み出し,その技術は現在でも日本の競争優位になっていると理解できるのではないだろうか。言い換えれば,この事例は,技術の発展

が経路依存的であるために，特定の法制度を持つことによって生み出された技術はその後も他国に移転されずにその国で発展することを示唆している。

　さらに言えば，前に述べたようにある国に特有の法制度に対応した形で製品やサービスが生み出されている場合には，その製品やサービスに関する知識をその国から移転することが難しい。一方で，そもそもそのような法制度がない他国においてそのような知識が発達することもないだろうから，このような知識は「ガラパゴス化」し，その国独自で発展することになる。結果としてこのような知識はますます移転が難しくなり，「ガラパゴス化」した知識はさらに独自の発展を遂げ，他国とは全く異なる製品が生まれるかもしれない。軽自動車は日本特有の規格であることがしばしば指摘されるが，軽自動車の開発を通じて小型で燃費が良く使いやすい車ができれば，それを小型車に応用することは十分に考えられる。実際，ダイハツ工業はトヨタ自動車と提携して新興市場向けに軽自動車の技術を活かした小型車を開発し，販売している[16]。

　すなわち，知識移転が難しいために他者の知識の獲得が困難であり，そのことが競争優位をもたらしうるのである。第4章では，このような法的障壁が機能の配置に影響する可能性について論じるが，企業としては法的障壁を低くすることによって知識移転を促進する場合と，逆に障壁のために移転・共有しにくい知識を利用することで競争優位を作りだすという両方のことを考える必要がある。後者の場合には，障壁を利用するために，障壁を高くするような形で（先に述べた非市場戦略の一環として）国家に働きかけをするケースもありうる。例えば，ある国の法制度に関して理解している企業にとっては，自分は理解できるが他の企業が理解できないような形で法制度を変えてしまうことが自分たちの競争優位を持続させるための手法となりうる。このような手段は，ややもすると（例えば関税率の引き下げや二重課税防止のような，法的障壁を低くするための働きかけと比較して）国民に対してマイナスの影響を与える可能性が高くなるため，企業経営全体から見て必ずしも適切とは限らないが，そのような手段もありうるということは指摘しておくべきであろう。

---

[16] 例えば日本経済新聞2011年2月16日朝刊。

6. おわりに――「境界線」のマネジメント――

　本章では，知識を移転しようとする際に法制度がもたらす境界線や障壁に注目し，このような障壁が他の障壁に比べてなぜ重要なのか，どのような要素から構成されるのか，国はこのような障壁をどのようにコントロールするのか，そして企業は障壁をどのように利用するのかといった点について述べてきた。

　本章のポイントをまとめると，法制度の独自性があるために，法的境界線を超える知識移転には障壁が存在すること，その障壁は国家がある程度その高さをコントロールできること，また企業としては障壁を低くする行動と，障壁の高さを活かして競争優位を築く行動という二つを取りうること，ということになるだろう。

　法的境界線というのはあくまで企業を取り巻く環境の一つに過ぎない。しかし，このような法的境界線が存在することで，場の境界線が作り出される。仮に同じ言語を話し，同じような文化を受け継いでいるとしても，法的な差異が存在すればそれは行動やコミュニケーションの差異を生み出す。同じドイツ語圏で同じ文化圏であるといっても，ドイツとオーストリアでは法が異なり，また法の利用の仕方も異なる[17]。この結果，企業や人々の行動も異なってくるだろうし，結果としてそこには境界線が発生する。企業が国境に基づいてユニットを区分するのも，このような法的障壁やその他の障壁が存在することによる。逆に言えば，例えばEUのように法的障壁が比較的低いのであれば，国境を超えて一つのユニットにすればよく，逆に同じ国家内でも法的障壁が高ければ別なユニットとして扱うべきかもしれない（例えば中国において北京市と上海市がそれぞれ別な規制を外資企業に行っているとすれば，別なユニットとする方が合理的である）。

　もちろん，このような法的障壁（あるいはその他の障壁も）はいつまでも同

---

[17] 最も興味深い差の一つは，ドイツの裁判制度の大きな特徴となっている労働裁判所や社会裁判所などの通常裁判所に並行する裁判所がオーストリアには存在せず，基本的には裁判管轄権が一つに統一されている点である（ただし，行政裁判所は存在する）。この点及びドイツとオーストリアの民事訴訟法の差異についてはファッシング（1983）参照。

じ形で続くわけではなく，企業の方でも障壁を弱めたり，壊したり，場合によっては逆に強化したりする。このような意味で，実はここで言う障壁や境界線もまた，マネジメントの対象なのである。このような境界線のマネジメントについては他の障壁への対応も含め，論じなくてはならない課題が多く残っているが，この点は将来の課題としたい。

第4章

国境を超えるガバナンス
―地域本社の機能と知識マネジメント

清水　剛

1. はじめに

　本章は，アジアやヨーロッパなどの特定の地域を何らかの形で統括する機能を持つとされる地域本社（regional headquarters）について，それがいかなる役割を果たしているのか検討し，さらにそこから国境を超える知識のマネジメントにおける地域本社の機能について考えようとするものである。

　例えばアジア地域本社やヨーロッパ地域本社といったように，世界全体ではなくアジアやヨーロッパといった特定の地域，あるいは中国や米国のような特定の国における複数の子会社を何らかの形で統括する（とされる）地域本社は日本企業に限らずその他の国の企業についてもしばしば見られる存在と言える。地域本社という呼び方以外にも，地域統括会社や地域統括本部と呼ばれることもある。

　このような地域本社が一般化するのは，1960年代から70年代にかけて，米国の企業が多国籍化する過程において，ヨーロッパに地域本社を置くようになったことがきっかけとされる（Parks, 1969; 森, 2003）。日本企業について見れば，1980年代後半から90年代にかけて，欧州・アジア・北米等にこのような地域本社を置く動きが見られた。例えば，ソニーは既に1960年にソニー・コーポレーション・オブ・アメリカを設立しているが，北米以外の地域を含めて地域本社を展開していくのは1986年のソニー・ヨーロッパ設立，1987年のソニー・インターナショナル（シンガポール）設立により，世界を4本社で統括する体制が整った以降となる。同じ時期に，本田技研工業，松下電器産業や東芝，あるいはHOYAなど様々な企業が地域本社を置いている。

現在でも，地域本社を持つ日本企業は多く，多国籍化した日本の企業の多くは何らかの形でこのような地域本社を持っているように見える。とりわけ，アジアやヨーロッパといった大きな地域の地域本社だけでなく，例えば中国や米国，インド等の特定の国を対象とした地域本社を持つ会社もしばしば見られるようになっている。

　しかし，このような地域本社が実際にどのような成果を生み出しているのかという点は必ずしも明らかではない。実際，いくつかの研究は地域本社という存在は必ずしも機能していないのではないかと指摘している（森, 1997; 野中, 2005 等）。実際，地域本社を見直す動きも時々見られる。例えば，ソニーは1993年にマーケティング機能の一部を本社に戻しており，またヤマハ（旧日本楽器製造）は1987年に一旦地域本社制を導入したが，1992年に縮小し，欧州統括会社を解散させている（ただし，2002年に改めて欧州統括会社を設立している）。そもそも，1960年代に導入された米国企業の欧州本社もその多くはしばらく後に解散しているのである（Parks, 1969）。

　以上述べてきたことは，そもそも地域本社とは一体何であり，どのような機能を果たしているのか，ということを改めて考えなくてはならないことを示している。本章は，このような意味で地域本社の機能を改めて考えようとする一つの試みである。とりわけ本章では，地域本社の機能の検討を踏まえて，地域本社が知識マネジメントにとってどのような意味を持つのか，ということを考えていく。

　本章の結論を先取りして述べれば，地域本社の機能には全社的なサービスの提供や子会社間の連絡・調整といった機能に加え，法制度や慣習等を含む各国の制度的な環境を把握し，適応すること，さらに各国の制度的環境に対応する形で機能を再配置し，これを通じて知識の活用と移転を促進することがある。知識マネジメントという視点から言いかえれば，親会社・子会社間，あるいは子会社同士の間でのコミュニケーションや調整を促進し，知識移転を促進するだけでなく，各国間の法的・制度的境界を超えるような知識移転のコストを引き下げ，さらにはそのような境界に基づく競争上の優位を利用しようとする。このような意味で，地域本社というのは多国籍企業の知識マネジメントにとっては鍵となる存在なのである。

　本章の構成は以下の通りである。まず第2節では，先行研究をレビューし

たうえで地域本社の機能として何がありうるか，それに対して日本企業の地域本社はどのような機能を果たしてきたのかを整理する。第3節では，中国における日系企業の中国統括本社へのインタビュー調査，及びシンガポールにおける専門家へのインタビュー調査を通じて，地域本社の機能について検討する。第4節では，このインタビュー調査で明らかになったことを整理したうえで，改めて知識マネジメントの視点から地域本社の役割について検討する。第5節はまとめである。

2．地域本社の機能

地域本社の機能について考えようとするには，まずそもそも本社とは何をしているものなのか，ということから考える必要がある。本書では海外展開を行っている，いわゆる多国籍企業が主たる検討の対象であるため，そのような企業の本社，すなわちいわゆる世界本社（global headquarters）の機能から考えてみよう。

世界本社の機能については様々な議論がなされてきた（例えばGoold, Campbell and Alexander, 1994; Oijen 1994）が，主要な機能としては大体以下の4つに整理することができるだろう。

(1) 全社戦略の策定：例えばどのような事業に進出するか，どの国に進出するか，逆にどの事業や国から撤退するか，進出の方法として新規投資を行うか，合弁か，M&Aか，どの国にどのような機能（例えば生産・販売・R&D・メンテナンス等）を配置するかといった，いわゆる全社戦略あるいは企業戦略（corporate strategy）の策定を行う。

(2) 事業のコントロール：全世界の子会社について，その目標を設定し，事業の実施状況をモニターし，目標の達成度合いをチェックする。目標達成の度合いに応じて各子会社の経営者の入れ替えを行う。

(3) 全社的サービスの提供：例えば人事・労務管理，トレーニング，経理，購買，物流，金融，法務，情報システム等の，しばしばコーポレートサービ

スと言われる業務を本社で集中して行うことで業務を効率化する。企業グループについてはシェアードサービスと呼ばれることもある。

(4) リンケージと利害調整：本社と子会社の間だけでなく，子会社同士でのネットワークの構築や情報共有を促進し，子会社間の利害調整を行う。

　地域本社が世界本社と同じ機能を果たすかどうかはそれ自体が大きな問題であるが，とりあえず地域本社が「本社」である以上，基本的には類似のものであることが予想される。そうであるとすれば，地域本社が持ちうる機能は，世界本社の機能に従って次のように整理することができる（例えばLassarre, 1996; Schütte, 1997; 森, 2003）。

(1) 地域戦略の策定：ここでいう地域戦略の内容は必ずしも明確ではないが，世界本社が作りだした全社戦略の下で，地域レベルで何を行うかという，全社戦略のブレークダウンのようなものから，各地域がいわば独立に本社として動く場合の，地域レベルでの独立した戦略までがありうる。具体的なレベルも様々でありうるが，例えばどの国にどのような形で進出するか，どのような機能を配置するかといった点や，地域での新製品の開発や新規事業の探索などを含む。

(2) 事業のコントロール：地域レベルの子会社の目標設定やモニタリング等を地域本社が行う。ただし，全社的なコントロールと異なり，海外子会社はしばしば本社の事業部が直接コントロールするため（Lehrer and Asakawa, 1999; 藤野, 2002），地域本社あるいは国レベルの統括会社がコントロールできるとは限らない。なお，この (1) と (2) を合わせて「統括」機能と呼ばれることもある（奥村, 2005）。

(3) 全社的サービスの提供：上で述べたようなコーポレートサービスあるいはシェアードサービスを地域レベルで提供する。例えば，ある地域における子会社のために地域本社が一括して購買や物流，あるいは金融やトレーニングを提供するというような形態が考えられる。

これらは（地域レベルでの）経営支援機能と呼ばれることもある。

(4) リンケージと利害調整：地域本社は世界本社と子会社の間に介在していると見られることもあるが，むしろここで想定されるのは子会社間のコミュニケーションや利害調整である（例えば Asakawa and Lehrer, 2003）。ただし，地域本社の果たす役割は時とともに変化する（Piekkari *et al.*, 2010）

　これ以外に地域本社独自の機能というものがありうるが，これについては改めて検討することにし，ここでは以上のような機能を地域本社が持ちうることを確認しておく。
　もし，地域本社がこのような機能を果たすとするならば，地域本社を持つことは十分に意味を持つことになる。それでは，実際のところ地域本社はこれらの機能を本当に果たしているのだろうか？　この点を，特に日本企業の地域本社に関していくつかの先行研究から考えてみることにしよう。
　まず森（1997）を見ると，日本企業の地域本社に対するアンケート調査等をもとに地域本社の機能を検討し，アドミニストレーションやスタッフ機能はうまく働くが，ラインの機能はうまく働かないと結論付けている。ここでいうアドミニストレーション機能とは上でいう（4）の利害調整機能，スタッフ機能とは（3）にあたり，ラインの機能とは（2）を意味している。すなわち，地域本社の機能は（3），（4）が中心であり，（2）はあまり見られないことを示している。なお，森（1997）ではグローバル戦略と地域戦略の調整は地域本社が行うものとしており，この意味で（1）の機能は若干あることが示される。
　森（2003）ではやはりアンケート調査をもとに日本企業の地域本社一般の機能及び特に欧州統括会社の機能について検討を行っている。そこで見出されたことは，地域によって地域本社の機能は異なっており，北米やアジアではスタッフ機能が中心であるが，北米では地域戦略や地域の意思決定にかかわっているのに対してアジアではその程度が弱く，一方欧州において本社的機能を持つ企業もあったとされる。ただし，欧州においてはその機能は様々であり，かつ本社が全面的に統括するのではなく，例えば販売を統括する，あるいは生産と販売を統括する等の様々なパターンがあるとしている。すな

わち，共通に見られる機能が (3), (4) であり，これに北米や欧州では (1), (2) の機能が加わるが，その程度や内容は様々であるということになる。

日本企業の欧州統括会社の事例を検討した藤野（2002）は，現在はそれぞれの製品分野を担当する製品事業部がグローバル化しているために，地域本社はコントロール的な機能は持たず，主としてコーディネーションや支援業務を担当していると述べている。これもまた，日本企業の地域本社の機能は (3), (4) が中心であることを意味している。

日本企業と米国企業の欧州統括会社の事例を検討した Lehrer and Asakawa (1999) は，地域レベルのマネジメントの重要性にもかかわらず，地域本社は必ずしも重要な役割を果たしていないことを見出している。とりわけ日本企業については，製品事業部との関係において地域本社は名目的な役割しか果たしていないが，研究開発部門だけは地域レベルでの動きが見られることを指摘している。これに続いて日本企業と米国企業の地域本社の役割を，研究開発機能から検討を行った Asakawa and Lehrer (2003) は，ローカルでの知識創造と世界レベルでの知識の利用を繋ぐ存在として地域本社を位置づけている。この意味で，日本企業の地域本社はあまり大した役割を果たしていないが，研究開発に関係する部分で (4) の役割は果たしていると言える。

中国統括会社についての事例検討を行った奥村（2005）は，藤野（2002）が指摘したように日本企業では製品事業部の権限が強いため，中国統括会社はあまりコントロールする権限を持たなかったが，近年は地域レベルのコントロールが強化されていることを指摘している。この意味で，(3), (4) の機能に加えて (2) の機能もある程度見られるようになってきているとしている。

Paik and Sohn (2004) は，各事業部が各地域の事業を統括するために設立する各地域の事業統括会社（本章でいう地域本社とは異なる）と地域本社の関係について検討し，事業統括は各子会社の事業をコントロールしている一方で，本章でいう地域本社はコントロールの機能を果たしておらず，支援機能が中心であるとしている。

以上を見るかぎり，(1) 地域戦略の策定や (2) 事業のコントロールのような機能が見られないわけではないものの，日本企業の地域本社の主たる機

能はあくまで（3）全社的サービスの提供や（4）リンケージと利害調整といった機能であり、とりわけ事業のコントロールについては主として各事業部が行っており、地域本社はそのような権限を持たなかった。最近中国のような地域で事業コントロールの機能が少し拡大している程度である、ということになる。

ここから明らかな通り、これらの研究は世界本社とは異なる地域本社独自の機能というものを見出してはいない。しかし、これが地域本社独自の機能が本当にないために起こったことなのか、そうではなくこれらの先行研究が（無意識のうちにであっても）世界本社との対比で地域本社の機能を考えていたために、地域本社独自の機能を見出すという問題意識が不十分であった結果として起こったことなのかは必ずしも明らかではない。新聞などにしばしば「世界3本社制」というような言葉遣いが見られることが示唆するように、日本においては地域本社が世界本社の分割という形で捉えられてきたように思われる。そのような視点が研究者にもある程度影響を与えていたとすれば、世界本社とは異なる地域本社の機能というのは十分には見えていなかったのではないだろうか。とりわけ、知識のマネジメントということを考える際には、世界本社にくらべてより「現場」に近い地域本社には知識のマネジメントに対して独自の貢献があるのではないだろうか。

以上のような問題意識から、本書の元となったプロジェクトである日本大学経済学部中国・アジア研究センターの研究プロジェクト「アジア進出日系企業の知識マネジメント―組織内・組織間連携とコラボレーションが組織能力に及ぼす影響―」では、2種類のインタビュー調査を行った。次節では、この調査の概要と結果を報告する。

3. 地域本社の機能に関するインタビュー調査

3-1. 調査の概要

上で述べたように、「アジア進出日系企業の知識マネジメント」プロジェクトでは、地域本社の機能や多国籍企業における知識マネジメントに関する2種類のインタビュー調査を行った。一つは、2014年8月に行われた、日本企業の中国地域本社4社に対するインタビュー調査であり、もう一つが、

2015年3月に行われたシンガポールにおける地域本社や地域におけるマネジメントの専門家に対するインタビューである。

中国地域の本社（地域統括会社）は地域としては一か国に限られているが，地理的には広大な地域を管轄しているだけでなく，奥村（2005）が示唆しているように最近コントロール機能の強化が図られているという意味でも，地域本社の機能や知識マネジメントを検討するために適切な対象であると考えられる。

また，シンガポールは日本企業のアジア地域本社が多く置かれており，この意味でこれらのアジア地域本社の機能を検討する際に適切な対象である。ただし，個々の企業の状況は個別的であり，それらの動向を広く把握しようとすると，個別インタビューでは限界がある。この点が2014年8月の中国での調査でも課題として残ったため，2015年の調査では個別企業にインタビューする代わりに，シンガポールで日本企業のアジア地域戦略に深くかかわってきたコンサルタント2名に対するインタビューを行った。

3-2. 中国地域本社に対するインタビュー調査

まず，2014年に中国地域本社に対するインタビュー調査の結果について，とりわけ地域本社の機能に関係する部分について説明していくことにしよう。この調査では，日本企業4社（A社，B社，C社，D社）の中国統括会社（以下a社，b社，c社，d社）に対したインタビューを行っている[1]。

まず，統括会社の役割についてどのようにとらえられているかを聞いてみた。

a社は，A社を中心とする企業グループの中国で代表であると同時に，A社の中国における子会社の持株会社の機能を持っており，また事業会社としての機能も持っている。主たる業務としては販売，調達，法務，知的財産といった全社的サービスや子会社間の情報共有のサポート（これらの業務はa社のみで全て行っているわけではなく，他の会社と協力して行っている）としており，この意味では支援機能が中心であるとしている。実際に主要な機能の一つと

---

[1] 匿名性を保持するために，これら各社の業種や規模については述べないが，多角化の程度についていえばA社，D社は多角化度が高く，多くの製品事業部を持つのに対して，B社，C社は多角化度が低く，事業部の数が限られる。

して「問題が発生した際のサポート」や事業部間の情報共有を挙げている。ただし、実際には日本の本社あるいは事業部が責任を持つ部分とａ社が責任を持つ部分があり、最近ではａ社に権限移譲が行なわれているとしている。

ｂ社はａ社とは異なり持株会社機能を持っておらず、実際に自社について強い権限を持たないものと位置付けている。法的にも投資を行う企業（投資性公司）ではなく管理を行う企業（管理性公司）である[2]。主たる機能はａ社と同様に子会社間の交流や人事等に関するサポートである。後でも述べるように、ｂ社は中国にあるＢ社の子会社についての人事についての権限を持っておらず、あくまでサポートを行っている。

ｃ社は財務、法務、人事、情報システム、マーケティングなどの全社的サービスを行っており、本社からもある程度意思決定権限を委ねられている。ただし、日本にある本社が全体をある程度コントロールしているとされる。なお、人事については、子会社の人事は基本的に各子会社が行う。

ｄ社は持株会社というわけではないが子会社に対して一定程度の投資を行っており、また実際に一定規模以下の投資を決定する権限や規則を決定する権限を持っている。機能としては経営支援とともに子会社の管理・監督も行う。人事については各子会社が人事権を持っており、あくまでサポートを行うだけであるが、各子会社の幹部クラスの人事に関してはｄ社が同意することが必要であるとされる。

以上のことからすると、どの会社でも共通して見られるのは（3）全社的サービスや（4）リンケージと利害調整といった機能であり、会社によってはもう少し踏み込んで（2）事業のコントロールにまで及んでいる（ａ社やｄ社等）。なお、（1）の地域戦略の策定については明示的に触れた会社はなかったが、ｄ社が投資意思決定を行い、規則策定を行い、また子会社の幹部人事に関する承認を与える権利を持つとしていることから、地域としての独自性をある程度出すことが可能であると思われる。

---

[2] 中国における地域本社については、投資を行う地域本社（投資性公司）については現在は国家全体のレベルでの規制があるものの、投資を行わない地域本社（管理性公司）については国家レベルでの規制がなく、例えば北京市や上海市等がそれぞれに独自の規制を行っている。投資性公司については、商務部2016年第3号《外商投資企業設立及変更備案管理暫行办法》、管理性公司については、例えば北京市の《关于鼓励跨国公司在京设立地区总部的若干规定》等。

理論上はa社のように持株会社機能を持つ場合やそうでなくてもd社のように一定程度の出資をしている場合には事業のコントロールが可能であるように思われるが，実際にコントロールの権限を行使するのは難しいと考えられている。このコントロールについて問題となるのは事業部との関係であるため，次に事業部との関係を見てみることにしよう。

　事業部との関係については，まずA社においては，中国にある各子会社は日本の事業部に従属しており，業績に関する責任も各事業部にあるとされる。人事については基本的な採用手続きは各子会社で行うようであり，少なくともa社が中国内の子会社の人事について自由に動かせるということではないようである。

　b社については，事業部はそれぞれに独立しており，人事もレポーティングもすべて事業部が行っている。事業部から見れば「邪魔な存在」であると見られることも多いとしている。言い換えれば，事業部がラインであり，b社はスタッフということになる。このB社は事業部の数も少ないが，事業部をまたぐ人事異動はあまり行われない。ただし，事業部内での移動はあり，b社はそのような人事異動のサポートを行う。なお，現地スタッフの採用については子会社の方で行っている。C社は主力事業の規模が大きいため，c社と事業部との関係はあまり大きな問題とはならない。

　比較的強い権限を持っているように見えるd社についても，個々の子会社に関しては事業部が多くの権限を有しており，人事についても各現地法人が行うとしている。ただし，レポーティングについてはd社を経由して本社への報告がなされるとしている。すなわち，事業部との関係でいえばなお基本的には事業部の方がよりコントロールの権限を持っており，地域本社の権限は限定されているが，最近は地域本社の役割の拡大が図られているということになる。

　以上であれば，先行研究での発見と大きく異なるところがない。しかし，興味深いのはこれ以外に中国地域本社の位置づけについて，中国の特殊性への対応が指摘されている点である。

　例えばa社では，先に述べたように中国地域本社は他の地域における地域本社に比べより権限移譲がなされているとしたうえで，中国には中国固有の事情があり，権限移譲はこれに対する対応であるとしている。言い換えれば，

中国の固有性に対応するためには地域全体として対応しなくてはならず、このために地域本社が有用であるという認識があるわけである。また、a社では中国固有の事情に適応するためにグループ会社間の交流や情報共有を図っていると述べている。例えば、人事労務や財務といった分野ごとに、a社が中心となって、A社グループ全体で共通のテキストを作り、勉強会を行っている。とりわけ興味深いのは、日本ではグループ会社同士は必ずしも強い関係を持たないが、中国では交流せざるを得ないと述べている点である。すなわち、中国という地域の固有性への適応を主導する役割が地域本社にあり、グループ全体で地域本社の主導の下に地域への適応を図っているということになる。

地域本社があまり強い力を持たないb社でも、b社が主催した勉強会を行っているとしている。また、中国独自のノウハウ（クレジットリスクの管理）等についてもb社が知識の移転を行っているとしている。

C社においても、c社を中心として中国に関係する本社や子会社の責任者が集まる会議がしばしば開催されており、聞く限りでは中国地域本社を媒介として中国に関する理解を共有しようとしている。

また、d社についても、中国の地域本社（統括会社）の権限が比較的強いとしたうえで、そのような権限はアジアに特有であることが指摘されており、またキャリア形成についても中国については中国を中心にしたキャリア形成が見られるが、他の国では見られないとしている。すなわち、地域特有の事情を踏まえて権限付与がなされており、そのことが中国で特に顕著に見られるということになるだろう（奥村、2005参照）。

3-3. シンガポールにおける専門家へのインタビュー調査

続いて、2015年のシンガポールにおける専門家へのインタビュー調査の結果を述べていこう。シンガポールでは、地域子会社のマネジメントを専門とするコンサルタントX氏と、地域における人材育成を専門とするコンサルタントY氏の2名に対してインタビュー調査を行った。

まず、地域本社の機能について、X氏は地域本社はもともと物流や購買といった全社的サービスの適用を目的としており、そこから金融機能が加わっていったと説明している。すなわち、基本的には地域本社というのは（3）

全社的サービスのような全社的な支援を目的とするものであった。上の中国地域本社へのインタビューからすれば，その後地域本社の機能は徐々に拡大しているが，なお支援機能が中心であるという点は変わっていない。

次に，事業部の機能については，まずX氏は現在では事業部ごとの地域本社から，さらに事業部ごとの世界本社（実際に，三菱商事の金属資源トレーディング部門や，パナソニックの冷蔵庫部品事業の世界本社はシンガポールに移っている）を作るという流れになっており，必ずしも地域を統括する地域本社という形ではなく，むしろ事業部ごとに世界本社を作ってしまうという意味で事業部の独立性が高まっていることを指摘している。また，Y氏も日本企業では事業部の権限が強く，地域本社の統括機能に限界があることを指摘している。

その上で，X氏，Y氏の両者がともに強調したのは，税制や外資規制，補助金政策といった法制度の重要性である。例えばX氏は，地域における機能の配置（例えば工場をどこに置くか，研究開発部門をどこに置くか，地域本社をどこに置くか）について，税制や外国資本に関する規制等が影響を与えることを強調していた。

例えば，X氏は中国を例として，地域本社に関する規制や外国資本比率規制が中国国内でも統一されておらず，例えば北京市と上海市で異なるため，これに対応する形で地域本社（地域統括会社）が配置されることを指摘している。あるいはまた，多国籍企業で問題となる移転価格税制のみならず，配当の持ち出し規制が機能の立地に影響するとしている。

また，Y氏は特にシンガポール政府の政策を例に挙げて，例えば地域本社をシンガポールに置いた場合に税制上の優遇を受けられる（Regional Headquarter Award）[3]ことや，人材育成，研究開発等への支出については損金算入や補助金が受けられる制度（Productivity and Innovation Credit, PIC[4]）があり，これにより日本企業の地域本社がシンガポールに立地するようになったことを指摘していた。

---

[3] 日本貿易振興機構（2017）。なお，このような制度が日本企業のアジア地域本社設立に影響を与えたことについては，ソニーのアジア地域本社設立に関する日本経済新聞1987年11月25日朝刊を参照。

[4] PICについては，日本貿易振興機構（2016b: 2017）参照。

4. 検討

　以上述べてきた二つのインタビュー調査について，その内容を整理してみよう。まず，中国の地域本社に対するインタビューとシンガポールでの専門家インタビューの両方ともに，日本企業の地域本社というのは基本的には全社的サービスの提供やリンケージ，利害調整を行う存在であり，地域戦略を策定し，事業をコントロールするということはあまりなかったことを指摘している。事業は事業部によりコントロールされ，地域本社はコントロールをしない存在だったのである。ただし，a 社や d 社で見られるように，会社によっては地域戦略やコントロールに踏み込んでいる場合もある。

　これとともに，とりわけ a 社のように地域への固有性への対応のために地域本社を利用しようとする例が見られた。ここでいう地域の固有性には様々な要素がありうるが，専門家インタビューからは，そのような要素としてとりわけ地域の法制度の重要性が指摘された（なお野中, 2005; 奥村, 2005）。

　言うまでもなく，地域の固有性には様々なものがありうる。しかし，本書の第 3 章でも論じられているように，現在の市場のグローバル化と一方での主権国家体制の維持という状況を考えたときに，各国の固有性を構成する大きな要素としてあらわれてくるのが各国の法制度を中心とする制度的な固有性である。

　このような制度的な固有性を踏まえた場合に，世界本社とは異なる地域本社の機能として出てくるのが国ごとの法制度の固有性への適応である。とりわけ，中国や米国のように国レベルで一つの地域本社となっている場合には，その国の固有の法制度（あるいはその他の制度）に適応し，あるいはそのような制度をうまく利用するために本社が用いられることがある。例えば，2012 年にオムロンがインド地域本社を設立した際に，その主たる目的として指摘されたのがインドの複雑な法制度に対応するということであった[5]。また，法制度の利用については，藤野（2002）が米国統括会社の機能の一つとして，統括会社を通じて連結納税を行うことによる税務メリットの活用があること

---

[5] 日本経済新聞 2012 年 1 月 11 日朝刊。

を指摘している。第3章でも指摘されたように，国レベルの地域本社がこのような適応や利用に成功した場合，他の企業が同様のことを行うためにはしばらく時間がかかるため，その国における競争優位となりうる。

さらに，地域本社が複数の国（より正確に言えば，複数の管轄域）を管轄する場合には，そのような各国の法制度に基づく競争優位を利用するために，各国におく機能を再配置するという機能を持つ可能性がある。既に述べたように，各国が例えば研究開発に優遇税制や補助金などを交付する場合には，その地域に制度的な優位が発生し，そこに研究開発機能を置くことが有利になる。あるいはいわゆるタックス・ヘイブンや第三国との間で有利な条約を結んでいる国[6]に子会社を置くことで，その国の法制度を利用することができるようになる。

あるいはそのような明確な制度的優位がなくても，例えばある製品の製造や開発がある国の規制と結びついていれば，その製品の製造・開発をその地域で行うだけでなく，それに関連する機能もその国に配置する方が良いかもしれない。例えば，イスラム法の条件を満たす食品の生産を行うのであれば，生産や購買も含めすべてイスラム圏に置いた方が良いだろう。例えば味の素はインドネシアの工場でハラール製品を生産し，これをパキスタンなど他のイスラム圏に輸出しており，他にもキユーピーやケロッグ等がインドネシアに工場を建設している[7]。さらには，規制によってある知識が「ガラパゴス化」しているのであれば，その知識を利用するためには機能をそこに配置する必要が出てくる。3章でも触れた軽自動車の例などを考えると，軽自動車の開発に必要な燃費や小型化の技術を利用しようとすれば，このような技術開発は日本で行いこれを世界中で利用した方が良いことになる。

実際の例としては，既に挙げたタックス・ヘイブン税制や地域本社に対する優遇税制等，様々な例を考えることができよう。また，第3章で述べた日本における排気ガス浄化技術の例，すなわち「世界で最も厳しい」1976年

---

[6] このような議論は，例えば二国間投資協定についてしばしば言われていた。実際，例えばある会社が最終的にA国に対して投資をしたいという場合に，もしB国がA国との間では投資協定が結ばれており，一方世界本社の本国とA国の間にそのような協定がないのであれば，この会社はB国に子会社を作り，このB国の子会社がA国に投資することで，投資協定に基づく保護を受けられることになる。小寺（2010）参照。

[7] 日本経済新聞2014年2月18日朝刊。

の排気ガス規制が,日本の自動車会社における新しい排気ガス対応技術の実用化をもたらし,そして現在においてもその競争優位は持続している(例えば小沢・浦島,2005)という例を考えると,排気ガス規制という制度がそれに対応する技術開発を生み出し,その技術は現在でも日本の競争優位になっていると理解できるのではないだろうか。

なお,本書の第3章でも論じられているように,法的な境界と国境とは必ずしも一致せず,ある国の中にいくつかの法的な境界があることも,逆にいくつかの国が一つの法的な境界の内部に存在することもありうる。そしてさらに,例えば法的な統合によって,この境界が変化することもありうる(第3章で論じたFTAのような例)。このような境界線の変更によって,機能の再配置が実現する場合もある。

例えば,ASEANにおいてはASEAN加盟国間の経済協力が発展し,これに伴って自動車部品のようなものについてASEANの域内関税を低減させ,ASEANにおける国境を超えた部品生産の再配置を促してきた。実際,トヨタ自動車やデンソーはこのような境界線の変更により部品生産を各国に再配置し,生産の効率化を図ってきた(例えば清水,2011)。

このような機能の再配置自体は地域本社とは関係なく起こりうる。しかし,地域本社はこのような機能の再配置を行ううえで,世界本社に比べて有利である。例えば,多数の国の制度環境とその変化をすべて本社で把握することは難しい。法制度はローカルな側面があり,主要国以外の法制を外国で把握するのはコストがかかる。世界本社は様々な地域に対応せざるをえず,それにコストがかかるとなれば,地域本社や当該国の子会社が把握することが好ましい。しかし,一方で機能の再配置を行おうとすれば複数国を視野に入れなくてはならない。また,機能の再配置まで行おうとすれば,複数の国に立地する子会社に対する一定の権限が必要となるが,このような権限を特定の国の子会社に与えると他の国の子会社の反発を招く。このような意味で,当該国の子会社だけでは他の国も含めた機能の再配置はできないだろう。このようなことを考えると,法的障壁に対応する形での機能の再配置については地域本社が優位を持つ。このような見方は,子会社が持つ独自の優位性を利用しようとする際に,本社がそれを直接コントロールすることが難しいという議論(Rugman and Verbeke, 2001; Asakawa and Lehrer, 2003)とも整合的である。

このような機能の再配置を行う存在としての地域本社の役割はこれまであまり議論されてこなかった。Lassarre（1996）は地域本社が本社の戦略を解釈し実行する機能について述べる中で，制度的環境への対応について触れているが，それより深い議論はされていない。また，「地域の情報収集」（森，1997）や「リスクマネジメント」（野中，2005）という形では指摘されているものの，やはり細かい議論はなされていない。

　また，この「機能の再配置の主導」という役割は，これまで指摘されてきた地域本社の機能とはまた異なるものである。まず，機能の再配置は単なる全社的なサービスではない。国レベルでの法制度への適応の支援であればサービスと言えるが，これはそのようなレベルを超えている。また，単なるリンケージではなく，お互いを繋いだうえで，どこが何を担当する課ということを再設計するのである。また，戦略という意味では確かに地域戦略という部分に踏み込んでいるが，「戦略」というほど大きなものでなくても実行可能であり，事業のコントロールも含んでいるが，コントロールだけを意味しているわけではない。

　冒頭で述べたように，地域本社というのは常に成功しているわけではないが，その一つの理由は地域本社の役割が必ずしも明確でなかったことによるように思われる。地域戦略や事業のコントロールというのが（事業部の方が主としてコントロールしていることの結果として）難しいのであれば，残るものは全社的サービスやリンケージのような支援機能である。もし支援機能が必ずしも地域的に統一されている必要がないのであれば，あるいは逆に全社的に統一しうるものであれば，必ずしも地域本社を持つ必要はなくなる。しかし，上で述べた機能の再配置を主導する役割は，世界本社でも各国の子会社でも事業部でも行うことができない（事業部が行うことができない理由は，特定の事業部が他の事業部の製品の生産拠点を変更するというようなことはできないと考えられるためである）。これは現場の近くでの情報収集・処理が必要という側面と，一方で経営的な視点が必要という意味で地域本社の固有の役割たりうるものである。Piekkari et al.（2010）は「複雑な情報の処理」を地域本社の主要な任務の一つであるとしたが，この意味では上のような法制度の固有性への適応やそれに基づく機能の再配置はまさに複雑な情報の処理にもとづくものである。

5. おわりに

　以上，本章では，中国における地域本社の調査とシンガポールにおける専門家へのインタビュー調査に基づいて，日本企業の地域本社の機能について検討してきた。本章での結論は，従来議論されてきた通り，地域本社は全社的サービスの提供や子会社間のリンケージ・利害調整といった役割があるが，これに加えて制度的な固有性に適応し，あるいはそのような制度的な固有性を踏まえて機能の再配置を行うという役割があるのではないかということになる。

　本章の冒頭でも述べた通り，地域本社がどこまで有用なのか，あるいはどこまで機能するのかについては懐疑的な見方も多い。1960年代の米国企業の欧州地域本社の解体や，あるいは米国企業や日本企業の欧州地域本社についてその機能の不十分さを指摘した Lehrer and Asakawa (1999) 等を考えると，地域本社がそもそもどこまで役に立つのかという点に関しては議論の余地があるだろう。

　また実際，先行研究や今回のインタビューの内容を見ても，地域本社というものが世界本社と同様の機能を果たすことはおそらくない。このような意味で「世界3本社制」あるいは「世界4本社制」というのは本当に機能するかどうかは疑問である。本章で紹介した専門家インタビューの中でも「地域本社というアイディアはもう古いのではないか」という疑問が提示されていた。

　しかし，地域本社が常に役に立っていないのかというとそういうわけではない。森 (2003) による日本企業の欧州地域本社の調査では，販売機能を統括する，あるいは生産と販売を統括する等様々な形で地域本社が全体の仕組みの中で独自の機能を果たしている事例を見出しており，また Asakawa and Lehrer (2003) のように各子会社と本社を繋ぐ存在としての地域本社に注目する研究もある。

　本章が見出したのは，ある地域あるいはある国の制度的な環境への適応とその利用の主体としての地域本社の姿である。既に述べたように，このような制度環境への適応は世界本社にとってはあまりにも複雑なタスクとなり，

一方で各子会社が行うよりも各国レベル，あるいは地域レベルで行うことが望ましい。また，制度的な環境に応じた機能の再配置は世界本社レベルで行うことも可能であるが，上で述べたように個々の制度的環境を把握し，それに応じて機能を再配置することは世界本社には難しい。このような場合に地域本社の役割がでてくるのである。

　言うまでもなく，地域本社という解はどのような企業にとっても有効な解というわけではない。ある企業にとっては地域本社ではなく例えば地域での会議体の方が良いかもしれない。また事業部ごとに世界全体を統括する本社を作る方がよいのかもしれない。しかし，地域を統括するというモデルは状況によっては有用でありうるものであり，地域本社は何の役にも立たないとして投げ出してしまう必要はない。

　では，地域本社が機能する要件は何なのだろうか。この点については後で少し検討するが，まだ検討が不十分であり，これらの考察を確かなものにするためには様々な地域における地域本社の役割の検討等を進めなくてはならないだろう。これらについては今後の課題としたい。

第5章

製造・開発現場における知識移転と「海外準マザー工場」の役割
―タイにおける日本発条株式会社のシート事業の事例

河野英子・植木　靖

1. はじめに

　本章では，日本企業における製造・開発現場における海外への知識移転について，議論するものである。日本企業は，本国中心の経営姿勢のもとで海外事業を展開してきた（Bartlett & Ghoshal, 1989）が，その日本企業において本国拠点が持つ知識を海外子会社に効果的に移転する組織形態に「マザー工場」がある。

　近年，日系企業の海外における製造・開発活動が拡大・深化するなかで，海外工場がマザー工場としての役割の一部を担う動きがあること，つまり，本国工場から知識を移転された海外工場が他の海外工場に知識を移転する動きがあることが指摘されるようになってきた。本研究では，海外工場の一つでありながら，マザー工場と海外工場との間に位置づけられ，知識移転の媒介役を担う―「知識の吸収」と「知識の移転」を同時に担う―工場を「海外準マザー工場」という新しい概念のもとで捉える。

　アジア進出日系企業を対象に，そこにおける製造・開発現場で観察された「海外準マザー工場」が，どのようにして生成され，どのような役割を果たしているのか，それを軸としたグローバルな知識移転ネットワークの変容とそこでの知識移転メカニズムを明らかにする。

2. 問題の設定

2-1. 海外子会社間での知識移転

　多国籍企業は本国で優位性を持っており，それを海外に移転することで競争優位を獲得してきた（Kindleburger, 1969; Hymer, 1976; Dunning, 1979; Rugman, 1981）。そこでは知的資産による海外直接投資，優位性の源泉である知識に焦点があてられてきた（Buckly & Casson, 1976; Cantwell, 1989; Rugman, 1981）。知識は企業の競争優位の源泉であり，知識マネジメントの巧拙は競争優位に影響を及ぼす（Kogut & Zander, 1992; Nonaka & Takeuchi, 1995; Zander & Kogut, 1995; Grant, 1996）。

　多国籍企業における知識移転は，当初，本社から海外子会社への知識移転という垂直的でリニアな流れのもとで概念化されたものであった。しかし，その後，その流れは一方向ではなく，子会社から本社への逆方向の移転，海外子会社間での水平的・横断的な移転といった流れでも行われていることが明らかにされてきた。多国籍企業における知識移転は，多様な方向で行われていることが議論されてきた（Gupta & Govindarajan, 1991; Foss & Pedersen, 2002; Aimeida, Song & Grant, 2002; Asakawa & Lehrer, 2003; Ambos, Ambos & Schlegelmilch, 2006）。しかしながら，そのなかで海外子会社間での知識移転を論じた研究蓄積は少ない。

　海外子会社間での知識移転という現象は，そのなかに位置する特定の海外子会社が本社からの知識の「受け手」という役割と，他の海外子会社への知識の「送り手」という2つの役割を担うということを意味する。このタイプの海外子会社の登場は，多国籍企業内での知識移転ネットワークを変容させていく可能性がある。海外子会社間での知識移転研究を深めるためには，この中核的な役割を担う海外子会社を分析対象とすることが有用であるが，先行研究では受け手と送り手を別主体に切り分けた静態的な分析が中心となっている（e.g. Minbaeva, Pedersen, Björkman, Fey, & Park, 2003）。受け手と送り手の2つの役割を担う海外子会社を対象に動態的な分析を行うことは，海外子会社間での知識移転に関する研究を深耕するための枢要な視点であり，多国籍企業の知識移転研究を深める一つの方向である（Minbaeva, Pedersen,

Björkman, & Fey, 2014; Song, 2014)。しかしながら，そうした分析視点にたった研究は十分には行われていない。

2-2. 海外子会社の吸収能力

多国籍企業が知識移転を効果的に行うためには，海外子会社が移転された知識を吸収できる能力（Cohen & Levinthal, 1990）を持つことが重要となる。本社から移転された知識を吸収する能力は，海外子会社が外国企業ゆえに不利となる海外市場で競争優位を獲得することを支える能力である（Gupta & Govindarajan, 2000; Zahher, 1995）。

Minbaeva et al.（2003）は，多国籍企業における知識移転と子会社の吸収能力との関係に焦点をあて，効果的な知識移転を促進するものとして，人的資源管理の重要性を提示している。いくつかの人的資源管理慣行が従業員個人の能力やモチベーションを高め，それが海外子会社全体の吸収能力を高め，知識移転にプラスの影響をもたらす要因となるとした。これは，多国籍企業内での知識移転を，内生的な吸収能力の発展のもとで論じた画期的な研究として高く評価される研究であるが，取り上げられた人的資源管理の施策と多国籍企業内での知識移転との対応関係は明確性が欠けており，分析の余地が残されている（Song, 2014）。

さらに，吸収能力は個人や組織など多様なレベルの主体が持ちうるものであり，知識は個人のなかだけでなく，組織のなかに埋め込まれ吸収されるものである（Argote & Ingram, 2000; Argote, McEvily, & Reagans, 2003）。その過程で，知識は獲得・吸収から変換・利用へと向かう（Zahra & George, 2002）。その意味では，海外子会社の吸収能力を論じるためには，知識が組織のルールやルーチンのなかに埋め込まれ吸収されていくプロセスに焦点をあてた分析視点も欠かせない。しかしながら，多国籍企業内で組織のルールやルーチンのなかに知識が埋め込まれていくプロセス，知識移転を促す組織的メカニズムに関する議論は十分にはなされていない（Minbaeva et al., 2014）。

海外子会社の吸収能力は，子会社が長期的に経験を深めていくなかで発展していく（Birkinshaw, Hood, & Jonsson, 1998; Delois & Beamish, 2001）。本国や他の海外子会社から移転された知識がその海外子会社の吸収能力を高める（Argote & Ingram, 2000）など，吸収能力と知識移転は相互作用関係を有する可能性が

ある。海外子会社の吸収能力を分析していくためには，経時的な変化を把握する動態的な分析が求められるが，そうした視点に基づく研究は十分に行われていない。

海外子会社の吸収能力は，自立性のレベルにより異なるという議論もある。多国籍企業内でのグローバルな学習や知識移転の組織的決定要因の一つに自立性があることが議論されてきている（Asakawa, 2001; Ghoshal & Bartlett, 1990; Shulz, 2001; Song, Asakawa & Chu, 2011）。本社による管理の集権化は海外子会社の従業員の学習意欲を減退させ，自立的な学習活動を妨げ，現地市場に適用する新しい能力の開発も妨げられる（Birkinshaw，Hood, & Jonsson, 1998; Frost, Birkinshaw & Ensign, 2002; Miao, Choe, & Song, 2011）とすれば，海外子会社に自立性を与えることが吸収能力にプラスの効果を持つ可能性がある。

他方で，海外子会社の吸収能力と知識移転のモチベーションには，長期的にはトレードオフの関係があるという議論もある（Song & Shin, 2008）。それは，海外子会社の自立性を高め，吸収能力を漸進的に高めると，効果的な知識移転が行われにくくなる可能性がある。能力を高めた海外子会社が，知識の吸収と移転とを長期的に両立することは可能なのか，それは何らかの仕組みの導入により実現可能なものなのか，といった議論も十分には行われていない。

2-3. 知識移転組織としてのマザー工場と「海外準マザー工場」

移転される知識という観点からは，移転のしやすさ・しにくさという分類がみられるが，移転が難しい知識に，「粘着性」の高い知識がある（von Hippel, 1994; Szulanski, 1996, 2000）。日系多国籍企業の製造の現場には，粘着性の高い知識が多く含まれており，それが競争優位の一つの源泉であることが論じられてきた。そうした移転が難しい知識を，効果的に移転するための組織の一つが「マザー工場」である。

マザー工場は，親会社における技術センターとしての機能を持ち，海外子会社に適用しやすい製造技術の開発，海外子会社人材に対する教育訓練の実施などを行うことにより，海外への技術移転を担う大規模な組織単位とされる（山口, 1997, 2006）。本国にあるモデル工場として，海外工場に技術者や管理者を派遣し技術支援を行う組織という解釈もある（中山, 2003）。マザー工場には学術上の厳密な定義はない（善本, 2011; 大木, 2012）が，いずれも海外

拠点の能力構築を支援する機能を持つという意味では共通しており，それらを踏まえ，海外拠点の量産活動における能力構築を支援する拠点という定義もみられる（大木，2012）。先行研究のなかで，本社が持つ量産活動に関する知識を海外拠点に効果的に移転するための組織形態として，その有用性が分析されてきたためである（中山，2003; 山口，2006）。

しかしながら，近年，海外拠点が量的に拡大するなかで，マザー工場がすべての海外拠点を支援することが難しくなってきた。なかには，本国内では量産活動を行わないことを選択する企業もでてくるなかで，実質的に本国にマザー工場を持つことが難しくなる事例もみられ，従来のマザー工場に変化の圧力がかかっている。海外工場の自立化とマザー工場の知識創造活動への注力（中川，2012），量産活動を持たない知識集約型マザー工場の存在（大木，2012），マザー工場を補完する新組織の生成（徐，2012），そして海外工場のマザー工場化という動きである。

量産活動の中心が本国拠点から海外に移行し，海外拠点の数も増大するなかで，海外工場は多様な類型に進化（Ferdows, 1997）してきており，本国中心日系多国籍企業においても海外工場の能力は段階的に進化してきたことが明らかにされている（曹，1994; 小池 2008）。海外工場のマザー工場化は，海外工場が本国からの知識を吸収するだけではなく，他の海外工場に知識を移転する役割を果たすことができるようになったという意味で，組織能力が高度化しており，海外工場の進化形態の一つと位置付けることができる。

海外工場のマザー工場化，つまり海外工場がマザー工場に似た役割を果たす動きを，いくつかの研究が指摘している（山口，2006; 東，2009; 善本，2011）。東（2009）は，トヨタのアメリカ工場がメキシコ工場のマネジメント一般について支援したが，作業者の技能習得に対する支援は日本本社，工程管理・改善，新機種の導入などに関わる変化への対応についてはメキシコ工場と同じモデルを生産する他のアメリカ工場が，それぞれ支援したことを明らかにしている。善本（2011）は，日本のルームエアコンメーカーの事例として，チェコ工場に対して，タイ工場が日常のオペレーション・定型的な基本技能といった短期的な問題解決について支援を行う一方，日本本社工場が同社の生産思想・非定型的な技能といった長期的な問題解決について支援を行ったことを論じている。山口（2006）は，ソニーのシンガポール工場が中国工場

のマザー工場の役割を果たした事例を取り上げ，マザー工場からの高位の組織ルーチンの移転により海外工場の役割が進化すること，その海外工場を中核とした新たなマザー工場システムへと世代交代する可能性を論じた。

いずれも，海外工場のマザー工場化に着目した先駆的な研究であるが，どのようなプロセスでこのような海外工場が生成してきたのか，それはどのような機能を持ちどのような役割を果たしているのか，それを軸としたグローバルな知識ネットワークの変容とそこでの知識移転メカニズムに関わる十分な議論は行われていない。

3．分析のデザイン

3-1．分析の視点

本研究では，マザー工場を「海外拠点（工場）の能力構築を支援するために，本国拠点が持つ知識を移転する拠点（工場）」と定義したうえで，新しい概念である「海外準マザー工場」を「本国拠点（マザー工場）から知識を吸収し，他の海外工場へ知識を移転することで，当該海外工場の能力構築を支援する拠点（工場）」と定義（図Ⅲ-5-1）する。

本研究のリサーチクエスチョンとして，以下の3点を設定する。

第一に，海外準マザー工場の生成プロセスとはどのようなものなのだろうか。どのような環境要件のもとで，知識移転を行う海外子会社が生成されるのだろうか。

第二に，海外準マザー工場とはどのような機能を持つ組織なのだろうか。どのような知識をどのように移転しているのだろうか。知識の吸収と知識の移転の両方の役割を担うことがなぜ可能なのだろうか。

第三に，マザー工場，準マザー工場，海外工場という三主体間の関係は，どのようなものなのだろうか。海外準マザー工場の生成は，多国籍企業のグローバルな知識ネットワークのあり方や各主体の組織能力にどのような影響をもたらすのだろうか。

分析単位としては，個人，グループ，組織という三つの異なるレベルに着目する。知識移転に関係する主体には三つ異なるレベルがあり（例えば，Gupta & Govindarajan, 2000），それら全てに着目した分析を行うことが知識移

図 Ⅲ-5-1　マザー工場と「海外準マザー工場」

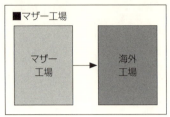
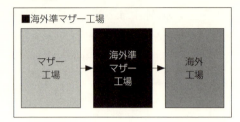

（出所）筆者作成

転研究を深耕するうえで必要な点と考えるためである。

3-2.　研究方法・対象

　研究方法は，事例研究とする。その理由は，第一に，すでに触れてきたように，本研究が提示する課題に迫るためには，特定の事例を経時的・動態的に分析することが不可欠であること，第二に，事例研究は新たな概念——本研究では「海外準マザー工場」——を提示し考察を加えるうえで，有効な研究方法であるためである（Eisenhardt, 1989; Yin, 1994）。

　対象事例は，日本発条株式会社（以下，「ニッパツ」と略記）のシート事業とする。事例選定の基準は，第一に，所有優位性が高く，マザー工場への依存度が高い産業である自動車産業を主力とする企業とした。その理由は，海外準マザー工場の生成は容易ではないと考えられることから，そのプロセスを観察することで，何がその生成を支えたのかについて，構成要素に基づきより詳細な検討が可能になると考えたこと，さらには，その難しさゆえに変化が他産業より最近であると考えられ，インタビュー調査を行うにあたって，よりインタビュイーの鮮明な記憶をもとに調査ができる可能性が高いためである。

　第二に，海外準マザー工場を持ちうる企業は，一定の経営資源を持ち，海外事業を行うことができる多国籍企業であるという観点から，一定の経営規模を有する一次サプライヤーを選択することとした。

　第三に，海外準マザー工場は，一定の操業の歴史を持つ量産拠点であると考えられるため，日本の自動車メーカーの進出の歴史が長く，企業数も多く，量産拠点の存在がすでに明らかになっているタイ事業に焦点をあてることと

した。

　これらの選定基準をもとに，複数の企業を選定し，海外準マザー工場としての役割を果たす海外子会社が観察できるかどうかについての予備的調査を行った。最終的には，その調査結果を踏まえて，タイにおけるニッパツのシート事業を選択した[1]。

　事例に関わる情報・データの収集方法は，第一にインタビュー調査が中心である。事例選定のための予備的インタビューも含め，2014年〜2016年にかけて日本およびタイのニッパツで行った[2]。インタビュー対象は，ニッパツ　シート事業担当役員（以下，いずれも当時），タイニッパツ副社長，タイニッパツ3工場責任者・各機能担当者，同研修センター担当者であった。さらに，メールを活用した内容の確認を行うことによって，情報の精度を高めることに努めた。第二に，社史，同社ウェブページ，プレスリリース，新聞記事を活用した。

　事例分析に入る前に，自動車用シートの製品特性およびニッパツのタイ事業概要を確認しておく。

　①　自動車用シートの特性

　自動車用シートは，意匠に関わる製品であることから，メーカーごと，モデルごとに異なり，完成車メーカーとの連携が必要とされる部品である。部品点数が200点以上にのぼる大物部品のため輸送コストがかかる。そのため，シート工場は完成車メーカー工場への近接立地が要求される傾向がある。

　シートは高機能化・システム化・軽量化が進展している自動車用部品の一つであり，日本含む先進国向けの自動車では電気式シートが一般的なものとなっている。先進国におけるシートが生産・販売ともに電気式シートに変わ

---

[1]　同社において，「海外準マザー工場」という表現が使われていることを意味するものではなく，あくまでも本研究の定義に基づく解釈である。
[2]　インタビュー調査の概要は以下の通りである。2014年11月17日（月）10時〜11時15分：シート担当役員，シート生産本部主任（於：ニッパツ本社会議室），2015年1月20日（火）8時30分〜17時：タイニッパツ副社長，各拠点社長，工場長，研修センター担当（於：タイ国内バンポー工場（含む研修センター）会議室，ウェルグロー工場会議室），同年1月21日（水）9時30分〜17時：タイニッパツ副社長，各拠点社長，工場長，R&D部門担当，営業担当（於：ヘマラート工場会議室，バンポー工場会議室），2016年9月8日（木）14時〜17時：タイニッパツ副社長（於：タイニッパツ本社会議室）。

った一方で，アジア含む途上国向けでは生産・販売ともに機械式シートが主流となった。

部品点数が多い自動車用シートは，その生産工程に労働集約的な工程を多く含む。構成要素に分解して，それぞれの生産工程をみていくと，金属加工・樹脂・ウレタン成形は資本集約的，縫製（シートカバー）は労働集約的，最終のシート組立は労働集約的と，それぞれ分類される。

② ニッパツのタイ事業概要

ニッパツは，1939年に設立され，自動車用懸架ばねで世界ナンバー1のシェアを有する独立系部品メーカーである。事業内容は，創業期からの主力事業である自動車用懸架ばねのほか，自動車用シート，各種精密ばね，HDD用サスペンション，産業機器などの製造販売である[3]。近年の顧客別売上高をみると，完成車メーカーが67％，製品別売上高では，シートが最大で46％を占める（図Ⅲ-5-2）[4]。

タイへの進出は1963年であり，日系自動車部品メーカーのなかでも最も早期に進出した企業の一つである。同社の海外展開はタイ進出を皮切りにスタートしており，現在世界14カ国でビジネスを行っている。地域別売上高は，日本61％，アジア22％となっており，広義のアジア比率が高い（図Ⅲ-5-

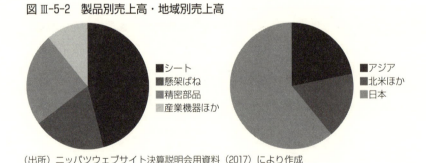

図Ⅲ-5-2　製品別売上高・地域別売上高

(出所) ニッパツウェブサイト決算説明会用資料（2017）により作成

---

[3] ニッパツウェブサイト http://www.nhkspg.co.jp/company/outline/outline.html （2017年9月17日閲覧）。
[4] ニッパツウェブサイト決算説明会用資料 http://www.nhkspg.co.jp/ir/info/pdf_financial/2017_03_fin/2017_03_fin.pdf （2017年9月17日閲覧）。

表 Ⅲ-5-1　ニッパツのタイ進出の歴史

		タイニッパツ		タイ経済
1960年			・1960年	産業投資奨励法制定
			・1961年	第一次経済計画
			・1962年	産業投資奨励法改正（外資導入政策の明確化）
	・1963年	サムロン工場稼働，板ばね生産開始		タイ・トヨタ設立
1970年			・1972年	投資奨励法制定（輸出重点的奨励，外資選別導入）
	・1973年	自動車用シート生産開始	・1973年	自動車国産部品25％以上義務化
	・1978年	巻ばね生産開始	・1978年	乗用車新国産化法令
1980年			・1981年	IMF経済構造調整融資
	・1982年	スタビライザー生産開始	・1982年	タイトヨタ部品会社協力会結成
	・1986年	新本社建設	・1984年	自動車工業育成方針
		精密ばね工場新設	・1988年	BBCスキーム調印
	・1987年	精密ばね生産開始	・1989年	自動車エンジン国産化（70％部品国際化推進）
1990年	・1991年	サムロン工場よりシート事業をバンプー工場に移設	・1990年	金融自由化
	・1993年	ゲートウェイ工場設立	・1991年	いすゞテクニカルセンター設立
	・1995年	トーションバー生産開始		
	・1996年	ウェルグロー工場稼働	・1996年	AICOスキーム調印
	・1997年	ゲートウェイ工場分離	・1997年	アジア通貨危機
2000年	・2003年	本社サムロンよりバングナ・タワーに移動	・2004年	トヨタIMV生産開始
	・2007年	バンポー工場稼働，自動車用シート生産開始	・2005年	トヨタグローバル生産推進センター設立
	・2009年	DDS工場稼働	・2006年	トヨタTMAP設立
	・2011年	ヘマラート工場生産開始	・2007年	エコカー政策第一弾
			・2013年	エコカー政策第二弾
	・2015年	カンボジア工場設立		

（出所）ニッパツ社内資料（インタビュー時入手），川邉（2011），日本政策投資銀行（2001），フォーイン（2015）より作成

図Ⅲ-5-3　工場の立地

（出所）ニッパツウェブサイトより作成

2）。タイ拠点は，日本に次ぐ中核拠点である。タイニッパツは，同社の多くの事業を展開していることから，「ニッパツの縮図」と言われることもある。（図Ⅲ-5-3）。

　タイで50年を超える事業経験を積み重ねてきた結果，現在では現地タイ人材が育成され，彼ら（彼女ら）が中心となって運営するレベルに達している。いずれの事業においても，現地運営はタイ・スタッフが中心になって担っている。

　タイにおけるシート生産は1973年から開始されており，バンプー工場（1989年設立），バンポー工場（2007年稼働），ヘマラート工場（2011年稼働）がある（図Ⅲ-5-4）。いずれも日米欧の完成車メーカーの工場に近接立地されたものである。最も古いバンプー工場には開発設計（R&D）部門があり，すでに機械式シートの開発設計はタイで行われるようになっている。タイ3拠点は，同社機械式シートの重要な量産拠点としての地位を確立している。

4．事例分析

ニッパツのタイにおけるシート事業の発展と，そこにおける海外拠点の組織能力は，以下の4段階を経ながら進化してきた。

4-1．バンプー工場でのシート生産・開発開始と開発設計機能の育成

1963年にタイに進出したニッパツは，日系完成車メーカーのタイでの事業拡大に呼応するかたちで，1973年からサムロン工場において，タイ国内向けのシート生産を開始した。日本人駐在員を主体とした運営により，日本の設備・材料・部品・ノウハウを導入しながら生産の立ち上げが行われた。標準のマニュアル化，マニュアルのタイ語化，現地タイ人スタッフの日本のマザー工場での研修を通じて，タイ人材の能力，タイ拠点の組織能力が段階的に形成された。タイの自動車市場は徐々に成長していき，1991年にはサムロン工場からバンプー工場（1989年設立）にシート事業が移設された。これ以降，バンプー工場がシートの中心工場となった。

タイのシート事業の変革期は，日本でのバブル経済崩壊前後の1989年頃であった。タイ生産車の欧米先進国向け輸出が開始されたことにより，先進国市場の法規制に耐えうる高品質シートの提供が要求されたことが契機となった。その対応のために，グローバル対応が可能な組織体としての管理能力が問われることとなり，そのための開発設計・生産・品質管理能力の育成が，この時期から急速に進められた。1997年には，アジア経済危機にともない，タイ国内のみならずアセアン全体での自動車需要が減退したため，工場の稼働率が急激に低下し，先進国への輸出拡大への対応はさらに急務になった。

こうした背景から，2000年前後からバンプー工場内に併設されていたR&D部門の機能が段階的に育成されていった。シートの試験・評価設備の段階的導入，タイ人設計技術者や試験・評価設備のオペレーター・技能者の日本への派遣教育が進められ，開発設計能力の育成が進められた。シートは7割が外部調達品であるが，コアの機構部品には長期間に渡る高度な試験が必要であり，そのための試験設備の充実が欠かせなかったためである。R&D部門に所属する開発設計技術者，試験・評価技能者の主体は，当初か

らタイ人であった。2000年頃から日系完成車メーカーのタイでの生産立ち上げへの対応を図るため，そのやりとりに対応可能な日本人開発設計技術者が配属されたが，その人数はごく少数に過ぎなかった。2008年には，日本と同じ高水準の衝突安全試験設備が導入された。設備の利用には高度なスキル・ノウハウが必要なため，担当するタイ人技能者の日本での研修が行われた。この高レベルの設備は，アセアン地域では完成車メーカーを含め導入例がない。当該設備の導入，日本とノウハウやデータを共有した本格的な活用は，アセアン地域における同社の有効な拡販ツールとなった。

4-2. バンポー工場・研修センターの設立

タイ市場の拡大，現地立ち上げ車生産拡大への対応のため，新しいシート工場として，2007年にバンポー工場が設立された。さらに，それに併設するかたちで，2008年，タイ国内での人材形成を目的とした「研修センター」[5]が設立された[6]。

タイでの生産現場における人材の能力の高度化に大きく貢献したのが，この「研修センター」であった。研修センターは，多数の事業を抱えるタイニッパツ全体の教育を担うものであったが，同社が扱う製品分野のなかで，特に労働集約的工程が多いシート事業の拡大と密接な関係を持つものであった。センターの設立は，当時のタイニッパツ社長が立案し，日本本社がそれを受け入れるというかたちで実現された[7]。

---

[5] タイニッパツウェブサイト http://www.nhkspg.co.th/en/company_education/index.php（2017年9月27日閲覧）。

[6] 当時は，先進国の工場でも，自動車用シート部品の生産体制が見直され，高機能自動車用シートの生産体制が強化された時期でもあった。27億円を投じて，日本と米国の工場に機構部品の生産用設備を導入するなどの取り組みが進められた（日経産業新聞，2007年8月1日）。

[7] タイの自動車産業の発展にともない，2000年前後から自動車産業育成のための日タイ官民協力4者協力のプロジェクトが本格化した。個別企業レベルでも人材育成のための取り組みが進められ，日系完成車メーカー（例：トヨタ「グローバル生産推進センター」(2005年))，日系部品メーカー（例：デンソー「デンソー・トレーニング・アカデミー・タイランド」(2005年))による研修施設なども作られた（植木，2017）。

[8] タイニッパツは，タイで5Sをもっとも早く取り入れた拠点とされる（タイニッパツ研修センターでのインタビュー，2015年1月20日）。

[9] 日本語習得や貯蓄推奨などのコンテンツもある（タイニッパツ研修センターでのインタビュー，2015年1月20日）。

研修センターにおける研修内容は，日本のものづくりの現場では欠かせない「QCDESM + 5S[8]」であった。つまり，品質，コスト，デリバリー，エンジニアリング，安全・健康と環境，マネジメントと5S（整理・整頓・清掃・清潔・躾）を学ぶものである[9]。日本国内のノウハウを取り入れたうえで，日本より労働集約的な工程が多いタイにおける工程の特徴，および研修の受け手であるタイ人の特性に合わせた内容に工夫されたものとなった。研修センターで使用される教育のためのコンテンツは，全てタイ人スタッフによって企画・制作された[10]。

　研修センターには，それらを学ぶための5つのテーマ別研修室である「道場」が作られた。各道場の講師は，タイ人の社内専門家であり，その道場を担当するリーダーやメンバーが務めることとなった。彼らは，全て工場の現場に本務を持っており，兼任で講師となった。専門的な内容の一部には外部講師も活用されたが，社内人材が中心となった。

　いずれの道場も，ゲーム感覚で学ぶ工夫が施され，また階層別の知識獲得が可能となるように設計された。例えば，「TPS（トヨタ生産方式）」の道場でみると，ワーカー，リーダーおよびサブリーダー，フォアマン，スタッフ，マネジャーという5つの階層ごとに，学ぶ項目・内容が異なっている。具体的には，ワーカーの場合[11]，基本項目を中心に，1日約6時間，毎月学ぶ。標準作業を守ることの重要さなど，TPSの基本的な構成要素を学ぶ[12]。リーダーになると，問題解決を含む発展的な項目が増え，頻度も年3～4回に減っていく。職位が上がっていくなかでも，同じ道場のなかで異なる内容，レベルの講習を繰り返し受けることができる仕組みになっている。

　教育内容は適宜更新されており，例えば，「安全」についての道場では，

---

[10]　タイ人スタッフは，QCサークルのプレゼンテーションにおいても優れており，毎年のようにタイ国内のいずれかの工場のグループが「全ニッパツサークル大会」のなかで最優秀クラスの賞を受賞してきた。目標のために協力しながら活動する，プレゼンテーションするということが，国民性として得意であり，好む傾向がある（バンポー工場でのインタビュー，2015年1月20日）。

[11]　例えば，ワーカーの場合，各工場の同じ程度の技能レベルの人材が現場に支障がないような配慮・計画のもとで選出される（研修センターでのインタビュー，2015年1月20日）。

[12]　歩く速さにも効率的な速度があること，プッシュ型・プル型の意味を理解させる内容などが含まれる（タイニッパツ研修センターでのインタビュー，2015年1月20日）。

法令が毎年チェックされ，該当する内容が精査され更新が行われている。そのほかにも，教育用映像が年間70本程度，自作自演で自主制作されている。これらは，同国内全工場に向けて発信され，タイ人従業員がそれぞれ自由に学べるようになっている。

　研修センターの設立と，そこでの研修コンテンツの作成と研修の実施にともなって，同社のタイ国内での人材育成方法の標準化が図られた。現地タイ人材の能力高度化に大きく貢献する施設となり，社内でもその重要性が評価されるものとなった。

　さらに，研修センターで利用されるコンテンツの作成，道場の運営などがタイ人主体で行われたことにより，タイ国内の複数工場を横断するかたちでの多数のプロジェクトチームが形成され，新たな人材交流，社内ネットワークの形成が進んだ。道場の責任者や講師役への登用などの中心的役割の付与や，その結果としてのセンターに対する高い評価は，現地人材のモチベーションを高め，組織へのコミットメントを高めるものとなった。さらに，同社研修センターは，社員の教育施設としてタイ国内で広く有名になり，毎年多くの企業が視察に訪れる優れた施設として評価されるようになったことも，タイ現地人材の組織へのコミットメントを高める要因となった。

　こうした動きと並行して，バンプー工場，バンポー工場の2工場体制となったシート生産現場においても，組織能力の高度化が進んだ。生産管理面では，部門全体横串でのフォロー体制と日本のバックアップ体制のもとで，初期流動管理活動，TPSによる改善活動，QCサークル活動を行いながら，現地タイ人スタッフによる100％管理が進行した。日本と同じレベルの生産管理を保持できる体制整備が進められた。

　これらの結果，シート生産工場としてのバンポー工場は，隣接するトヨタの工場と最も同期化が進んだ工場となった。タイ人主導による効率的生産体制が整備・確立され，「日本人駐在員ゼロ」の工場を実現した初めての海外工場の事例となった。

---

[13]　ニッパツプレスリリース「タイ子会社に自動車用シート工場を新設」（2010年11月8日）http://www.nhkspg.co.jp/news/release/pdfs/20101108_3.pdf（2017年9月17日閲覧）。

4-3. タイ人材関与によるヘマラート工場設立と開発・量産体制の確立

　タイ国内での完成車メーカーの生産拡大にともない，2011年，シート工場としては3拠点目となるヘマラート工場が設立された[13]。初めて現地タイ人材が，立ち上げから関わった。いずれもタイのシート生産の中心であるバンプー工場で経験を積み，能力を高めていた人材であった。

　ヘマラート工場の立ち上げは，必ずしもスムーズなものではなく，急激な市場拡大のもとで工数不足にともなう混乱がみられた。しかしながら，バンプー工場から異動し，先導したタイ人スタッフが問題解決に関わることで，徐々に生産は軌道に乗っていった。そこでは，進出から約50年という事業経験のもとで，多様な場面で中核的な役割を担うことができる能力を持ったタイ人材が，複数の専門分野・階層で一定程度育成されていたことが大きかった。問題があれば，バンプー，バンポー，ヘマラート工場のタイ人3工場長間で連絡を取り合って解決策を講じる，工数不足があればタイ人スタッフ同士のやりとりで融通しあうなど，現地人材だけで急場を凌ぐことが相当程度可能なレベルにまで対応力が高まっていた。

　ヘマラート工場向けに新規に採用された正規従業員に対しては，研修センターへの派遣を通して人材育成が行われた。研修期間は当初3カ月間であり，終了時にはスキル評価が行われ，必要なスキルが不足すればそれを補うための教育が改めて施された。研修センターでの教育システムがすでに確立していたことも，新工場における生産の早期安定化に寄与した。

　ヘマラート工場のなかには，ベルトコンベアの活用，2種シートの同一ラインでの生産，部品ピックアップへのうさぎ追い方式の導入など，独自のコスト削減や生産性向上のための工夫が図られている。その結果，ヘマラート工場はバンポー工場をさらに進化させた「最少コストで高品質[14]」を実現させた工場と位置付けられている。バンポー工場と同じように「日本人駐在員ゼロ」を実現するとともに，育成されたタイ現地人材が，立ち上げから完成まで関与した初めての海外工場となった。

　ヘマラート工場の稼働により，タイ国内シート工場は3拠点となり，タイは機械式シート量産の中心拠点となった。調達は，基本的に現地主体であり，

---

[14] タイニッパツシート部門紹介用DVD（2014年11月17日インタビュー時視聴）。

サプライヤーの認証，監査なども現地で行われている。生産ラインの設計や問題解決についても新材料・新工法など，新技術の導入時には日本からの支援があるが，それ以外は現地主体で行われる段階となった。

　開発設計についても，バンプー工場R&D部門では，2011年のタイでの3車種同時立ち上げを前に，さらに人員が増員された。新製品の基礎技術開発，シート骨格・機構品開発，ウレタンフォーム処方開発，シートほか内装関連パテント・法規制情報収集といった内容については，日本のR&D部門が担うものの，量産車のシート開発については，日本とタイのR&D部門が相互補完しながら行われるようになった。

　一方，現地調達推進活動，他社ベンチマーク活動，マーケットリサーチについては，タイR&D部門の主体的な活動として行われている。なかでも，マーケットリサーチは，タイR&D部門独自の活動となっている[15]。具体的な内容は，年1回の1カ月間，タイ人スタッフが7～8人でタイ全土のガソリンスタンド，スーパー，ディーラーなどを回り，特定車種のシートについてユーザーの意見を直接聞き取り，その意見を集約して完成車メーカーにシート改善提案・新製品開発提案を行うというものである。ユーザー嗜好の変化，地域的な差異などを把握することができ，新車に搭載するシートに提案をうまく取り入れることができれば，売り上げ拡大に寄与するものとして評価されている。シート単体でのマーケットリサーチは，他に行われている例がないことから，この取り組みは顧客である完成車メーカーから高く評価されている。

　マーケットリサーチや他社ベンチマーク活動などにおいても，タイニッパツではこれまでと同じように積極的にプロジェクトチームを立ち上げ，その時々の課題に対応する体制がとられた。タイ人スタッフは，与えられた課題に一丸となって取り組むことを好む傾向があり，それらの課題を解決することを通じてモチベーションを高め，組織へのコミットメントを高めた。

---

[15] マーケットリサーチが開始された時期は古く，1990年頃にさかのぼる。本格化されたのは2005年以降である（2004年11月17日，シート事業部門役員インタビュー）。

[16] ニッパツプレスリリース「タイ子会社のカンボジアでの縫製部品新会社設立に関するお知らせ」（2015年3月3日）http://www.nhkspg.co.jp/news/release/pdfs/20150303_2.pdf（2017年9月17日閲覧）。

4-4. タイ人材主体でのカンボジア工場立ち上げ

　2015年，ニッパツは，タイ国内ではなくカンボジアのポイペトにシートの縫製工程工場を設立した[16]。背景には，タイ国内での自動車生産台数のさらなる拡大が見込まれ拡販スペースの確保が必要となったこと，賃金上昇や労使問題の増加等に伴い労働集約的な縫製工程をタイ国内に持つことが難しくなったこと，物流網等インフラや工業団地など投資環境の整備に伴い，カンボジアに工場建設を行うことのメリットが大きくなったことがあった。

　カンボジア工場は，タイニッパツ75％，タイ地場企業25％の出資により合弁で設立され，社長にはタイニッパツ役員兼シート生産本部長が就任した。カンボジア工場で，シート材料の裁断・縫製が行われた後，タイのバンプー工場に移送され，他部品とあわされシートの完成品になるという流れであった。カンボジア工場はバンコクから車で3〜4時間圏にあるタイの分工場の位置づけであり，生産ネットワークが国境を越えて拡張された事例であった[17]。

　当該工場の設立に向けた動きは，現タイ・シート部門トップが日本本社に勤務していた2010年頃から始まった。メコン地域で新たな生産拠点を探す必要があるという認識から，日本本社社員とタイニッパツ駐在員とで，適切な場所を探すための視察が実施されていた。そうした動きのなか，当該トップが日本からタイへ赴任したことから，工場建設地の探索と設立計画が本格的に動き出した。カンボジア工場の建設は，最終的にはタイ拠点からの発案によるものだが，こうした発案が可能になったのは，タイニッパツが海外拠点でありながらも複数事業を持ち，一定の本社機能を持っていたためであった。

　カンボジア工場の立ち上げは，企画段階からタイの現地人材が中心となった。従来は，日本人駐在員が予算や中期計画を立て，現地のタイ人材が実行するという方式で進められてきたが，このプロジェクトがタイ人が企画段階から主導する初めてのケースとなった。ニッパツでは，タイ拠点をより能力のある自立した拠点とするには，タイ人材の企画力育成が必要と考えていたためであった。人材が育ってきており，仕事を部分ではなく全体で任せた方

---

[17] 同社の事例は，在タイ日系企業におけるタイ・プラスワン戦略の事例の一つとして取り上げられている（黒岩, 2017; 植木, 2017）。

が穴がないという駐在員の判断もあった。タイ国内市場の拡大・さらなる輸出拠点化が予想されるなかで，タイ拠点がタイ人材中心に自立化・経営判断をしていくことが競争優位上必要という考え方がニッパツにあるなかで，カンボジア工場の立ち上げは，人材と組織のより高度な能力形成を見据えた重要なプロジェクトとなった。

カンボジア工場の立ち上げには，建屋建設，設備設置，オフィス設営，新オペレーターの研修，量産トライと評価，量産開始という項目が立てられた。その項目の内容ごとにプロジェクトチームが作られた。課長，主任クラスの40～45歳を中心とした約20名のタイ人が中心メンバーとなってリードし，実行した。従業員の採用も，国境近辺でオペレーター，プノンペンでスタッフの面接を行うなど，彼らが人事コンサルタントを活用しながら採用しやすい地域を考慮して行われた。採用されたカンボジア人材は，研修センターに派遣され，育成が行われた。

建屋建設後は，タイ人が長期に寝泊まりしながら，準備や研修が行われた。最終的にはタイからは，工場長1名と，経理担当者1名の合計2名が派遣され，それ以外にもタイ人を2～3カ月単位の期間により交替で派遣させ，現場の支援が行われた。工場長は，バンプー工場でキャリアをスタートした生産技術・製造担当の人材で，ヘマラート工場の立ち上げ経験と功績が評価され抜擢された人材であった。タイからカンボジアへの海外駐在規程，カンボジア出張規程なども，こうした過程で必要性に気が付いたタイ人スタッフが策定した。日本人駐在員は，購買，人事，契約関係を中心とした進捗チェック，遅れている部分のフォローを行っただけであった。

カンボジア工場のマニュアル作成も，タイ人スタッフが中心となって行われた。タイ人スタッフは，彼らだけで作成するのではなく，将来を見越してカンボジア人スタッフを参加させながら作成した。カンボジア工場は，離職者も少なく，順調に生産規模を拡大することが可能となった。

カンボジア工場の立ち上げの成功は，カンボジア人スタッフの自信につながったが，それ以上に，企画段階から主体的に行うという難しい課題を克服したタイのコア人材に達成感，自己効力感を抱かせ，彼らのモチベーション，組織に対するコミットメントを高めたという意味で大きな意味を持つものであった。

5. 分析結果

　ニッパツのタイにおけるシート事業の発展と，そこにおける海外拠点の組織能力の進化から，大きく以下の3点が明らかになった。

5-1. 海外準マザー工場の生成プロセス

　第一に，研修センターの稼働以降，海外準マザー工場が生成された。タイ子会社は，本社から移転された知識を吸収する主体であったが，研修センターが設立され稼働した時期以降，他のタイ拠点，カンボジア拠点に対して，知識を移転する主体ともなっていった。知識の受け手と送り手という両方の役割を担う「海外準マザー工場」は，図Ⅲ-5-4に示した通り，「バンプー工場」＋「研修センター」の2組織が，その合成で役割を果たしていると解釈することが可能である[18]。日本およびタイ国内3拠点とカンボジア1拠点に広がる国境を越えた知識移転ネットワークが構築されてきた過程で，ニッパツのシート事業における海外準マザー工場が段階的に生成され，中核的な役割を果たすに至った。

　第二に，海外準マザー工場の生成は，複数工場の設立と運営，そのための工場間での知識の移転経験を通じて，組織能力を向上させたことにより可能となった。顧客の要求と外部環境の変化のもとで，タイ国内でのバンポー工場，ヘマラート工場，そして国境を越えたカンボジア工場へと新工場の設立・運営が進展していった過程で，日本人駐在員の関与および彼らを媒介とした本社からの知識移転は徐々に減じられていった。他方，現地人材の関与の度合いは段階的に高まり，研修センターを通じて標準化された知識，現地で吸収・統合され適合したかたちに変形した知識が移転されることにより，新工場の設立および運営が可能となった。タイからカンボジアへ，実行段階から

---

[18] タイニッパツでは，「海外準マザー工場」と称するためには，現地拠点，現地人材が企画の発案段階からすべて行えるようなさらなる能力構築が必要という認識があった。前述の通り，タイニッパツ内で「海外準マザー工場」という表現が使われている，認識があるということを意味するのではなく，あくまでも本研究の定義に基づく解釈である。

[19] 段階的に難易度の高い業務を経験させていくことが効果的な人材形成であることは，人的資源管理に関する先行研究における議論と整合的である（小池, 1987）。

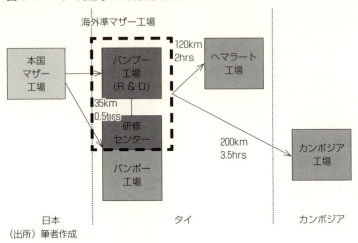

図 Ⅲ-5-4　タイ国内での知識移転ネットワーク

(出所) 筆者作成

の関与から企画段階からの関与へと，段階的に難易度の高い業務を付与されたことを通じて，現地人材の能力，現地拠点の組織能力の効果的な形成が可能となった[19]。

　第三に，海外準マザー工場の生成プロセスには，3種類の知識移転が内包されたということである。具体的には，日本から現地子会社への縦階層的知識移転，現地子会社内での管理部門から開発・生産現場への知識移転，生産現場での横断的知識移転（タイ国内工場間，タイ―カンボジア間）である。これは短期的で単層的な知識移転ではなく，長期的で重層的な知識移転であることによって実現されたものであった。

5-2.　海外準マザー工場の機能

　第一に，日本から移転された知識を翻訳しながら吸収し，組織内に定着させる機能である。その過程では，日本から移転された知識のなかに含まれ，現地での知識吸収の抑止要因となる意味的ノイズが取り払われたうえで，現地に適合した知識へと翻訳された。その意味では，海外準マザー工場は，境界連結機能を持つ組織と位置付けられる。

　吸収された知識は，海外準マザー工場が持つ機能のもとで，個人レベルだけではなく組織レベルに定着した。それを可能にしたのが，研修センターで

ある。研修センターでは，日本の知識を取り入れたうえで，タイでの生産，タイ人の特性に適合させた知識に基づく研修コンテンツ，教育プログラムが作成された。研修センターにおける訓練を通じて，従業員個人のスキル形成が行われた。組織レベルへの定着は，研修の全従業員への拡大と，研修コンテンツ・教育プログラム作成へのタイ人の関与という2つのルートで進んだ。研修コンテンツや教育プログラムの作成は，タイ人の横断的プロジェクトチームが担ったが，そこでのコミュニケーションを通じた公式・非公式なつながりの形成，問題解決のための協力的なチーム活動が，知識を組織レベルに定着させる源泉となった。その後も，共同プロジェクトによる課題解決は，バンポー，ヘマラート，カンボジア工場の建設，ベンチマーク活動，マーケットリサーチ活動など，多彩な内容のものが連続的に行われた。それらグループレベル，組織レベルでの共同活動が，知識を組織のルールやルーチンに埋め込むことを促す動因となっていった。

　第二に，現地向けに統合および変形したうえで，標準化した知識を地域内に移転する機能である。海外準マザー工場は，特定国（地域）における知識移転センターとして，日本のマザー工場の補完的機能を持つ。研修センターにおいて現地向けに統合や変形された知識は，標準化された知識として，新しく設立された工場の従業員に対する研修や教育用映像の全工場への発信を通じて移転された。さらには，バンプー工場で経験を積み，知識を保持した現地人材が，新規に設立された工場へ派遣され，運営をリードすることを通じても，知識が移転されていた。研修センターの教育コンテンツと現地で育成されたコア人材とが，知識の媒介役として重要な役割を果たしていた。そこで，移転された知識は，新しい知識の付与はあるが地域で必要なものに絞り込まれたことから，絶対量は相対的に少ないものとなった。移転しやすい，扱いやすい知識の量に限定されたことによって，効果的な移転が実現されたと考えられる。

5-3. 三主体間関係とグローバル・ネットワーク

　第一に，海外準マザー工場に進化していく過程で，自立性のレベルが段階的に高まり，日本との関係性に変化がみられた。それは研修センターを含む新工場の設立，運営，現地独自のマーケットリサーチ活動の実施などに対す

る現地人材や現地拠点への関与度合いの変化のなかにみることができる。変化は，日本からのタイ子会社への部分的権限移譲があったことが前提にあるが，その後は日本またはタイ子会社のどちらかが一方的に主導したものではなく，環境変化のなかで経営成果を実現するために必要な対応策を講じる過程で，徐々にタイ子会社の自立性が高まっていた。自立性の高まりは，カンボジア拠点設立と運営における多様な取り組みに象徴されるように，現地人材や現地拠点での自立的な学習活動や知識創造活動を促していた。

　第二に，海外準マザー工場の生成は，全社的な知識ネットワークの再整理につながっていた。すべての知識移転の負担をマザー工場が負うのではなく，準マザー工場がハブとなり，知識を移転していくという流れとなった。マザー工場からの一部機能移管を行い，海外準マザー工場の自立性と権限が高まったことで，海外準マザー工場および海外工場間の範囲では，比較的自由な知識移転や交換を行うことも可能となった。グローバルな知識移転ネットワークの変容がみられた。

　第三に，マザー工場，海外準マザー工場，海外工場といった各主体の機能高度化の可能性である。マザー工場では，海外準マザー工場への機能移管と負担軽減にともなって，機能高度化が進む可能性がある。海外準マザー工場と海外工場間では，生来の関係性と地理的近接性のもとで強い紐帯が形成されていることから，その間での知識交換を起源とした組織学習や機能高度化が引き起こされていく可能性がある。

6. インプリケーションと残された課題

　本研究の分析結果は，以下のようなインプリケーションを持つものと考える。理論的なインプリケーションとしては，「海外準マザー工場」という概念を提示し，それに基づき，日系多国籍企業が東南アジアで展開する知識マネジメントについて新たな考察を加えたということである。実務的には，グローバル化にともなう内部コスト負担を低減するための新組織の導入が，多国籍企業のグループ全体での組織能力向上にプラスの効果を持つ可能性があることを示唆するものである。

　残された課題は多い。海外準マザー工場における吸収能力とモチベーショ

ンのトレードオフに関する議論である（Song et al., 2011; Song & Shin, 2008）。海外子会社の吸収能力が高まり，組織能力が高まると，本社や他の海外子会社から知識を流入するというモチベーションが低下するという問題である。こうした問題が，マザー工場と補完的な関係にある海外準マザー工場でもあてはまるのかといった点については，本研究では分析できていない。このことは，海外準マザー工場という概念を提示したものの，海外準マザー工場という概念についてさらなる検討が必要という課題を示すものでもある。さらに，本研究の事例は，自動車産業におけるタイという国が持つ地域的優位性が影響している可能性もある。

　また，一事例をもとにした分析に過ぎず，所有優位性の異なる他業種の比較分析を含め，さらなる研究が必要である。

■謝辞
　日本発条株式会社のご関係者の皆様には，本研究に関わる調査および本稿の確認まで，多大なるご支援とご指導を賜りました。心より御礼を申し上げます。

第6章

製造・開発現場の知識創造と知識移転
―中国における日本アパレル企業A社の事例分析

孫　徳峰

1. 問題提起

　本章は第5章に引き続き，日本企業における製造・開発現場における知識創造と知識移転について論じる。具体的には，海外子会社において知識がどのように創造されるのか，また親会社と海外子会社の間で知識がどのように移転されるのかに着目し，多国籍企業における知識マネジメントについて議論する。

　多国籍企業は知識を組織内で効率的に移転することで優位性を共有獲得できるとされ，国際経営研究領域で知識移転が盛んに議論されてきた。ただし，親会社から海外子会社への知識移転が海外子会社の優位性を必ずしももたらさない場合がある。例えば，新興国市場でビジネスを展開する際，先進国企業では，主に本国で構築してきた知識が新興国市場に適用できない可能性が高くなる。つまり，先進国市場では通用する知識であっても，その知識を新興国市場に移転した際に通用しなくなり，親会社から海外子会社への知識移転が海外子会社の競争優位につながらない可能性が高い。それは，先進国企業のこれまでに事業を成功に導いた戦略が先進国市場をベースに形成され，知識もおおむね本国など先進国市場に依拠しているため，市場条件や資源条件が大きく異なる市場に参入する場合には困難を伴うケースが少なくない（天野，2010）。したがって，中国のような新興国市場でビジネスを展開する際，現地で新たな知識の創造が必要となる。

　このような背景を踏まえて，本章では，中国における日本アパレル企業A社を事例として取り上げ，中国のボリュームゾーン市場開拓における低

価格製品開発プロセスについて分析することを通じて，親会社と海外子会社の間での知識移転および海外子会社における知識創造について議論する。

結論を先取りすれば，本章では，新興国市場開拓において現地で一からまったく新しい知識や能力を構築していくプロセスの中で，本国からの知識移転を選択的に利用することによって現地市場に適応する低価格製品開発が実現されていたことが明らかになった。

2. 分析視点：現地での知識創造と本国からの知識移転

2-1. 現地での知識創造の必要性

従来の国際経営研究においては，本国資源の優位性の前提（Dunning, 1994）と，コスト節約の論理（Rugman and Verbeke, 2004, 2005; Hennart, 2009）から，本国資源の海外移転が価値を創造できると捉えられてきた。新興国と先進国との間の知識レベルの格差を暗黙の前提とし，かつ既存の技術や知識を転用することで，新しく技術開発するよりもコストが抑えられるという考え方である。

現地企業に対して外国企業が保有する優位性を前提とした立論だと，高い技術力を持っているとされる日本企業が，新興国市場において成功することは自然の流れのように思えるが，新興国市場開拓では困難を伴うケースが少なくない。それは，冒頭でも述べたように，先進国企業が主に先進国市場をベースとして構築してきた知識や能力が，新興国市場に適応できない可能性が高くなるため，新しい知識や能力を開発・構築することが必要となるからである（天野, 2010）。

Grant（1996）は，組織能力を知識の統合として捉えているため，本章では，能力自体も知識であるとする（以降，特別な説明がない限り，能力は，能力としての知識を指す）。先進国企業が先進国市場で獲得した知識と，新興国市場開拓において必要とする現地知識が異なることは容易に理解できる。知識の相違によって，知識の統合としての組織能力も先進国市場と新興国市場では異なる。また，Christensen and Raynor（2003）によれば，業務を遂行する際，その業務のために設計されたプロセスを用いればうまくいくが，この一見効率的な同じプロセスが別の業務に適用されると，融通が利かずに効率が悪く

なってしまうことが多いとされる。言い換えれば，ある特定の業務を遂行する上では能力を示すプロセスが，それ以外の業務に適用されれば無能力を示すことになる。つまり，先進国市場における業務に適用されるプロセスを，新興国市場開拓における業務に適用しようとすれば組織プロセスは能力を失うことになる。

このように，新興国市場開拓において，本国資源の優位性の前提に立ち，本国の組織能力（組織ルーティン）を移転するだけではなかなか成功につながらない。たとえば，日本企業の製品は「過剰品質高価格」で，現地ボリュームゾーン市場のニーズを的確に捉えているとは言えない。その「過剰品質高価格」の原因は，新興国における海外拠点の組織プロセスや組織ルーティンが，本国の親会社のそのものであるか，あるいは親会社の組織プロセスや組織ルーティンの延長線上のものであるからだと考えられる。

Christensen and Raynor（2003）は，「プロセス」のほか「価値基準」についても組織能力に影響を与える要素として議論している。彼らによれば，企業の価値基準は，その企業のコスト構造や収益モデルに適合するとされる。先進国市場と新興国市場では異なるコスト構造と収益モデルに基づく価値基準を持っているため，新興国市場開拓においては価値基準の変化が求められる。たとえば，新宅（2009）では，ホンダ二輪車事業のASEAN市場開発のケース分析において，従来のホンダ基準だと低価格製品の投入は実現できず，新たな設計基準の開発によって現地市場ニーズに適応する製品が開発された。つまり，現地市場において親会社とは異なる新たな価値基準や組織プロセス，ルーティンを開発することによって，現地市場に適応する製品開発が実現できたことを示している。

以上の議論をまとめると，新興国市場における市場条件と資源条件は本国または先進国市場とは大きく異なっているため，本国の既存知識をそのまま新興国に移転して活用することはできず，現地市場に適応する製品を開発するためには，現地で新しい知識を開発する必要がある。

2-2. 現地での知識創造と本国からの知識移転

現地における知識創造は，組織学習論のMarch（1991）による「活用[1]（exploitation）」と「探索[2]（exploration）」の「探索」の側面に立脚する。本章では，「活用」

と「探索」について，孫・椙山（2015）の「活用」と「探索」についての定義を参照し，海外拠点における「活用」を，本国の既存能力の展開とし，「探索」を，現地での新しい能力の開発と定義する。なお，本章では経営資源を，資産（リソース）と組織能力（ケイパビリティ）の二つの大きなカテゴリーに分類し（Collis & Montgomery, 1998; Grant, 2007），組織能力レベルに限定した上で，「活用」と「探索」の概念を定義し，資産の活用や探索自体は，「活用」と「探索」の定義には含めない。この分類された資産と組織能力に関して，Amit and Schoemaker（1993）では，資産を，企業によって所有またはコントロールされている利用可能なストックと定義しており，その資産には，技術ノウハウ等の知識に該当するもの（資産としての知識）と，ヒトやモノなどの知識に該当しないものが含まれるとする。Collis and Montgomery（1998）では，組織能力を，組織がインプットをアウトプットへと変換するために用いる資産，人材，プロセスの複雑な組み合わせ方，つまり組織ルーティンと定義している。また，Christensen and Raynor（2003）は，プロセスという用語を用いて，組織能力を説明しているが，プロセスとルーティンの基本的な考え方は同じであるとする。したがって，本章では，資産と組織能力の定義について，Amit and Schoemaker（1993）の資産の定義と，Collis and Montgomery（1998）の能力の定義を採用するとともに，組織能力，組織プロセスおよび組織ルーティンを同義であると捉える。尚，本章では，資産レベルにおける活用を表現するため，「利用」という言葉を用いて組織能力レベルの「活用」と区別して扱っており，本章の議論における資源は，資産と組織能力を含む概念として捉える。また，資源と知識の関係については，本書の第1章のコラムを参照されたい。

　国際経営研究の文脈において，従来は本国の既存能力の「活用」が主に注目され，多国籍企業の存立理由として定式化されてきたが，最近のBOPビジネス研究（London & Hart, 2004）とリバース・イノベーション研究（Govindarajan & Trimble, 2012）では，現地における新しい能力の「探索」に焦点が当てら

---

[1] 「活用」とは，改善，代替案の比較・選出，標準化，スピードアップ，コスト削減などで特徴づけられる漸進的な組織学習である（March, 1991）。
[2] 「探索」とは，発見，多様性の追求，リスク負担，実験，柔軟性の確保などで特徴づけられる一連の組織学習である（March, 1991）。

れている。特に，新興国市場における学習に関してみると，過去の国際化戦略とは異なる非連続性と固有の参入障壁が存在するため（天野, 2010），「活用」だけでは，新興国市場に適応できない可能性が高くなっており，自社にない能力を求める「探索」型の拠点が必要になってきていると考えられる。

　一方で，単に現地で新しい能力を「探索」する拠点においては，いわゆる外国企業としての固有の不利が存在する。このような不利は，本国の優位性のある資源を現地に移転することによってある程度解消されるが，この場合，逆に本国から経営資源（先進国市場をベースに形成されたもの）を移転すればするほど，過去の成功体験に固執することにつながり，新興国市場における「探索」活動が阻害される問題に直面する可能性が高くなる。これは，「探索」活動と「活用」活動は学習のモードが異なっており，現地市場に適応する新しい能力の構築において，「探索」と「活用」の間にトレードオフの関係が存在するという考え方から由来する（March, 1991）。しかし，組織能力レベルの「探索」と「活用」と資産レベルの「利用」を階層的に分離することによって，「探索」と資産移転の両立が可能であると考える。もちろん，資産と組織能力は完全に分離できるわけではなく，本国の資産を移転するにつれて，組織能力もしくは組織ルーティンが一体となって移転される場合があるが，組織能力と資産を分離して考えることによって，現地市場に適応する新しい能力開発における現地拠点の「探索」活動と本国の資産移転もしくは資産利用が両立できる関係であるという考え方である。

　この考え方について，いくつかの既存研究を取り上げ論じよう。新興国のボリュームゾーン市場向けにまったく新しい能力を構築し製品を開発する際，ボリュームゾーン市場向けであるため製品価格を低く抑えることが求められるので，製品開発にできるだけコストをかけない節約の論理が働きやすい状況に置かれる。そうした場合，まったく新しい能力を開発しつつも，すでに企業として持っている資産を使い回すことが考えられる。これについて，藤本・椙山（2000）は，日本自動車メーカーのアジア市場における1990年代までのアジア・カー，特にインドネシア市場向け製品の開発戦略の分析を通じて，本国では古くなったプラットフォーム（車台）や中核部品（エンジンなど）を使って現地ニーズを満たすローカル市場専用の派生モデルを新規開発するという「旧プラットフォーム派生戦略」が新興国市場開拓において有効なア

プローチの一つであるとする。彼らの言う「旧プラットフォーム派生戦略」は，まったく新しいやり方で新しいものを開発しつつも，本国における実証済みの既存の優れた技術的資産を流用し，現地環境に適応させる製品開発戦略が有効であることを示唆している。過去の技術的資産を用いていることから，大幅なコスト削減が可能になり，しかも既存市場で実証済みの信頼性の高い技術的資産であるから，新興国市場に受け入れられる可能性も高いと考えられる。

BOP[3]市場研究において，London and Hart（2004）は，BOP市場参入の際に，TOP[4]市場で開発された能力の企業境界内での移転に依存せず，境界を打ち破る能力が必要と述べている。彼らはまた，その事業環境における自社の強みを特定し，それを効果的に利用することが重要であると論じている。これは，新興国市場開拓において，まったく新しい能力を構築することが重要であることを示しているだけではなく，本国の優れた資産を利用することも示唆している。この点について，新宅・天野（2009）も，市場条件が大きく異なる市場では，過去の蓄積を生かしながらも，現地市場を起点にして大胆に再構築する革新的姿勢が企業側に求められるとしている。

以上のように，現地での新しい能力開発と本国資産の利用の関係については，組織学習論の探索における新しい能力の開発（知識創造）と，リソース・ベースト・ビュー（RBV）が仮定している市場を超えて利用できる一部の資産（資産としての知識の移転）との組み合わせによって現地市場での価値創造の枠組みが提示できる。

天野（2010）が指摘するように，新興国市場のように市場条件に大幅なギャップがある場合は，新しい知識の開発が主要な課題とされ，これを受けて本章では現地における新しい知識の開発プロセスにおいて，本国からの知識移転が補完的な存在として位置づけられると考える。本章での主張は，知識創造（新しい能力の開発）と知識移転（本国資産の利用）の組み合わせであり，現地で新しい知識を開発することを出発点として，その中で本国からの知識移転を利用する視点である。

次節以降では，日本アパレル企業A社の中国現地法人AB社（北京）を対

---

[3] BOP（base of pyramid）とは，低所得層をさす。
[4] TOP（top of pyramid）とは，高所得層をさす。

象事例として分析する。単一事例研究を方法として採用した理由は，本章が海外拠点の製品開発プロセスを通じて，現地での知識創造と本国からの知識移転が「どのように」なっているのかを説明することを目的としていることにある。「どのように」というリサーチ・クエスチョンに答えるためには，経時的で対象に密着した追跡が必要になることから，事例研究のアプローチが望ましいとされている（Yin, 1994）。

　データ収集では，中国拠点で2回，日本で3回の計5回[5]の半構造化インタビュー調査により一次データが得られた。事例の記述は，主としてインタビューのデータをもとにしているほか，それを補足するために，新聞・雑誌記事[6]，広報資料，社内資料などの文書化された資料も使用している。また，新聞記事などの公開された文書データに関しては，固有名が特定される可能性があるため，文末脚注に出所を明示していない。

3．事例分析

　A社による中国市場開拓は二つのフェーズに分けて理解することができる。第一フェーズは，1986年から本格化する高級百貨店チャネルを中心とした都市部の高所得者層を対象とした市場開発である。このフェーズでは，本国主導でデータ解析などの技術的な知識移転のほか，技術を扱うためのノウハウなどの暗黙的な知識移転が行われた。このとき，現地の研究開発センターがこの知識移転の主な受け皿となった。第二フェーズは，2012年から開始されるボリュームゾーン市場の開拓である。このフェーズでは，第一フェーズの本国から導入された知識を活用しつつ，現地で新たな知識の創造が行われた。

---

[5] 2012年9月14日にAB社でのインタビュー調査，2013年3月7日に日本本社A社でのインタビュー調査，2013年9月9日にAB社の中国研究開発センター（上海）でのインタビュー調査，2015年7月9日に日本本社A社でのインタビュー調査，2015年9月5日に日本でのインタビュー調査。

[6] 日経テレコンから取得。

3-1. 第一フェーズ：本国からの知識移転
3-1-1. 本国からの技術やノウハウの移転

　A 社は，1986 年に中国市場進出の第一歩として北京市のアパレル企業との間で，ブラジャーなど A ブランド[7]製品を製造，販売する合弁企業 AB 社を北京に設立し，製品は主に中国国内で販売した。2000 年に中国での事業拡大を目的に合弁企業 AB 社を独資に変更し，日本側が 100％出資を持つこととなった。2003 年には会社名を変更したが，本章では一貫して AB 社とする。1986 年中国進出当初，北京市内の直営店のほか，百貨店や専門店などに専門コーナーをつくり A ブランド製品を売り出した。製品の価格はブラジャーで 6.5 元〜15 元（当時 1 元＝約 43 円）と中国製の製品の約 3 倍の価格で，富裕層向けに販売し，日本本社 A 社の高級ブランド（A ブランド）を浸透させる戦略をとった。これを機に中国における高級品指向戦略が始まった。

　1993 年に，A 社は中国の高級下着市場の急拡大に対応するため，対中戦略を大幅に強化した。生産面では北京市内の工場の生産能力を倍増させるとともに，華南地域での工場新設を検討し，販売面では支店や各地の販売コーナーを拡充した。これにより，現地合弁会社の売上高を 92 年の 1950 万元（当時 1 元＝約 23 円）から 95 年には 5000 万元に拡大させ，中国高級下着市場で 50％のシェアの達成を狙った。

　1997 年に，A 社は中国に投入する商品を，素材から縫製まで日本と同レベルの高級品を増やして価格帯を引き上げ，急増している高所得者層の需要を開拓し，中国での下着販売を本格化した。ブラジャーの場合，これまで 60 元〜70 元（当時 1 元＝約 15 円）だった主力価格帯が 160 元〜170 元に跳ね上げられ，全面的な高級化に向けて，段階的に商品を切り替えていった。これに伴って，当時合弁企業であった AB 社は，中国側が 51％を出資したことにより，狙っていた高級品路線を思うように推進できなかったため，1996 年に，増資などにより自社の出資比率を 60％に高め，商品戦略の見直しを検討した。

　通常，一般衣料に比べデザイン面で特徴を出すのが難しい下着では，ブラ

---

[7] A ブランドとは，A 社が日本国内で販売しているメインブランド名である。

ンドとして消費者に認知されるには着心地が重要なポイントになる。体形が近いとされる中国人と日本人でも細部の違いは少なくない。この点について，A 社にかかわる 2004 年の日経流通新聞によると，A 社の国際事業本部長は次のように述べている。

「ジャケットやシャツなどなら問題にもならない微細な体形の違いが，下着ではブランド価値を左右する。」

これは，詳細な体形データを研究しなければ，高級ブランドとしての販売は難しいとの考え方である。つまり，体にフィットする着心地を追求するためには詳細な体形のデータが必要となる。

そこで，A 社は 1997 年に，中国現地（上海）の大学と現地女性の体格調査について技術協力契約を結んで，現地の大学が上海在住の女性 800 人を対象に実施する調査の計測手法やデータ解析を A 社が指導し，結果は双方が活用するという形であった。具体的には，A 社が協力するのはマルチン式計測法という体格調査の技術で，身体に 158 カ所をメジャーで計測，データを解析すると三次元で体格が分かるという技術である。体格調査としては一般的な方法であるが，計測手法やデータ解析に A 社独自のノウハウが必要であった。当時中国で海外のアパレル会社が本格的な体格調査を実施するのは初めてとみられ，A 社は調査結果を中国女性の体格に合った商品開発に活用し，販売を拡大した。

さらに，2002 年には，A 社は中国市場向け商品の企画・生産体制を強化するため，上海に下着の研究開発センター「A 中国人間科学研究所」（以降，中国研究開発センターと呼ぶ。）を全額出資で設立し，人体を三次元で捉えて計測する機器などを導入した。A 社は同様の研究所を日本にも持ち，約 40 年にわたって日本人女性の体形データを蓄積し，新商品開発に活用しており，この手法を中国にも持ち込んだ。中国研究開発センターは，現地の大学（上記と同じ大学）と共同で中国人女性の体形の基礎研究を進めながら，中国全土で約 5000 人を対象にした体形データを収集し，中国人女性の体形に合った下着を開発することを目的とした。

したがって，中国研究開発センターの設立は，中国人女性の体形データを

蓄積し，それを中国人女性の体にフィットする商品開発に生かし，高級品として販売を拡大するためであった。要するに，中国研究開発センターは，A社の中国における高級ブランド路線のために打った布石であり，高級品指向戦略の一環として捉えられる。

　2004年から，中国で積極的な宣伝活動を展開し，中国市場での高級ブランドイメージの確立を狙った。当時中国での販売は日本と同様のAブランドで価格は日本より若干安かったが，ブラジャーで三千数百円程度で，数十～百円程度の商品もある中国ではかなりの高級品であった。この点について，A社にかかわる2004年の日経流通新聞によると，A社の国際事業本部長は次のように述べている。

　「価格で現地企業と張り合っても意味はない。高級ブランドイメージを築き上げ，高くても売れる商品を目指す。」

　2008年に，A社は宣伝広告のイメージキャラクターにアジアで若い女性に人気があった日本人歌手を起用し，ブランド認知度向上とシェア拡大を目指した。2009年には中国の人気女優を広告に起用し，中国市場の開拓に本腰を入れ始めた。こうした宣伝活動は，高級品としてのブランド確立を目指した戦略であると考えられる。

　2011年には，中国で最高級の女性用下着を投入した。ブラジャーが1880元（当時の為替レートで約2万3000円），ショーツが820元（約1万円）と，同社の海外販売として最も高い価格帯の商品を導入し，現地の富裕層を取り込もうとした。

　このように，AB社の設立当初から2011年までの取り組みを時系列で見てきたが，中国におけるA社の一連の戦略は，高級品路線を堅持する「高級品指向戦略」であると捉えられる。

　上記のように，AB社は，1986年の設立当初から2011年まで高価格品の製造販売に専念し，いわゆる高級品指向戦略を25年間近く遂行してきた。このフェーズでは，体格調査の計測手法やデータ解析などの技術的な知識やノウハウが現地に移転されたほか，三次元計測機器などの機械設備を扱うためのノウハウも移転された。2002年に，上海に設立した研究開発センター

がこの知識移転の主な受け皿となっていた。

3-1-2. 本国主導のブランド展開の失敗

　近年，中国を含めた新興国市場には大きな変化が起きてきた。中国において，低所得者層と中間所得者層は所得を上げてきて巨大な市場を形成しつつある。このような中国市場は，日本企業にとって戦略的重要性が大きく変わってきており，2009年ごろから大勢の日本企業（例えば，キリンHD，味の素，資生堂，ユニ・チャームなど）は「富裕層狙い」戦略から「ボリュームゾーン狙い」戦略へと転換を図っていた。AB社は，ボリュームゾーンに関して2008年から認識し始め，2012年に，価格をAブランドより6割安くした20代，30代の女性向け専用の新ブランド（ABブランド）を立ち上げ，従来の高級品戦略から低価格品戦略へと戦略の修正を行った。

　実は，AB社が本格的にABブランドを立ち上げる前の段階として，A社は中国におけるボリュームゾーン市場を開拓するために二つの取り組みを行っていた。

　一つ目の取り組みとして，A社は2008年にAブランド以外にBブランド[8]を中国展開して，20代の若者向けの商品としてAブランドと同じく百貨店を主な販売チャネルとしてブラジャーを300元ぐらいの価格で売り出した。Bブランド商品に関しては，一部をAB社で生産して，一部は日本から輸入する形態をとった。Bブランド商品は，百貨店を主な流通チャネルにしたために値段が高かったので，20代向けの商品は予想以下の売上であった。この点について，AB社の副総経理は次のように述べている。

「百貨店の若者向けという意味では，20代の若者向けの取り組みはしてきたと言える。しかし，西単（北京市の地名）にある中友（百貨店の名前）とか割と若者がいくような百貨店では売れたけど，そうではないところではなかなか売れない。儲からないからやめることにした。」

　結局，Bブランドの値段の高さ，そして中国と日本の20代の若者の好み

---

[8] Bブランドは，日本国内でA社が展開しており，主に若者向けに販売されるブランドである。

の違いなどによって，Bブランドの中国展開は失敗に終わった。

　二つ目の取り組みとして，A社が2010年にAブランドとBブランド以外にCブランド[9]も中国展開していた。このブランドもBブランドと同じく20代の若者向けの商品として位置づけられ，直営店とネット販売を主な販売チャネルとして売り出した。商品の大部分は日本から輸入するため，価格が日本よりやや高くなってしまい，平均すると240元前後であった。展開当初，上海市内で3店舗をオープンし，これを皮切りに中国展開を一気に推し進めていこうとしたが，価格の設定が現地のニーズに適合していなかったため，中国市場から撤退してはいないが，販売は順調とは言えない状態にある。

3-2. 第二フェーズ：現地主導の知識創造と知識移転

　本国主導で行ったブランド展開である二事業のうち一つは失敗し，もう一つは低迷していたため，価格を安く抑えたボリュームゾーン向け専用ブランドを立ち上げる必要があった。そのとき鍵となったのが，「モールド」という本国から導入された知識とその活用である。モールドとは，ブラジャーのモールドカップ[10]のことで，ABブランドの低価格製品を製造するときのベースとなるものである。Amit and Schoemaker（1993）の資産の定義によれば，モールドはA社のストック資源であるため，本章はモールドを技術的資産とみなす。

　以下では，ABブランドの低価格製品開発の具体的な取り組みを，モールドを利用した知識の創造と活用を中心に論じる。その取り組みを取り上げる前に，新商品にAブランド名をつけなかった理由，Aブランド商品とABブランド商品の違いと，新ブランドを立ち上げることになった経緯を説明する。

---

[9] Cブランドも，日本国内でA社のグループ会社が展開しており，主に若者向けに販売されるブランドである。
[10] 「モールドカップ」とは，表面の装飾がなく，アウターにひびかないデザインのブラジャーの総称である。モールドカップブラのカップは，熱加工処理によって立体的で丸みのある綺麗なバストの形に成型してあるのが特徴で，ワイヤー入りとワイヤーなしの両方に対応できる。（複数の下着メーカーのホームページの情報をもとに著者編集）。

3-2-1. Aブランド名と違うABブランド名を付けた理由

　新商品にAブランド名をつけてしまうと，Aブランド商品の品質基準を守らないといけなくなるため，低中価格帯の商品としては，品質基準が必要以上に厳しくなり，また，リードタイムも長くなるため，ターゲット顧客にマッチした価格の商品を提供できなくなってしまうからである。

　新興国市場とりわけボリューム・ゾーン市場において，日本製品にしばしば指摘される問題は，「製品が過剰品質で価格が高い」ということである。つまり，日本製品は現地市場で求められる品質レベルよりも高い品質を提供しており，それにより価格も高くなるという問題である。ABブランド商品は，日本の量販店などに商品を卸しているA社のグループ会社の品質基準を採用することによって，過剰品質を回避し，適正品質を実現したのである。

　また，低価格製品にAブランド名を付けることによって，Aブランド商品の品質やブランドを損なうようなネガティブな影響が懸念されるため，あえてAブランドとは一線を画してABブランド商品を立ち上げた。

3-2-2. Aブランド商品とABブランド商品の比較

　Aブランド商品とABブランド商品の違いについて，Aブランド商品とABブランド商品を作る際，使用する材料が異なっている。高価格品からより安価なものを作るためには，企画，材料，生産工場など様々なことを変更する必要がある。しかし，AB社は中国でABブランド商品を開発するまで高級品に専念しており，低価格品を作る能力の蓄積があまりなかったため，新たに開発する必要があった。通常，Aブランド商品は白紙状態から企画，デザインし，パターンを作り，材料も最初から選んでAブランド商品を作れる工場で縫う。ABブランド商品の場合は，簡単に言うと，Aブランド商品の技術を使ったディフュージョン版として生産している。詳細な内容に関しては具体的な取り組みのところで説明する。

3-2-3. 新ブランドの立ち上げの経緯

　2007年当時，中国には百貨店で販売する300元以上のブラジャーと，量販店や路面店で販売する50元のブラジャーの両極端しかなかった。AB社は百貨店チャネルを中心に平均単価300元のブラジャーを販売し，事業も順

調に成長していたが，当時の状況について，AB社の統括部長は違和感を，次のような表現で示した。

「何かがおかしい。こんな状態が続く訳がない。」

違和感を感じた理由の一つは価格であった。中国の百貨店ブラジャー300元という価格（当時のレートは15円／元で）は日本円に直すと約4500円になり，当時日本で販売しているブラジャーの平均単価は5000円で中国とほぼ同じであった。当時日本と中国では物価が4～5倍も違うのに，ブラジャーの価格が同じというのは異常な状態であった。

二つ目の理由は，流通チャネルの変化において中国も日本と同じ現象が起こるという推測があった。つまり，日本には百貨店より手ごろな価格の普及版モデルがショッピングモールで販売されるようになったように，中国でも百貨店からショッピングモールへ消費者が移っていくと予想した。そして，それらに加えて中国全体の所得上昇に伴う中間所得者層の増加があった。特に，トレンドに敏感な80年代生まれ世代の台頭など，新たな流れが出てきていた。

これら三つの傾向から，中国では必ず100～200元の価格帯のブラジャーが主流になると確信した。しかも，当時中国で100～200元ブラジャーの市場は，強力な競合相手のいない空白地帯であったため，未開拓の大きな隙間市場を狙い，ボリュームゾーン市場向けの新ブランドを立ち上げることを決断した。その当時の情況を振り返りながら，AB社の統括部長は次のように述べていた。

「これはいける。この波に乗り遅れるとA社は中国で将来はないと思い，新ブランドを立ち上げることになった。」

2009年にボリュームゾーン向けブランドの立ち上げの話を持ちかけたときに，現地の総経理は支持を示したが，ローカルスタッフは「この人，おかしくなったのではないか」と反対をしていた。なぜかというと，当時はバブル状況で特別なことをやらなくても普通に生産販売しているだけで年成長率

が1.4倍，1.5倍と売れた時代であったためである。このような抵抗を押し切って，中国事業責任者である総経理が決断をして，2010年に日本本社の副社長と専務に相談を持ちかけ，同意を得て事業の開始が決まった。

3-2-4. ABブランド商品の開発

ABブランド品の開発における具体的な取り組みを三つに分けて説明する。

第一に，AB社は，中国で2010年ごろにキャンペーンとして販売した商品の中で，大ヒットした商品のモールドのカップを利用して安く生産できる仕組みを構築した。そのモールドは，日本本社A社が開発したもので，AB社が中国研究開発センターで収集した中国人女性の体形データに基づいてモールドをアレンジし，中国で販売するAブランド商品に使っており，それをABブランド商品に流用したものである（図Ⅲ-6-1を参照）。

ブラジャーの品質には，デザインの品質，材料の品質とフィッティングの品質の3点が重要であるが，その中で特にフィッティングの品質が重要であるとされている。ブラジャーは縫製のものとモールドのものの2種類があって，縫製のほうは工場の技術が安定しないと同じ材料と同じパターンを使ってもフィッティング性能の悪いブラジャーができてしまうため，ABブランド商品では，誰が縫っても胸の形を統一できるモールドを優先して使うことでフィッティング性能を安定させた。このように，ABブランド商品はAブランド商品の技術を流用することによってブラジャーで一番重要とされるフィッティングの品質を保つことができた。

第二に，材料の品質を抑えることと，製品のモジュール化を実現した。Aブランド商品は，基本的にすべてのデザインによってパターンと各パーツの材料を変更する。それに対して，ABブランド商品は，モールド，テープ，ストラップなど各々の基幹パーツの材料を共通材料として統一化し，しかも各パーツを標準化しており，変更して行くのは表面のデザイン部分だけにすることによって効率を上げコストを抑えた。そして，モールドのほうは縫製より簡単でしかも安価なので，ABブランド商品でモールドを使うことによって，フィッティング性能の安定化を実現しただけではなく，コストも抑えることができた。

最後は，AB社の中国研究開発センターが重要な役割を果たした。ブラジ

図Ⅲ-6-1　モールドの流れ

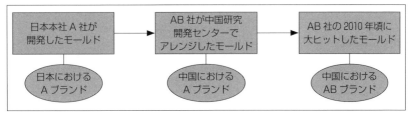

（出所）インタビュー調査により筆者作成。

図Ⅲ-6-2　Aブランド商品の製品開発プロセス

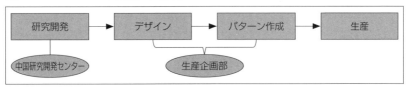

（出所）インタビュー調査により筆者作成。

図Ⅲ-6-3　ABブランド商品の製品開発プロセス

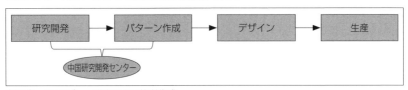

（出所）インタビュー調査により筆者作成。

ャーを生産する際，プロセスとして研究開発，デザイン開発，パターン作成，それから工場での生産という流れになっている。Aブランドの商品はこのような流れに沿って，まずは中国研究開発センターでの研究開発活動を通じてプロトタイプが作成され，次に生産企画部のデザイン部門とパターン化部門に引き継がれ，それから工場で生産するという流れになっている（図Ⅲ-6-2を参照）。これに対して，ABブランド商品の場合は，中国研究開発センターでパターンまで作成し，デザインはABブランド商品の専属デザインチームが手がけ，生産はAブランド商品を生産する工場とは異なる協力工場で生産する（図Ⅲ-6-3を参照）。

　Aブランド商品は，デザインを変えたときにパターンを全部作り直して，

フィッティングテストをするが，ABブランド商品は，中国研究開発センターでパターンを作成した後，そのパターンは基本的に変更せず使い続けており，デザイナーがデザインを手がけ，後は工場にオーダーを出すという仕組みになっている。このように，パターンは中国研究開発センターの片手間仕事で作成されてしまうため，研究所に負荷をかけることなく，無駄なコストをかけずに済むようになった。

上述のように，Aブランド商品は，基本的にすべてのデザインによって個々のパーツの材料を変え，またパターンも変えながらすべてフィッティングテストするため，開発期間が約1年かかるのに対し，ABブランド商品は，パターンとモールドなどの基幹パーツを標準化し，しかも各パーツに使われる材料を共通化しているため，デザインだけ変えることで，開発期間が3カ月ぐらいに短縮できている。このように，ABブランド商品は，Aブランド商品とほぼ同じ価値のブラジャーを6割安く顧客に提供できる仕組みになっている。

3-2-5. ABブランド商品の売場作りおよび製造販売戦略

AB社は，流行を取り入れながら価格を抑えた商品を提供するファストファッションとして，「カッコいい店舗を人が集まる場所に作り」，「毎日サプライズがあり，また来たくなる楽しい売場の雰囲気で」，「コストパフォーマンスが高く，売れる可能性の高い商品をQR（クイックレスポンス）で提供する」ということを，徹底的にこだわって磨き上げた。

まず，1号店をオープンする前に，AB社の中に実験店舗を実際に作り，本番さながらに店舗什器や商品を入替ながら，商品も含めて売場をどう作れば一番顧客にアピールできるかを研究した。

実際，出店を決める際には，店舗の前をどれぐらいの顧客が通行するのかを実測して確認した。ABブランド製品は知名度で劣っていたため，顧客の通行量がないと店舗に来てもらえないからである。広告を投入しないABブランド商品にとっては，店前通行量が絶対的に重要なポイントであった。

また，店舗作りが自由にできることも出店場所を決める条件であった。店舗のビジュアルと店内の雰囲気には徹底的にこだわった。特に中国では，顧客の五感に訴える販促が有効といわれているため，例えば，音楽をかけたり，

バラの香水を適度に使って雰囲気を盛り上げるように店舗設計を行った。それにより，自然と百貨店より自由度の高いショッピングモールへの出店が増えていった。

このような売り場作り以外にも，「売れる可能性の高い商品をQR（クイックレスポンス）で提供する」ことが重要なポイントとなる。ただ，この点について，AB社の統括部長は次のように述べていた。

「我々にも店頭に並べるまで何が売れるか分かりません。」

AB社は，何が売れるか事前には分からないことを前提に，売れたものを早く追加発注してヒット率を上げる仕組みを構築した。ブラジャーのようなインナーは（アウターと比較して），商品を作るために必要な原材料の点数が多く，その原材料の中にはレースなど調達リードタイムが長いものも少なくないため，たとえば，今年の春モノの販売が終わらないうちに来年の春モノの生産数を確定する必要がある。それだけリードタイムがあると当然，販売計画と販売実績はずれが生じたりするので，売れ残り在庫が増えるというのがこれまでのインナー業界の常識であった。ABブランド商品は，ここにメスを入れ，「QR（クイックレスポンス）」を実現した。現地で新たな製品開発プロセスを創造して製品構造を抜本的に改革し，本社のモールドを使うことによって品質を担保しながらコストも徹底的に抑え，なおかつQRで商品供給できるサプライチェーンを整備した。

このような取り組みによって，2012年に中国で立ち上げた新ブランドABブランドは，店舗当たりの来店客数が，Aブランド店舗の4倍になるほどに好調であった。客単価はAブランドの3分の1ほどであるが，売り上げは1.3倍であった。顧客の来店頻度もAブランドだと年に2回強くらいが平均であるが，ABブランドは2カ月に1回程度の頻度であった。2013年8月1日現在の中国店舗数は，6店舗（北京3，成都2，深圳1）であった。AB社の幹部は，「マス広告を一切使わない新ブランドの立ち上げとしては，順調に進んでいる」と述べている。また，2015年7月時点のインタビューの際に，本社A社の幹部は，「ABブランドは順調に店舗の数を増やしている」と述べている。

4. 考察

4-1. 事例のまとめと解釈
4-1-1. 知識移転
　A社は従来の高級品戦略路線から軌道修正し，既存製品ラインからAブランドの下位ブランドであるBブランドとCブランドの商品を，中国のボリュームゾーン市場向け（特に20代，30代の若者向け）に投入したが，現地市場開拓には功を奏していなかった。こうした製品やビジネスモデルは，新興国市場では一部の上位市場に受容されたが，全体の市場シェアは伸び悩んでいた。これは，天野（2009）の言っている，途上国のボリュームゾーン市場に幅広く浸透するためには，単なる既存のローエンド製品の持ち込みには限界があるということと合致する。さらに言うと，これは，A社が先進国市場において蓄積してきた知識を，中国のような新興国市場開拓にそのまま持ち込むだけでは通用できないことを例証している。

　また，従来の国際経営研究における本国資源の優位性の前提（Dunning, 1994）とコスト節約の論理（Rugman and Verbeke, 2004, 2005; Hennart, 2009）に起因している本国資源中心の視点に立てば，A社が当初は本国からの知識の活用を志向したことが説明できる。コスト節約志向は多国籍企業による組織内部の資源の活用を促進する。すでにストックされ希少な本国資源を活用することにより新興国市場への適合を試みる方法はオプションとしてあり得るが，このケースが証明しているようにそれは失敗に終わった。A社は，現地学習を通じて，本国からの知識の移転が現地市場開拓に適していないことを発見しており，Bブランド商品とCブランド商品に替わる市場開拓方法として，一から新しい知識の創造に着手する意思決定を下した。

4-1-2. 知識創造と知識移転
　この知識創造に関する意思決定は本社主導ではなくて，現地経営者のイニシアティブの発揮のもとで実施された。日本人である現地経営者が中国に赴任した当時に，中国の下着市場について違和感を覚え，それを認識のレベルに留めたわけではなく，能動的に将来の市場動向を予測しながら，ボリュー

ムゾーン向けの新ブランドを一から立ち上げることを決断した。意思決定を下すまで，ローカルスタッフの反対など様々な抵抗があったが，このような抵抗を押し切り，本社からの同意を得て事業を始めることが決まったということは，日本人である現地経営者のイニシアティブの発揮が重要な役割を果たしたと考えられる。

これをきっかけとして，AB社は新しい能力の開発に踏み切った。AB社は，新しい商品を「モジュール製品」として再設計し，「モジュール製品」として一番重要なフィッティング性能を保つために，自社の過去に成功した実証済みの経営資産であるモールドを流用している。ABブランド商品に使われたモールドは，もともと日本本社A社が開発したもので，それをAB社が，中国人女性の体形データをもとにアレンジしたものとなる。ここで注意したいのは，まったく一からモールドを開発する能力と，すでに出来上がったモールドを持ってきて中国人女性の体形データをもとに多少アレンジする能力は，全然違うレベルの能力である。日本のモールド開発能力を現地に移転してモールドを一から開発したとは思えず，モールドを移転しそれを現地向けに多少修正したとみられる。この点について，AB社の幹部は，「モールドは出来上がったものを多少アレンジした。ゼロから開発していない」と述べている。したがって，日本のモールドは少しアレンジされただけであって，モールドという技術的資産は基本的に同様であると考える。

モールドという技術的知識は，意味や内容が比較的に明確で，文書化などの形で客観的に示すことができる知識である。というのは，モールドの知識は，構成要素が記号，データ，情報などの形に転換され，体形データをインプットすれば，そのデータに最適なモールドが出来上がるようにプログラム化されているため，要素間の関係性を含めて体系的に示される。よって，モールドの技術的知識は形式知であると考えられる。しかも，製品の「モジュール化」によって，モールドは，構造的にも，他の知識や知識と関連する組織やアクターの諸要素や行動などの知識以外の要素から独立しているため，知識移転が行われやすいと考えられる。

モールドという知識の移転における現地ユニットの役割という点でいえば，現地研究開発センターが果たした役割が大きい。現地研究開発センターは中国市場向け商品の企画・生産体制を強化するために設立された組織であり，

製造面とマーケティングの両面で戦略的重要性を持つ。センターの役割は，本国から移転された知識（形式知：モールド）を現地市場向け製品の製造用に調整し，それを現地の各工場に提供することである。モールドを調整する過程は，現地で蓄積した知識（女性の体形）を本国から移転されてきたモールドに落とし込んで現地女性にフィットするモールドに仕上げるプロセスであり，製品のブランドイメージを含めて製品の価値を左右する基盤知識にあたる。いったんモールドを設定してしまうと，現地で形式知として幅広く利用することができる。

このように，モールドという技術的知識の移転，「モジュール製品」として再設計，通常本国のルーティン的な製品開発プロセスとは異なる中国研究開発センターの研究開発活動による製品開発プロセスを通じて製品開発を行った。新しい商品を「モジュール製品」として再設計することと，通常本国のルーティン的な製品開発プロセスとは異なる中国研究開発センターの研究開発活動は，新たな製品開発プロセスである。本章の組織能力と組織プロセスは同義であることによると，このような一連の製品開発プロセスは，新たに開発された組織能力としての知識であり，現地における組織学習論の「探索」によるものであると捉えられる。

その製品開発プロセスの中で，製品の「モジュール化」は，アーキテクチャ論[11]の視点から見れば大きな変化を遂げている。Aブランド商品は，すべてのデザインによって個々のパーツの材料を変え，パターンを全部作り直して，フィッティングテストをする。そういう意味でAブランド商品は「インテグラル製品」であると言える。これに対して，ABブランド商品は，パターンが一旦決まれば変更せずに使い続けるため，「モジュール製品」であると言える。そのモジュール化の前提になるものが，基幹パーツの標準化とその材料の共通化である。このように，製品アーキテクチャをインテグラルからモジュールに変更することによって，コスト優位性を実現した。

上記のように，現地における新しい能力の開発に対して，新興国市場開拓

---

[11] アーキテクチャとは，製品や工程の基本設計思想である。製品や工程を複数の構成要素からなるシステムと考えたときに，これらものづくりの根幹となるシステムの分節や連結をどう設計（デザイン）するかという基本設計思想が存在し，そのことをアーキテクチャと呼んでいる（藤本・武石・青島, 2001）。

であっても，資産の市場横断的な利用の可能性は排除できず，企業の過去の優れた資産の利用可能性は十分あり得る。新商品開発における「モールド」の流用がこれを例証している。

よって，RBVにおいて議論されてきたように，AB社は本国の技術的知識である「モールド」，つまり，フィッティング性能を新商品開発に流用することによって，ブラジャーという製品にとっての一番大事なフィッティング性能を保つことが可能となり，新ブランドの品質の優位性と安定性を実現することができた。本国の資産は，低価格品戦略の成功に重要な役割を果たす要素であると解釈できる。

このように，「モジュール化」と「ルーティン的ではない現地研究開発活動」のような新しい能力の開発（知識創造）と，本国の技術的資産のような既存資産の利用（知識移転）との結合によって，新しい製品開発プロセスが生まれ，新ブランドの創出が実現された。新しい知識の創造と本国からの知識移転の結合によって新たな能力が開発されており，組織学習論の「探索」の成果と考えられる。ただ，ここで注意したいのは，新しい知識の創造と本国からの知識移転の関係は，現地で新しい知識の開発があってからの本国からの知識移転という関係になる。つまり，現地における「モジュール化」と「ルーティン的ではない現地研究開発活動」のような新しい知識の開発がなければ，本国の技術的知識であるモールドの利用はなかったと思われる。さらに言うと，新しい知識創造と本国からの知識移転との関係について，現地における一から新しい知識を開発するプロセスの中で，本国の優れた資産ストックの中から現地で使用できる知識を移転するということである。

5. 結論

本章では，新興国市場戦略の高級品志向戦略から低価格品戦略へ転換する際に，海外子会社での新たな知識創造と親会社から海外子会社への知識移転について分析した。ケースの分析から，海外子会社は，①過去の成功した技術的資産の流用（知識移転），②通常のルーティンに乗らない現地研究開発センターの開発活動（知識創造），③モジュール化の実施（知識創造），という製品開発プロセスを通じて海外子会社の能力が開発されてきたことが明らかに

図 Ⅲ-6-4　知識移転と知識創造の全体像

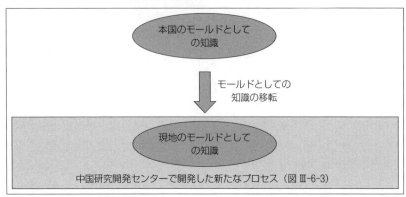

（出所）インタビュー調査により筆者作成。

なった。現地経営者のイニシアティブの発揮の下で，本国の技術的資産（資産としての知識）の移転を，中国研究開発センターにおける「モジュール化」と「ルーティンではない研究開発活動」といった新しい知識の創造プロセスの中に位置づけることによって，新ブランドの創出を実現した（図Ⅲ-6-4を参照）。

　当初，企業は本国資源の優位性とコスト節約志向に基づき，本国からの知識移転を優先し現地市場開拓を試みたが，現地学習を通じて，本国からの知識移転が現地市場開発に適していないことが判明し，その後現地において一から新しい知識の創造に踏み切り，それをベースに本国の既習知識を移転することによって，市場に適合する資源を動態的に構築したことである。

第7章

海外子会社における知識継承
──前任者と後任者の引き継ぎに注目して

服部泰宏

1. はじめに[1]

　国境によって分断されたマーケットをまたぐ多国籍企業（multinational corporations: MNCs）というプレーヤーが存在する理由は，分断された無数のプレーヤーの外部取引に委ねるよりも，統一的な1つの組織内部で知識を摂取し，移転する方が，より取引費用を削減できる点にある（Williamson, 1985）。放っておけば無数のエリアに分散，偏在することになる知識を統一的な視点から統合し，必要に応じて，そうしたエリア間での知識の移転を行う点に，多国籍企業の重要な意義があるのである。その意味で多国籍企業を，企業内の複数ユニット間あるいは個人間の資本，製品，知識の取引ネットワークとみなすことができる（Guputa and Govindarajan, 1991）。

　多国籍企業内サブユニット間における知識移転（knowlede transfer）の問題は，これまで多くの研究者の関心を引きつけ，多くの知見を蓄積させてきた（Guputa and Govindarajan, 1991; 2000）。多国籍企業における知識移転に関わる研究においては，海外子会社間あるいは本社と海外子会社との間では，知識の移転がどのように起こり，それを妨げたり促進したりする要因には何があるのか，といった点が理論的，実証的に検討されてきた（Guputa and Govindarajan, 1991）。そこで指摘されてきたのは，組織内に存在する情報や知識には，そもそも容易に他所へと移転できない性質があること，種々の組織的あるいは個人的な要因ゆえに，そうした移転が阻害されるということであ

---

[1] 本研究のアイディアに関しては，横浜国立大学大学院修士課題の岡本和之（2017年10月時点）とのディスカッションに多くを負っている。ここに感謝を記したい。

った。国際人的資源管理の研究では，この点を踏まえて，知識の移転手段として，人材そのものの移動ということが議論されてきた。海外赴任者が，本国から派遣先へ，そして派遣先から本国へと越境することによって，本国から派遣先へそして派遣先から本国へと，情報・知識が移転可能になるという視点である（Black et al., 1999）。

このように一方で多国籍企業ユニット間での知識の移転というマクロレベルの研究が，他方でそうした伝達において重要な役割を果たす人材の移動に関わる人的資源管理の研究が行われてきたことになる。こうした研究の焦点を端的にいえば，技術的知識あるいは海外におけるマネジメントのベストプラクティスのように，少なくとも海外子会社内ではある程度共有がなされている知識がどのように多国籍企業ユニット間を越境するか，という点にある。

ただ海外子会社においては，現地での仕事の在り方や現地市場や取引先に関する知識のように，派遣された社員自身の業務に関わる「個人レベル」の「オペレーショナル」な知識もまた，形成・蓄積されうる。派遣された社員が現地で成功裏に業務を行うためには，このようなオペレーショナルかつ個人的な知識が，海外赴任者へと正確に伝達される必要がある。とりわけ海外子会社のマネジメントが主として本国から派遣された日本人社員によって行われ，しかもその社員が数年間の派遣期間ののちに帰任することが多い日本企業の場合（Rosenzweig, 1994），こうした情報・知識をいかに生成・保持・共有するかということが，赴任者個人の適応だけでなく，現地子会社のマネジメントの質の維持・向上という点でも重要になる。

本研究は，日系企業の海外現地法人におけるオペレーショナルな知識伝達の問題を，前任者と後任者の業務引き継ぎ（taking over between predecessor and successor）の視点から検討する。より具体的に，本研究の目的は，事業部門において同一業務に従事する前任者と後任者との間で行われる業務の引き継ぎを，2者間での知識の移転（knowledge/information transfer）と捉え，それがどのように起こるのか，そしてそれは何をもたらすのかということを，前任者と後任者のペアを分析単位とした調査によって検討する事である。なお本研究では，Wang and Noe（2010）に従い，個人，チーム，そして組織的な業績に関連する，個人によって保有された情報，アイディア，事実，熟練，そして判断を総合して「知識」と呼ぶことにする。そのため以下では，

知識（knowledge）と情報（information）やアイディア（idea）といったものを特に区別せず，知識という言葉を用いる。またここでいう知識は，認知科学でいう宣言的知識（ものごとの意味や名称，事実に関する知識，ものごとの規則や定理に関する知識）と，手続き的知識（ものごとをどう行うか，どのような段階を経て実行するかなど，方法に関わる知識）とをともに含むものとする（Anderson, 1976; 1983）。

2. 先行研究のレビュー

本節では，本研究のテーマに関連する先行研究のレビューを行う。ここでレビューの対象となるのは，大きく分けて2つの領域の研究である。まず1つ目は，多国籍企業本社内の知識移転，具体的には海外子会社，あるいは海外子会社間の知識移転の問題を扱った研究群，2つ目は，海外派遣者のマネジメントに注目した国際人的資源管理の研究群である。これらをレビューすることで，海外赴任における前任者と後任者の引き継ぎという分析視角の独自性と，その意義を明確にすること，またこうした視角から検討するべき具体的な研究課題を明確にすることを目指す。

2-1. 多国籍企業内における知識移転の問題

冒頭でも述べたように，組織内部において資本，製品，知識といった種々のリソースの移転が行われるという意味で，多国籍企業は，資本や製品や知識の取引ネットワークとみなすことができる（Guputa and Govindarajan, 1991）。とりわけ多国籍企業内サブユニット間における知識移転の問題は，多くの研究者の関心を引きつけ，多くの知見を蓄積させてきた（Guputa and Govindarajan, 1991; 2000; Szulanski, 1996）。

ただ，多国籍企業が知識移転において効率的なシステムであるということと，現実の多国籍企業における知識移転が高い効率性のもとで行われているということは別の問題であり，この点が，これまでの研究の重要な焦点となってきた。具体的に，知識移転が有効に機能するかどうかということが個々の企業の持続的な競争優位に対して直接的な影響をあたえるということを前提に，また，資本や製品など他のリソースの移転と同様，あるいはそれ以上

に，知識の移転の良し悪しが企業の成果に対して影響をあたえることを前提に，そうした知識移転がどのような要因によって促進され，あるいは阻害されるのか，といった点が理論的・実証的に検討されてきた（Guputa and Govindarajan, 1991; 2000）。

例えばこの分野の代表的な研究である Gupta and Govindarajan（1991）は，対人的なコミュニケーション研究（Krone et al, 1987）に基づき，組織内で起こる知識フローが機能するかどうかは，5つの要因によって規定されるとしている。

①知識を伝達する側のユニットが持っている知識ストックが多国籍企業内の他のユニットにとって価値のあるものである程度（知識の性質）
②知識を伝達するユニットの動機
③知識の伝達チャネルの存在と，そのリッチさ（伝達のメディア）
④知識を摂取するユニットの動機
⑤知識を摂取するユニットの吸収力

組織内の知識移転はコストフリーではないから，それが行われるためには，そこで伝達される知識が当事者にとって価値のあるものでなければならない。また仮にそれが価値のある知識だったとしても，知識を伝達する側がそれを相手に伝達する動機を持たなければ，またそれを受け取る側に十分な能力と動機がなければ，それは起こらない。このように多国籍企業内の知識移転の研究では，①知識の利用価値，②それを伝達するユニットの動機，③知識の受け手側の事情など，さまざまな理由によって組織内の知識移転が阻害されるということが指摘されてきたのである。

2-2. 多国籍企業における国際人的資源管理と知識移転

こうした点を踏まえて，国際人的資源管理理論の研究では，知識の移転手段として，人材そのものの移動が議論されてきた。

Edstrom and Galbraith（1977）は，海外派遣者の役割には3つがあるという。1つ目の役割は，知識移転の役割である。上記の知識移転の研究者も言うように，技術に関わるものであれ，組織のマネジメントに関わるものであ

れ，組織の中にある知識の中には，文章や口頭でのコミュニケーションによって容易には外部に移転できない性質を持つものが多い（von Hippel, 1994; Szulanski, 1996）。本社に蓄積された知識を海外子会社へと移転する際には，一定の困難が生じる。人員の移動は，知識を保有する人的資源そのものを移動させることによって，知識が組織間を円滑に移転することを可能にする（Delios and Bjorkman, 2000）。また海外赴任者は，こうした知識に加えて本国本社におけるフォーマル／インフォーマルな人脈も有しており，そのこともまた，知識の移転を容易にするのである。これと関連して2つ目の役割は，海外子会社からの学習の役割である。多国籍企業内の知識は，必ずしも本社から子会社へと流れるだけでなく，その反対もありうるわけであるが，海外派遣者は，1つ目と同じ理由でこうした知識の移転にも寄与する。Cassiday（2005）も指摘するように，海外子会社での経験は，様々な文化からのベストプラクティスを吸収する赴任者の能力を高めることを可能にし，そのことが本社への知識の移転に寄与する。そして3つ目が，コントロールの役割である。社員が現地にいることで，子会社とのコミュニケーションが円滑になり，派遣元である本社からのコントロールが容易になる（Peterson, Napier, and Shul-Shim, 2000）。

　このように国際人的資源管理の研究では，海外赴任者が，本社と海外子会社との知識の移転，そして本社による子会社のコントロールという点において極めて重要な役割を担っているということを指摘してきた。前者に関していえば，海外子会社と本国本社の間には，一方で本国の社員から現地社員に対する知識の移転が発生し，他方で現地の知識が本社へと移転するというフローが重要であること，しかしそうした知識は容易には組織間を越境しないことを前提に，人的資源の移動こそがそれをもたらす1つの重要な手段であるという観点から研究が蓄積されてきた。その意味で国際人的資源管理の研究は，「多国籍企業内では様々な理由により組織内の知識移転が阻害される」という知識移転研究の命題を受けて，それに対して人的資源管理の観点から1つの回答を提示してきたものと理解することができるだろう。

　社員の移動が多国籍企業内の知識移転を可能にするとして，スムーズな社員の異動はどのようにすれば可能になるのか。この点を探求してきたのが，海外赴任者の適応に関わる研究である。この種の研究では，赴任者の適応の

問題の本質は異文化適応にあるとして、それがどのような要因によって促進されたり、阻害されたりするのかということを理論的・実証的に検討してきた（Black et al., 1999）。

例えば55社298人の日本人海外派遣者のアメリカにおける適応に関わる調査を行ったTakeuchi, Yun, and Russel (2002) によれば、赴任者の全般的適合（general adjustment）に対しては、現地（での業務）に関わる事前の知識が、現地での業務への適合に対しては言語への習熟が、そして現地での他者との関わり合いに関わる適合に対しては、当人のコミュニケーション意欲（willingness to communicate）が正の影響を与えるというように、現地への適応の指標には種々のものが存在し、それぞれ先行変数が微妙に異なる。ただし、現地の諸々の事情に関する事前の知識は、派遣先の国の文化の新規性の知覚を通じて仕事への適合も高めたり、現地での他者との関わり合いに関わる適合に対しても正の影響を与えるなど、総じて、現地での様々な意味での適合にプラスの影響を与えることがわかった。

Black et al. (1991) がいうように、海外派遣とは、個人が慣れ親しんだ状況を離れ、慣れない状況と出会うということに他ならない。ここにあって個人は新しい状況において自分に何が求められているか、もはや受け入れられない／ふさわしくない行動とは何か、に関する不確実性を削減しようとする。そのため事前に入手できる知識は予期的な適応（anticipatory adjustment）にプラスの影響を与えるのである。

2-3. 日系企業の海外赴任問題

以上は多国籍企業全般の海外派遣に関わる研究であるが、日系企業に注目した研究においては、日系企業の海外赴任の特異性が指摘されてきた（白木, 2006; 大木, 2013）[2]。そこで指摘されてきた点を要約すれば、日系企業は他国の企業に比べて、(1) 海外子会社のマネジメントにおいて日本人社員（つまり海外赴任者）を多用・重用する傾向にあること、(2) 海外赴任者としての第三国国籍の人材（third country national）を活用しない傾向にあること、(3) 受け入れ派遣者が少ないこと、(4) 赴任者の在任期間が相対的に短いことの

---

[2] 日系企業の国際人的資源管理全般の特異性については、白木（2006）、大木（2013）などが詳しい。

4点になる。

　日系企業が日本人社員の海外派遣を多用・重用するという点は，1980年代から指摘されていることであり（Nagandhi and Baliga, 1979; Rosenzweig, 1994），80年代から2000年代に至るまで，海外子会社のトップだけでなくミドル層に至るまで，日本人である海外赴任者が占めているという特異性が指摘されてきた（Negandhi and Baliga, 1979; 大木, 2013）。例えば日系企業（20社），ドイツ企業（35社），アメリカ企業（47社），イギリス企業（34社）において海外派遣者の出自国と受入派遣者割合を検討した研究によれば，海外赴任者全体に占める（本社がある）本国国籍の人材の割合は，ドイツ企業が79.43%，イギリス企業が55.90%，アメリカ企業が67.41%であるのに対して，日系企業は98.76%であった（Tungli and Peiperl, 2009）。第三国国籍の人材の割合については，ドイツ企業が11.86%，イギリス企業が37.45%，アメリカ企業が23.11%であるのに対して，日系企業は0.47%，受入派遣者の割合については，ドイツ企業が8.72%，イギリス企業が6.65%，アメリカ企業が9.48%であるのに対して，日系企業は0.77%と，いずれの点で見ても，低い値となっていた（Tungli and Peiperl, 2009）。日系企業の特徴として，海外赴任者の在任期間が短いことを指摘する研究者もいる（Trevor, 1983）。上記のように赴任者の多くが日本からの赴任者によって占められるわけであるが，そうした赴任者が数年で入れ替わるため，現地社員はその度に新しい赴任者のやり方に慣れなければならないことになり，このことが現地社員のパフォーマンスを上がりにくくしている要因にもなっていることが指摘されてきた（Trevor, 1983）。

　このように日系企業においては，海外子会社の業務において，日本人社員を多用・重用しており，本国からの赴任者が子会社での主要なポジションを占めていることによる現地人材へのエンパワーメントと昇進機会の低下，本国から赴任者の派遣期間が短いことによる頻繁なマネジメント層の交代によって，現地社員のモラールが低下していることが指摘されてきた（大木, 2013）。

2-4. 先行研究の整理

　このように先行研究では，一方で多国籍企業ユニット間での知識伝達とい

うマクロレベルの研究が，他方でそうした伝達において重要な役割を果たす人材の移動に関わる人的資源管理の研究が行われてきた。ただしこうした研究において想定されてきたのは，技術的知識や海外におけるマネジメントのベストプラクティスのように，海外子会社内においてすでにある程度共有された知識が，なぜ，どのように多国籍企業間を越境するかという問題である。対して本研究が注目するのは，海外現地法人の業務に関わる「個人レベル」の「オペレーショナルな知識」，具体的には，現地法人に赴任する社員が保有する現地での仕事のあり方や現地市場，取引先に関する知識といったものである。派遣された社員が現地で成功裏に業務を行うためには，また当該社員の派遣によって派遣先の組織の業務が成功裏に行われるためには，上記の研究が想定しているような知識だけでなく，よりオペレーショナルな知識が，海外赴任者へと正確に伝達される必要がある。

　既にみたように，海外子会社のマネジメントが本国から派遣された社員によって行われ，しかもその社員が数年間の派遣期間の終了とともに異動することが多い日系企業の場合，この種の知識をいかに生成・維持するかということが，(1) 現地子会社の業務オペレーションの維持・向上という意味でも，(2) 派遣された社員自身の適応という意味でも，とりわけ重要になる。業務内容が極めて定型的なものであれば，業務マニュアルのような形で文章化しておくだけで済む（したがって業務を担当する者同士の引き継ぎが行われない）こともありうる。ところが海外赴任者が実際に担う業務の多くは，不確実性・複雑性の高いものであることが多く（Black et al., 1991），また現地の環境変化に対して敏感に反応する必要もあるため，業務マニュアルのような形で有益な知識を保持することが難しい。また海外子会社においては，本国以上に，派遣された社員に高レベルの自律性，自由裁量権が付与されることも多く，ある特定の赴任者の業務内容やそのやり方を，上司を含めた現地でのメンバーが完全に理解していることが少ないことが予想される。つまりこうした知識は，多くの場合，派遣者の頭の中にあるものであり，適切に引き継がれない場合，前任者の帰任とともにその知識は海外子会社から消失することになりやすいといえるのである。

2-5. 見過ごされてきた論点としての引き継ぎ

　上記の問題意識より，本研究では，海外赴任における前任者と後任者の引き継ぎ（taking over）に注目する。ここでは引き継ぎを，「ある職務の遂行に必要な知識を，文章，口頭，あるいはそれ以外の方法によって，その業務を担う前任者から後任者へと渡すこと（using document, verbal communication or otherwise, taking over knowledge including ideas, personal network and informational necessary for carrying out work from the predecessor to successor）と定義する。

　具体的な研究課題の導出に先立ち，本研究でいう引き継ぎと，類似概念との異同を明確にしておきたい。

　まず，組織内の知識移転の議論との異同である。多国籍企業内の知識移転に注目した Guputa and Govindarajan（1991; 2000），また組織内の知識移転一般に注目する Szulanski（1996）らが注目してきたのは，組織内ユニット間における知識のやりとりであった。対して本研究が注目するのは，特定の組織ユニットの境界から出て行く人が，その境界内に新しく入ってくる人に対して知識を受け渡すことである。つまり知識が組織ユニットの境界を跨がない状況であり，その意味で，先行研究における知識の移転とは異なる。ここでは知識のやりとりをする主体として，「ユニット」ではなく「個人」に注目することになる。また技術的知識やベストプラクティスのような知識ではなく，個人の業務遂行に関わるオペレーショナルな知識に注目する点も，こうした研究とは異なる。

　組織における知識共有（knowledge sharing）の議論との異同も明確にしておきたい。Wang and Noe（2010）によれば，知識共有とは，他者を助けたり，他者と共同で問題可決したり，アイディアを考案するために，タスク情報やノウハウを共有することを指す（p. 117）。組織ユニット内における個人間のやりとりに注目しているという意味で，これは本研究が注目する引き継ぎに近い。両者の決定的な違いは，知識の提供主がそれを相手に提供する動機を持ち合わせている程度にある。ユニット内の知識共有においては，知識の提供主と受け手が何らかの共通目標に向けて助け合ったり，協働したりする状況が想定されている。そのため知識の提供主は，その知識を相手へと伝達する動機を少なからず持つことになる。有益な知識を提供・共有することで相手の業務成果があがれば，それは提供主にとってもメリットが小さくないか

らである。これに対して引き継ぎにおいては，両者の協働が想定されていない。引き継ぎにおいて想定されているのは，前任者が何らかの理由で当該業務を離れる代わりに後任者がやってくるという状況であり，それゆえに，前任者である知識提供主は，後任者に対して丁寧な知識の提供をする動機を持たない可能性が高い。知識を提供することの直接的なメリットが，知識の提供側にないからである。

2-6. 研究課題

海外赴任における前任者と後任者の引き継ぎに関して，本研究は以下の研究課題を設定する。

研究課題1：引き継ぎの内容
日系企業の海外派遣における前任者から後任者への引き継ぎにおいて，引き継がれているものとは，一体何か。

海外赴任における引き継ぎという現象に注目した初期の研究であるため，本研究ではまず，実際の引き継ぎにおいて伝達されている知識の内容そのものを明らかにする。前任者から後任者へと引き継がれているものはなんであり，それは前任者によって意図して引き継がれたものなのか，それとも意図せざる形で引き継がれたものなのか。さらに，前任者の意図にもかかわらず引き継ぎが起こらなかったり，反対に，前任者が意図しない形で引き継ぎが起こっていたりするとすれば，それはどのような内容についてであるか。こうした引き継ぎの内容に注目するのが，1つ目の研究課題である。

研究課題2：引き継ぎの帰結
引き継ぎは，後任者の業務遂行に対してどのような影響を与えるのか。

海外赴任者の適応に関する研究によれば，現地の業務内容に関する事前の十分な知識いかんによって，赴任者の適応は大きく左右される（Takeuchi, et al., 2002）。したがってもし，前任者からの引き継ぎが過少である場合，後任者の適応時間が長期化し，本格的な業務開始までの時間も長期化しうる。反

対に十分な引き継ぎは，そうした機会損失を回避し，後任者の適応を促進すると考えられる。このように引き継ぎが後任者の業務に対して与える影響を検討することが，2つ目の研究課題である。

研究課題3：引き継ぎの先行条件
「丁寧な引き継ぎ」は，どのような先行条件によって引き起こされるのか。

　丁寧な引き継ぎが後任者の適応にプラスの影響を与えるとして，それはどのような条件によって引き起こされるのだろうか。すでに述べたように，多国籍企業内の知識移転に関する研究，また組織ユニット内における知識移転に関する研究では，(1) 知識の利用価値，(2) 伝達する側の動機，(3) 受け手の情報など，様々な要因が知識移転に影響するとされてきた。個人間の引き継ぎにおいては，いったいどのような要因がそれを促進・阻害するのだろうか。この点を明らかにすることが3つ目の研究課題である。

3. 調査デザイン

3-1. 調査対象と分析の単位

　上記の研究課題を探求するため，本研究では，日系企業の本社から海外子会社へと派遣された駐在員とその前任者に対する調査を実施した。駐在期間を終えて本社へと帰任した元駐在員（前任者），そしてその社員と入れ替えで同じポジションで当該子会社へと赴任した駐在員（後任者）のペアに注目することで，引き継ぎに関わる上記のような問題を，前任者もしくは後任者のどちらかの視点に偏ることなく，双方の視点からとらえることを目指す。
　調査の対象となるのは，シンガポール（T社，U社，W社，Y社，Z社），上海（V社），台湾（X社）に子会社を持つ7つの日系企業に所属する20ペア（40名）の海外派遣社員である。具体的に，T社，U社，V社，W社とZ社からそれぞれ3ペア，X社から4ペア，Y社から1ペアがピックアップされている。具体的に，ペアの特定は以下のように行った。まず，各企業の日本本社の人事担当者にアクセスし，調査時点で当該子会社に派遣されている派遣者とその前任者の紹介を受けた。次に，その赴任中の派遣者（後任者）にメ

表 III-7-1　調査対象企業と，調査対象ペアの一覧

	業種	海外子会社を含む従業員規模	当該子会社の所在地と主要な機能	調査対象となるペア
T社	製造業・家電・重電	30万人（連結）	シンガポール　アジア統括	①営業部門：前任者A→後任者B ②営業部門：前任者C→後任者D ③人事部門：前任者E→後任者F
U社	人材支援業	1000人（単体）	シンガポール　ASEAN地域の統括機能	④企画・営業部門：前任者G→後任者H ⑤企画・営業部門：前任者I→後任者J ⑥企画・営業部門：前任者K→後任者L
V社	製造業・建機・重機	4万5000人（連結）	上海　中国国内の統括	⑦企画・営業部門：前任者M→後任者N ⑧企画・営業部門：前任者O→後任者P ⑨企画・営業部門：前任者Q→後任者R
W社	人材支援	1000人（単体）	シンガポール，タイエリアでのサービス拠点	⑩企画・営業部門：前任者S→後任者T ⑪企画・営業部門：前任者U→後任者V ⑫経理部門：前任者W→後任者X
X社	人材支援	300人（単体）	台北　台湾内でのサービス拠点	⑬企画・営業部門：前任者Y→後任者Z ⑭企画・営業部門：前任者A→後任者B ⑮企画・営業部門：前任者C→後任者D ⑯企画・営業部門：前任者E→後任者F
Y社	製造業・家電・重電	50万人（連結）	シンガポール　アジア統括	⑰経理部門：前任者G→後任者H
Z社	人材支援	1000人（単体）	シンガポール，タイエリアでのサービス拠点	⑱企画・営業部門：前任者I→後任者J ⑲企画・営業部門：前任者K→後任者L ⑳経理部門：前任者M→後任者N

ールで連絡をとり，自身と同じポジションにあり，自身と入れ替えで日本へと帰任した前任者の氏名を確認し，それが人事の認識と一致していることを確認した。こうした手段により特定された前任者と後任者のペアが本研究の分析単位となる（表III-7-1）。

3-2.　調査方法と分析方法

　20ペア（40名）への調査は，インタビュー形式で実施し，それぞれの社員に対するインタビューは，すべて個別に行った。すべてのケースにおいて，調査時点で海外子会社に赴任中の後任者へのインタビューは現地子会社にて，すでに帰任している前任者へのインタビューは調査時点でのその社員の所属先において実施した。

　インタビューは大きく分けて2種類に分けることができる。まず1つ目は，研究課題1から研究課題2に関わる内容の半構造化インタビューである。これはT社，U社，V社の各3ペアを対象に実施したものであり，それぞれ

の課題に対応する質問事項を事前に設定しつつも，インタビューイーの話の内容に即して，質問の順番や，質問のあり方を柔軟に変更している。インタビュー内容はICレコーダによって録音し，インタビュー後に文字化し，ドキュメント化された文字データをグラウンデッド・セオリー・アプローチにより分析した。これが下記のスタディ1になる。

　2つ目のインタビューは，研究課題3を検討するための構造化インタビューである。上記の20ペア全ての前任者と後任者に対して，「後任者の派遣決定前に，前任者と後任者の間に共通の業務経験や仕事・プライベート上の交流があったか」「両者の派遣期間に重複期間があったかどうか」「担当する業務の環境は相対的に安定したものであるか」「当該企業には前任者と後任者のフォーマルの引き継ぎのフォーマットがあるか」といった事実の確認を行うためのものであり，すべての質問について，「ある（いる）」もしくは「ない（いない）」の0-1のデータを収集した。T社からZ社全てのペアについて同じ質問を投げかけることで収集した。母集団における発生件数が極めて少ない現象，あるいは本研究のように発生件数自体は多いが，（ペアリングをする必要があるという）調査手続き上，多数のサンプルを確保することが難しいような場合，大量サンプルを前提とした多変量解析による分析ができない。そこで本研究では，Ragin (1987) によって提唱された質的比較分析 (qualitative comparative analysis: QCA) を用いて，研究課題3の検討を行う。これが下記のスタディ2である。

4．スタディ1：引き継ぎの内容と帰結

　ここではT社，U社，V社の各3ペア18名へのインタビューより，海外赴任において前任者と後任者との間で引き継がれている知識の中身を特定することを目指す。インタビューは後任者，前任者の順番で行い，後任者に対してまず「海外子会社への赴任にあたって，前任者からどのようなことを学んだり，引き継がれたりしたのか」という趣旨の質問を投げかけた。またその際には，前任者からの学びなり引き継ぎが，必ずしも，ドキュメントを伴っていたり，公式の引き継ぎの場でのやりとりであったりする必要はない，ということも伝えた。後任者へのインタビューにおいては，あわせて，その

ように引き継がれたことが，海外子会社での実際の業務のどのような場面で，どのように役立ったか（あるいは，役立たなかったか）といったことをたずねた。次に，引き継ぎを行う側である前任者に対してインタビューを行った。ここでは上記の手続きによって抽出された「引き継ぎの内容」の1つ1つについて，そもそもそれらを引き継ごうという意図があったのかどうか，どのような意図を持って引き継ぎを行ったのか，ということを確認した。また前任者が引き継ぎを意図したにもかかわらず，それが後任者に認識されていないことを想定し，「そのほかに，後任者へと引き継ぐことを意図したものはあったか」ということをたずねた。

このように引き継ぎされる知識の送り手と受け手の双方にインタビューを行うことで，スタディ1では，まず両者の間でどのような知識が引き継がれているのか，前任者が引き継ぐことを意図したにもかかわらず，後任者はそれが引き継がれたことを認識していない，あるいは前任者が引き継ぐことを意図していないことが後任者に引き継がれているなど，引き継ぎの中身とそれに対する両者の認識を確認する。

4-1. 引き継ぎの内容

前任者から後任者へと引き継がれている知識の内容をカテゴリ化した結果が表Ⅲ-7-2である。今回の調査では，大きく分けて7つのカテゴリが抽出された。

まず1つ目は，「業務の内容とやり方」に関わるものであり，9ペア中5ペアでこの点に言及があった。赴任者が従事する業務がどのような中身のものであり，どのようなフローで流れていくのか，その1つ1つについて，具体的にどのようなやり方で業務を行えば良いのか，といったことを後任者へと伝達することがこれに該当する。その国の商慣行やコミュニケーションのあり方の影響を大きく受ける営業のような業務であれば，本国でのやり方と当該国のやり方の違いといった内容が伝達の範囲に含まれてくる。人事労務の場合には，その国の採用慣行の違いや労働者の就業意識の違いといったことが，引き継ぎの中身に含まれていた。

2つ目は，「業務上の懸案事項」である。9ペア中7ペアにおいて，これに関わる引き継ぎが行われていた。海外子会社が抱えている業務上の課題，

より典型的には，その赴任者が抱えている業務上の課題に関する引き継ぎであり，例えば，未解決の顧客トラブルや，問題を抱えた社員に関する情報などがこれに含まれる。「業務上の内容とやり方」の引き継ぎを行った全てのペアがこの点についても合わせて引き継ぎを行っていたが，M→NとO→Pの二者については，「業務上の内容とやり方」についての引き継ぎが，会社が事前に作成した業務マニュアルで代替されており，「業務上の懸案事項」だけが当人たちのやりとりによって引き継がれていた。

　3つ目は「業務上の社内人脈」[3]であり，すべてのペアにおいて，この点に関する引き継ぎが行われていた。赴任者の業務に直接的に関わる社内のメンバーを，日本からの赴任者と現地で採用した者を含めて後任者に紹介すること，また多くの場合，それぞれのメンバーとの業務上の関わり方や，場合によってはそのメンバーのパーソナリティ[4]までもが後任者に伝えらえていた。

　4つ目は，「業務上の社外人脈」である。典型的には主要な顧客や取引先の担当者であり，こうした人たちのオフィスを後任者同伴で訪問してまわったり，場合によっては食事の席を設けたりすることで，主要な顧客や取引先担当者と後任者の間の関係性を構築しようとしていた。全9ペア中7ペアで，この点に関する引き継ぎが行われていた。

　5つ目は，「主要な人脈のリスト」であり，2ペアのみがこの点に関する引き継ぎを行っていた。A→BとE→Fの両方のケースにおいて，「業務において問題が発生した場合には，○○さんに相談した方が良い」「現地の労働市場の最新動向については××さんが詳しい」というように，業務を進める上で有益な人物を一覧表のような形にして，後任者に受け渡すということが行われていた。「業務上の社内人脈」や「業務上の社外人脈」が主要な人物と直接対面させて関係を構築させることであるのに対して，こちらは直接の対面を伴わずに，主要な人脈をリストの形で引き継ぐ，ということであ

---

[3] 前任者が後任者へと紹介した社内外メンバーの中には，業務に直接関わりのない者，例えば前任者のプライベートな知人・友人，行きつけの食堂の店主といったものも含まれていた。こうした本調査では，このように当該赴任者の業務に直接的な関わり合いを持たない人脈については「引き継ぎ」の内容から除外することとした。またこうした人脈と区別する意味で，本項目と次の項目に「業務上の」という言葉を付した。

[4] 例えば「この人は，現地の大学を出て，新卒採用された人であり，日本人と現地人問わず，極めて高いコミュケーション能力を発揮しており，取引先からの信頼も厚い」といったことである。

表 Ⅲ-7-2　引き継ぎの内容

	製造業 T 社			人材業 U 社			製造業 V 社		
	A氏→B氏	C氏→D氏	E氏→F氏	G氏→H氏	I氏→J氏	K氏→L氏	M氏→N氏	O氏→P氏	Q氏→R氏
業務の内容とやり方	◎	○	◎	○	○				
業務上の懸案事項	◎	○	◎	△	△			△	◎
業務上の社内人脈	◎	◎	◎	◎	◎	◎	◎	◎	◎
業務上の社外人脈	◎	◎	◎	◎	◎				
主要な人脈リスト	◎		◎						
現地子会社の文化・風土	◎	△			△			○	
本社や他の海外支社との関わり方	◎				△				

注）ここでは，(1) 前任者がその項目を引き継ぐことを意図しており，かつ後任者がそれを引き継がれたと認識している場合には◎，(2) 前任者は特に意図していないが，後任者にはそれが引き継がれたと認識されている場合には○，(3) 前任者が引き継ぎを意図していたにもかかわらず，後任者はそれを引き継がれたと認識していない場合には△がそれぞれ記載され，(4) 前任者が引き継ぐ意図を持っておらず，後任者もそれを引き継がれたと認識していない場合にはブランクとなっている。食事会の席での何気ない会話の中で，前任者は特に意識していないにもかかわらず，後任者は「業務内容とやり方」や「業務上の懸案事項」を引き継がれたと認識している（C→D）といったことが (2)，前任者は「現地法人の文化・風土」について丁寧に説明したつもりでいたが，後任者はその内容をよく覚えていないといったことが (3) にあたる。

る。

　6つ目は，「現地法人の文化・風土」であり，9ペア中4ペアで言及があった。本国とは異なる現地法人特有の人間関係や，現地社員と日本人社員との関係性，現地法人だけに存在する不文律や，社員間の微妙なパワー関係など，本国本社で受ける派遣者研修では伝えられない定性的な内容までもが，前任者から後任者へと伝達されていた。

　7つ目は，「本社あるいは他の海外支社との関わり方」である。実際に引き継ぎが行われていたのは2ペアのみであったが，この点の重要性は他の多くのペアにおいても言及されていた。海外赴任者の多くが，派遣前に本国本

社における研修などを通じて，当該子会社が企業グループ全体の中でどのような位置を占めているのか，戦略的にどのような意味を持つものであり，現状でどのような課題を抱えているのか，といった点に関するインプットを行う。そうした知識は確かに有益ではあるが，海外に赴任した多くの赴任者たちが，それがいかに一面的であったかということに気づくようである。

> 本社で耳にした○○（海外子会社）の情報は，あくまで，本社の目から見た，本社のロジックで語られる○○なんです。とまあ，私自身がずっとずっと本社のロジックに染まりきった人間だったんですが，こちらに来て，それがとても一面的であると気づく。
> 　嘘を言っているということではなくてね。現地に来て目にしたり耳にしたリアルは，少し違うところにあるということです。例えばで言いますと，本社は「○○は本社からアイディアを貰うばっかりで，全然自分で考えない」と言うけど，現場（○○）からしたら，本社事業部がいちいち管理してくるから，自由な提案ができないんじゃないか，ってね。
> 　まあ，そういう側面が多々あるわけです。（T社B氏）

こうした点に関する引き継ぎが行われていなかった他の赴任者からも，赴任後に本社や本社と海外子会社との関係に関する見方が大きく変わったことや，本社のロジックと子会社のロジックの衝突が業務の遂行における深刻なジレンマを引き起こすことが，語られた。本社に席を持ちながら，海外子会社へと派遣され，二重の忠誠（Black et al., 1999）を期待された海外赴任者が直面する，重要な問題がここにある。

4-2. 意図せざる引き継ぎ

　ある項目に関して前任者が引き継ぎを意図したにもかかわらず，後任者はそれが引き継がれたと認識していないなど，両者の間に認識のズレが生じている可能性がある。表Ⅲ-7-2にはこの点が記されている。表Ⅲ-7-2によれば，前任者と後任者の認識のズレは，ペアによってかなり異なる。例えばA→B，E→F，Q→Rについては，前任者は引き継ぐことを意図した全ての項目が後任者にも伝わっているのに対して，C→D，I→J，O→Pでは，

前任者の意図通りに引き継がれている項目と意図通りに引き継がれていない項目が混じっている。全ての項目について，前任者と後任者の意識のズレがほとんど起こらなかったA→B，E→F，Q→Rの3ペアでは，前任者が後任者との引き継ぎに先立って，業務内容から人脈に至るまで，様々な事項に関するドキュメント化された引き継ぎ文章を作成していた。またいずれのケースにおいても，前任者と後任者の赴任期間がある程度重複するように設定されており，その期間中は，そのドキュメントを口頭での説明などで補うようにして，キメの細かい引き継ぎが行われていたのである。こうしたドキュメントの存在が，両者の引き継ぎをより完全なものへと近づけたのかもしれない。

認識のズレは，項目によっても異なる。例えば「業務上の社内人脈」や「業務上の社外人脈」については，A→B，E→F，Q→Rに限らず，全てのペアにおいて前任者と後任者の認識が一致している。人脈の引き継ぎは，前任者と後任者が同伴してその紹介するべき相手と直接的に対面する形で行われるため，両者の認識にズレが生じにくいのだろう。「主要な人脈のリスト」についても，引き継ぎを行おうとした前任者の意図通りに，後任者もまたそれを引き継がれたという認識を持っていた。いずれのケースにおいてもこれは，ドキュメントによる引き継ぎが行われていたため，認識のズレが生じないと考えられる。その一方で，「業務上の懸案事項」や「現地法人の文化・風土」などは，両者の認識が一致しているペアもあれば，不一致が見られるペアもあるというように，かなりの違いが見られる。

4-3. 引き継ぎ過少の帰結

海外赴任において前任者から後任者への十分な引き継ぎが行われないことは，後任者の赴任後の業務に対してどのような影響を与えるのだろうか。前任者からの引き継ぎを十分に受けられなかったK氏とM氏によれば，前任者からの引き継ぎが不十分であることは，赴任後の適応時間を長期化させ，本格的な業務開始までの時間を長期化させるという。

　私の場合，会社が用意したマニュアルは別として，ほとんど引き継ぎらしいことをしてもらえなかった。それはそれで勉強になったといえば

そうだけど，やはり，本格的に仕事始めるまでにかなり無駄な時間を過ごしちゃったっていう感じかな。(U社L氏)

　(派遣先である海外)子会社には，(前任者である) Mさん以外にも，結構日本人駐在員がいるんですよ。それは結構ありがたかったりするんだけど，その人たちって，意外と私というかMさんの業務のことを理解しているわけではないんですよ。上司ですら。もちろん数字だったり，お客さんとの交渉がどうなっているっていう，ざっくりしたことは共有してますよ。上司ですから。でももう少し突っ込んだところはMさんしか理解していないわけなんですよ。そういう部分ですよね，引き継ぎ(が重要になるの)って。私の場合，「君ならできるよね」っていって，そこらへんをあまり丁寧に教えてもらわなかった。教育的な配慮でしょうけれどね，迷走しましたよ。推測も含めて言わせてもらうと，前任者が私と同じような赴任したてのときに考えたことを，もう一度，4年後に私が考えてるっていう感じ。全てが無駄とは言えないですけど，無駄は確実にある。(V社N氏)

　表Ⅲ-7-3は，前任者からの十分な引き継ぎが行われなかった場合(少なくとも，当人がそう認識した場合)に，後任者がそれをどのように補完しようとしたのか，つまり引き継ぎの代替手段をまとめたものである。表中に黒で塗られた部分は前任者からの十分な引き継ぎが行われており，フォローがそれほど必要ではなかった項目であり，それ以外の部分には，引き継ぎが何によって代替されたかが記載されている。ここで「実地」とは，後任者が実際の業務を行う中で知識の不足を自ら補ったことを，「マニュアル」とは担当者が知っておくべき当該業務についての知識を記載したドキュメントを前任者ではなく海外子会社あるいは本社が用意した場合を，「現地社員」とは，知識の引き継ぎが，前任者の帰任後にも現地に残っている現地社員(日本人赴任社の場合もあれば，現地採用の外国人社員の場合もある)によって補完されたことを表す。

　この表によれば，前任者からの引き継ぎが十分に行われなかったとき，それは主として個人の実地での学習によって補完される。L氏とN氏の語り

第7章　海外子会社における知識継承　**183**

表 Ⅲ-7-3　引き継ぎの代替手段

	製造業T社			人材業U社			製造業V社		
	A氏→B氏	C氏→D氏	E氏→F氏	G氏→H氏	I氏→J氏	K氏→L氏	M氏→N氏	O氏→P氏	Q氏→R氏
業務の内容とやり方						実地+マニュアル	実地+マニュアル		
業務上の懸案事項				実地	実地	実地	実地	実地	
業務上の社内人脈									
業務上の社外人脈						実地+現地社員	実地+現地社員		
主要な人脈リスト		実地		実地+現地社員	実地+現地社員	実地	実地	実地	実地
現地子会社の文化・風土		実地	実地	実地+現地社員	実地+現地社員	実地+マニュアル	実地		実地
本社や他の海外支社との関わり方		実地	実地	実地	実地	実地	実地	実地	実地

にあるように，後任者は相当程度の時間を費やして現地での業務に適応しようとする。その一方で，現地社員からの伝達やマニュアルなどは，前任者からの引き継ぎの代替物となりにくい。「業務内容とやり方」や「現地法人の文化・風土」についてはK→LやM→Nなど，一部のケースでマニュアルによる代替が発生しているが，その他については，（少なくとも後任者の認識に関して言えば）既成のマニュアルは後任者にとって重要な知識の源とはなっていない。「業務上の懸案事項」「本社や他の海外支社との関わり方」「主要な人脈リスト」などの知識は，現地子会社に現地社員がいればその人たちを通じて，それがない場合には，後任者自身の実地での学習のみによって，後任者にもたらされている。この場合，N氏がいうように，前任者が過去の時点で獲得した知識を，数年後に，後任者が時間をかけて獲得しているという意味での重複投資と，本来であれば業務の遂行に充てることのできる時間が，現地への適応に充当されているという意味での機会損失が，発生してい

る可能性が高い。

4-4. 引き継ぎ過剰の帰結

　このように引き継ぎの過少は，少なくとも短期的には赴任者の努力と時間の重複投資と機会費用をもたらすが，インタビューにおいては，過剰な引き継ぎもまた問題となりうることが確認された。それは後任者の学習機会（前任者の業務を相対化する機会など）を奪い，長期的な学習という別種の機会損失を生み出すという形で表出する。

　　海外赴任者って，いままでのキャリアを引っさげて，新しい場所で新しいことに取り組むっていう面もあると思うんだけど，何から何まで用意されてしまうと，それがかえって制約されてしまう。あれ，あまりイノベーティブにやらないほうがいいのかなって。
　　難しいですよね。（T 社 F 氏）

　F 氏の前任者である E 氏は，F 氏への引き継ぎ事項を詳細にドキュメント化し，30 日以上にも及ぶ引き継ぎ期間（赴任の重複期間）を通じて，極めてきめ細かい引き継ぎを行った。それは F 氏の現地での業務をスムーズに開始するにあたって極めて大きな貢献をしたわけであるが，他方でそれが，業務のやり方を考えたり，現地の主要な人物を見極めたりする必要性を最小化し，F 氏自身の裁量の余地を大幅に縮小することにつながってしまった。
　同じく丁寧な引き継ぎを受けた R 氏は，前任者から引き継がれた「主要な人物のリスト」を例に，以下のように語っている。

　　（前任者は）とても丁寧な人だったからね。大変ありがたかった。ただ，まあ，贅沢と言われたらそれまでだけど，もうちょっと適当でいいですよっていうのもある。「この人が主要人物だよ」って言われると，もうそういう風にしか見れなくなってくるんですよね。（V 社 R 氏）

　両者のケースは，過少な引き継ぎが重複投資と機会損失をもたらし，引き継ぎの過剰は，後任者の長期的な学習と成長を阻害しうる，というジレンマ

を示している。

5. スタディ2：「ドキュメントを伴う丁寧な引き継ぎ」の先行要因の分析

　スタディ1の分析によれば，インタビューを行った全9ペアの中で，ドキュメントを伴う引き継ぎが行われていたのは，A→B，E→F，Q→Rの3ペアだけであった。すべての後任者と前任者ペアにおいて「ドキュメントを伴う引き継ぎの実施」が行われるのでないとすれば，そしてこれが前任者と後任者の間のスムーズかつ十分な知識伝達に寄与するのだとすれば，こうした差が一体なぜ起こるのかということが重要になる。ドキュメントを伴う引き継ぎが，どのような先行条件，あるいは先行条件の組み合わせによってもたらされるのだろうか。20ペア40名への構造化インタビューによりこの点を明らかにすることが，スタディ2の目的である。

5-1. 質的比較分析について

　そのために本研究では，QCAを用いる。QCAは，Ragin（1987）によって提唱された分析手法であり，社会現象における事例を複数の特性の組み合わせとしてとらえ，事例間の類似と差異を体系的に検討することを可能にする手法として，社会学や政治学の世界を中心に注目を集めている（Rihoux and Ragin, 2009）。ある事象の帰結がすでにわかっており，それを数量的に把握することができるような場合，しばしば用いられるのは，回帰分析をはじめとする多変量解析であるが，すでに述べたように，本研究のように少数サンプルの場合，多重共線性や自由度の問題に対して極めて脆弱になってしまう[5]（Rihoux and Ragin, 2009）。このように，研究者が観察しうる事象に該当する事例数が「小規模Nもしくは中規模Nの研究デザインにおいて，1つの事例内の複雑性を適切に扱うのと同時に，体系的な事例間の比較を可能にする」（Rihoux and Ragin, 2009, p. 3）のがQCAである[6]。以下では，最もベーシックなクリスプ・QCA（以下，csQCA）を用い，「ドキュメントを伴う引き継

---

[5] 投入する原因条件の数についても，注意が必要である。経験的な慣例としては，事例数が10から40未満の場合には条件数を4から7程度に抑える必要があるとされているため（田村, 2015），本研究でもこれに従うことにする。

ぎの実施」を行ったペアを 1, それ以外のペアを 0 とし, これを分析における結果 Y とした上で, そうした違いをもたらす要因を特定することを目指す。

5-2. 2値のデータ表の作成

分析のためには, 原因条件の選定, ベースとなる 2 値のデータ表の作成, 真理表の作成という 3 つのステップを踏む必要がある。

まず分析において投入する原因条件を設定する必要がある。原因条件となる変数の設定に関して, 本研究では, Amenta amd Paulsen (1994) がいう帰納的アプローチとパースペクティブ・アプローチを併用する。海外赴任における「ドキュメントを伴う引き継ぎの実施」という現象に関して, 直接的に参照することのできる先行研究はない。その意味で以下の分析における先行要因の特定は, ある程度, 事例に関する知識と洞察に基づいて行う必要がある。これが帰納的アプローチの考え方である。ただ, 先行研究のレビュー部分で述べたように, 組織ユニット間, あるいは個人間の知識伝達や共有に関わる研究はすでにある程度存在し, そこからは前任者と後任者という個人間の知識の伝達を促すであろういくつかの要因を演繹的に導出することはできる。このように, 当該現象に関する理論が完全ではないにしても一定程度ある場合に有効なアプローチが, パースペクティブ・アプローチである。以下で示すそれぞれの先行要因は, このいずれかによって導出されたものである。

具体的に, 本研究が原因条件として想定するのは, 以下の 6 つである。

5-2-1. 業務環境の安定性

多国籍企業研究に限らず, 2 者間の知識伝達に関する研究においては, 2 者間での知識の伝達は当事者にとってコストフリーではなく, それが起こるためには, そうすることが当事者にとって価値があるものである必要がある

---

[6] とはいえ, 少数事例と多数事例の明確な区別が存在するわけではなく, Ragin (1987) は小規模 N (small number) とは 2 事例から 15 事例まで, 中規模 N (mediam number) とはこれを超える 15 から 100 事例程度を指すとしているのに対して, Wagemann (2014) は, 一桁の事例数を少数事例, 10 から 30 程度を中程度, それ以上を多数事例 (large number) としている。いずれに基準をおいても本研究のサンプル数は小規模ないし少数事例に相当する。

ことが示されている（Krone et al., 1987）。例えば知識を伝達する側である前任者が持っている知識ストックが後任者にとって利用価値があると知覚されれば，前任者は知識を伝達することに対してコストを支払う可能性がある。反対に，自身の保有する知識ストックが後任者にとって価値がないと知覚されれば，前任者はそうしたコストを支払おうとはしないだろう。

では，前任者が保有する知識が後任者にとって価値があると知覚されやすい状況とはどのようなものだろうか。本研究が想定するのは，業務環境の安定性である。Szulanski（1996）によれば，環境の不確実性が高く，物事の成功／失敗の正確な原因が不明確であるとき，特定の状況におけるやり方を他の状況に移転することがむずかしくなる。このような状況下では，原因 X と結果 Y の関係性が不安定になり，ある時点において Y の原因であった X が，別の時点ではそうならない，というようなことが起こる。このような事態を当事者自身が認識しているとき，前任者はコストを支払ってまで後任者に丁寧な知識の引き継ぎを行うことをしなくなると考えられる。

この点を捉えるため，構造化インタビューにおいては，前任者と後任者双方に対して「あなたが赴任期間中に従事していた（いる）業務環境は，総じて，変化が激しいか」という質問を行っている。この質問に対して，双方が「安定したものである」と答えた場合に 1，どちらかが「不安定である」と答えた場合には 0 とした。

5-2-2. 前任者の帰任先

多国籍企業内組織ユニット間の知識移転の研究（Guputa, and Govindarajan, 2000），そして組織内における知識共有の研究（Wang and Noe, 2010）のいずれも，ユニット（個人）間で知識の移転や共有が起こるかどうかには，それを伝達する側の動機が極めて重要な意味を持つことを指摘してきた。例えば多国籍企業内の知識移転研究においては，伝達する側に，それを行う何らかの動機が必要であることが示されてきたし（Guputa, and Govindarajan, 2000），知識共有の研究においても，それを行うことのメリットが大きい，あるいはコストやデメリットが小さく知覚されるほど，知識の共有が起こりやすいとされてきた（Wang and Noe, 2010）。

前任者から後任者への知識の伝達という文脈においても，同じことが言え

るのだろう。本研究では具体的に，2つの動機的な要因を想定する。1つ目は，前任者が丁寧な引き継ぎを行ったかどうかということが，帰任後に重要な利害関係者に対して顕在化するかどうかということである。日本企業においては，海外赴任者が，帰任後に海外赴任中の所属部門（つまりその人の海外赴任を決定し，赴任中に管理を行う直接の主体である部門）とは異なる部門へと配属されることが多い。この場合，後任者を派遣した部門であり，派遣中の後任者の所属先とは異なる部門へ，前任者が配属されることになる。このとき，仮に後任者が本社の所属長に対して，前任者の引き継ぎの不備を報告するようなレポートを送ったとしても，後任者にとってはそれほど大きな問題とはならないだろう。反対に，前任者が帰任後も同じ部門に所属し，したがって後任者のレポートラインと同じ部門へと帰任するのであれば，前任者は後任者に対して丁寧な引き継ぎを行う動機を持つことになる。そこで本研究では，前任者の帰任後の所属部署と，後任者の赴任中の所属部署（海外子会社の管轄部署）が一致しているかどうかをたずねた。両者が別の場合には1，一致している場合には0とした。

5-2-3. 親密な人間関係

もう1つ，前任者にとって，丁寧な引き継ぎを行う強い動機を提供すると考えられるのが，後任者との親密な関係性である。例えば後任者が過去に同じ職場で働いた同僚であったり，過去の時点でともに業務を行った経験があるものであったり，あるいはプライベートでも関わり合いのあるものであった場合，その人に対して，丁寧な引き継ぎを行う可能性がある。本研究では，前任者と後任者双方に対して，後任者の派遣が決定する段階で両者の間に業務上／プライベート上のつながりがあったかどうかということをたずねている。つながりがある場合には1，ない場合には0としている。

5-2-4. 公式／非公式の引き継ぎフォーマット

上記の5-2-2.と5-2-3.が前任者にとっての引き継ぎを行うことの動機を強める要因だとすれば，以下の2つは，引き継ぎを行うことに伴うコストを削減することに関わる要因である。

本国への帰任時に，赴任者は，当該業務を離れることに伴う種々の準備に

加えて，帰国後の本国での業務の準備や引っ越しの手続きなど，極めて多くのタスクをこなさなければならない。またこのように「離れること」に伴う幾つかのタスクに加えて，帰任者には，本国本社に「復帰すること」に伴う幾つかのタスクも発生する。派遣者の帰任に関する研究では，海外派遣されたアメリカ人の60％，日本人の80％が，帰任後に何らかの不適応を起こしている（Black et al., 1999）。不適応の深刻さは派遣時に派遣先の国で感じるものよりも，むしろ帰任後のそれの方が大きいという主張すらある（Black et al., 1999）。こうした中で，帰任が決定した前任者は，スムーズに本国へと帰任するために，本国本社に関する情報を自ら集めたり，家族に対するケアを行ったりするなど，帰任に先立って様々な事前の準備をしておく必要があるのであり，これらが極めて多くの時間的負荷と認知的負荷をもたらす（Black et al., 1999）。

後任者への引き継ぎというタスクはこのような状況の中で行われるため，前任者がそれを行うには，当人にとって引き継ぎ業務のコストが低く知覚されるような状況が必要となる。その点，企業が指定する公式のものであれ，社員の間で用いられている非公式のものであれ，業務の引き継ぎのフォーマットが存在する場合，前任者にとって引き継ぎを行うコストは低く知覚されるだろう。例えば前任者が，その人自身の前任者（前任者の前任者）から，ドキュメントを伴う丁寧な引き継ぎが行われている場合，本人はそのフォーマットを使って，そこに自分自身の経験を基にした微調整を加えることで，引き継ぎの資料を作成することができるだろう。反対に，そうしたものがなければ，前任者はそうした資料をゼロから作成しなければならず，そのことが，本人にとって引き継ぎを行うコストを極めて高く知覚させるはずである。

本研究では，前任者に対して，同社あるいは同社の海外子会社内において，前任者から後任者へと業務に関わる知識を引き継ぐための公式・非公式のフォーマットが存在するかどうかということをたずねている。それがある場合には1，ない場合には0としている。

5-2-5. 前任者と後任者の派遣期間の重複

最後に注目するのが，両者の派遣期間の重複である。企業の中には，両者の間の引き継ぎを目的として前任者と後任者の派遣期間を重複させるところ

表 Ⅲ-7-4　2値のデータ表

ペア	Yドキュメントを伴う引き継ぎの実施	X1 前任者と後任者の重複期間がある	X2 前任者の帰任先が後任者の配属元と別	X3 公式/非公式のフォーマットが存在	X4 業務の安定性	X5 親密な人間関係
A→B (T社)	1	1	1	1	1	1
C→D (T社)	0	1	1	0	0	0
E→F (T社)	1	1	1	1	1	1
G→H (U社)	0	1	1	0	1	0
I→J (U社)	0	1	1	1	0	0
K→L (U社)	0	1	0	1	1	0
M→N (V社)	0	0	1	1	1	0
O→P (V社)	0	1	1	1	0	0
Q→R (V社)	1	1	0	1	0	0
S→T (W社)	1	0	0	1	0	1
U→V (W社)	1	0	0	1	0	1
W→X (W社)	0	0	0	1	1	0
Y→Z (X社)	1	0	0	0	1	1
a→b (X社)	0	1	0	1	0	0
c→d (X社)	1	1	0	1	0	1
e→f (X社)	1	0	0	0	0	1
g→h (Y社)	1	1	0	1	0	1
i→j (Z社)	0	1	1	1	0	0
k→l (Z社)	0	1	0	1	1	0
m→n (Z社)	0	0	1	1	1	0

がある。海外子会社の同じ場所で顔をあわせる状況に置くことによって，より多くの知識を，より円滑に引き継ぐことが目的である。

既に述べたように，帰任時に極めて高い時間的・認知的な負荷を抱える前任者にとって，自らの帰任後の業務に直接かかわらない引き継ぎというタスクへとまとまった時間を配分する動機は決して強くない。

派遣期間の重複は，2つの意味で，丁寧な引き継ぎを行う動機を前任者に提供する。まず第1に，派遣期間の重複が，丁寧な引き継ぎを行うことを本社が奨励しているメッセージとして前任者に知覚されるということである。そして第2に，後任者と直接の対面状況に置かれることによって，お互いが対面する状況がないときに比べて，相互の親密な関係が形成される可能性が高く，そのことが丁寧な引き継ぎの動機を当事者に与えるということである。

本研究では，前任者と後任者双方に対して，少なくとも6日間以上の派遣期間の重複があったかどうかということをたずねている[7]。より具体的には，前任者と後任者の重複期間が6日以上あった場合には1，それ以下であった場合には0とした。

5-3. 分析結果

まず2値のデータ表から，全20ペアのうち，ドキュメントを伴った引き継ぎが行われたのは9ペアであり，全体の半分以上のペアにおいて丁寧な引き継ぎが行われなかったことがわかる。企業で言えば，T社，W社，X社においては多くのペアにおいて引き継ぎが行われているが，U社やZ社においては，すべてのペアにおいて，それが行われておらず，企業間での分散が見られる。また比較的多くのペアにおいて引き継ぎが行われていたT社，W社，X社においても，それを行っていないペアが必ず1つはある。同一企業内においても，ドキュメントを伴った引き継ぎが行われるかどうかに関して分散が存在することを示す結果である。

ではどの原因変数が，あるいは原因変数のどのような組み合わせが，ドキュメントを伴った引き継ぎをもたらすのだろうか。

5-3-1. 分析の解

ソフトウェア fs/QCA を用いて分析した結果が表Ⅲ-7-5である。結果を具体的に読み解く前に，分析が経験的なデータによってどの程度支持される

---

[7] ここで重複期間のカットオフポイントを6日間と設定したのは，以下の理由による。まず，今回インタビューを実施した7社20ペアの中で派遣期間が重複していたのは7社15ペアである。全てのペアの重複期間を日単位で計算した平均値は11.95日，中央値は6日であった。最小値が0日，最頻値が0日，最大値が35日であることから，上記の平均値は最大値の35日に大きく影響されていることがわかる。より具体的に，各ペアの引き継ぎ期間を昇順で見てみると，最も少ないのは引き継ぎ期間0日のペアが5つであり，次に1日のペアと2日のペアがそれぞれ1つずつ，その次に6日が7ペア，7日と8日がそれぞれ1ペア，12日が3ペア，35日が1ペアとなっていた。インタビュー調査によれば，このうち重複期間が1，2日のペアにおいては，両者の顔合わせや極めて短時間のコミュニケーションが行われているに過ぎず，当該期間中に丁寧な引き継ぎ作業が行われることはなかった。したがってこれらのペアに関しては，企業側が両者の丁寧な引き継ぎを意図しているとみなすことができない。以上より，本研究では，丁寧な引き継ぎの先行要因としての重複期間のカットオフポイントを6日間と設定した。

のかをあらわす整合性と被覆度という2つの指標に注目する必要がある。いずれも，分析モデルの適合度を確認するためのものである。

　まずは整合性についてである。整合性とは，原因条件の各構成パターンが「結果」であるYの十分条件としてどの程度整合的であるかを示したものである。結果Yに対する原因として，そのXの組み合わせは検討に値するかどうかを表す指標であり，値が1であれば整合性は完全であり，0に近づくほど整合性は低い。経験的な慣例としては，この値が0.5を超えれば「半分以上は十分」，0.65以上であれば「通常は十分」，0.80以上であれば「ほとんど常に十分」だとされ，通常，探索型の研究であれば0.50以上があれば十分な整合性があるとされる（田村, 2015）。本研究の分析の場合，得られた4つの組み合わせはいずれも，0.80を超えているため，かなり整合性の高い結果が得られたといえるだろう。

　整合性にはもう1つ，解整合度という指標がある。これは解となった原因条件の構成を示す事例のうちで，結果である1を示す事例の比率を表す値であり，分析によって得られたブール式を示す事例のうち，「結果」であるYを示す事例の比率を表す。今回の分析でいえば，ブール式の条件を持つ事例の88.8889％が，「結果」である1を示すということを意味する。

　次に被覆度について見ていこう。被覆度とは，一つの原因条件やその組み合わせが，「結果」をどの程度説明するかということに関わる指標であり，これもモデルの適合度を表す。表中にある素被覆度とは結果である1を示す事例数のうち，それぞれの十分条件経路を示す事例によって占められる比率であり，例えば「X5前任者と後任者との間に業務上／プライベート上の関係がある」の列にある0.778は，「ドキュメントを伴った引き継ぎ」を行ったペアの77.8％が前任者と後任者との間に業務上／プライベート上の関係があることを表している。固有被覆度とは結果である1を示す事例数のうち，特定の経路だけによって占められる比率であり，上記の例でいえば，「ドキュメントを伴った引き継ぎ」という結果の44.444％が，「前任者と後任者との間に業務上／プライベート上の関係がある」という経路のみによって占められていることを指す。最後に解被覆度とは，結果である1を示す事例のうち，解式を示す事例が占める比率であり，これが0.888889であるということは，「ドキュメントを伴った引き継ぎ」という結果を示す事例の88.8889％

表 Ⅲ-7-5　分析の最簡解

	素被覆度	固有被覆度	整合性
X5 前任者と後任者との間に業務上／プライベート上の関係がある	0.778	0.444	0.875
x2 前任者の帰任先が後任者の配属元と別＊X4 業務環境が安定	0.222	0	1
X1 前任者と後任者の重複期間がある＊X3 公式／非公式のフォーマットが存在＊X4 業務環境が安定	0.333	0	1

解被覆度：0.888889
解整合度：0.888889

までを，このブール式が示す事例が占めているということを意味する。

5-3-2. 解の解釈

ここへきてようやく，分析結果を読み解いていくことができる。分析から得られたブール式の最簡解（the most parsimonious solution）[8]は，以下の通りになる。式中のアスタリスクは，2つの要因の組み合わせを表しており，大文字の X はその項目に該当する集合であることが「ドキュメントを伴った引き継ぎ」の原因条件であることを，小文字はその項目の空集合であることが「ドキュメントを伴った引き継ぎ」の原因条件であることを，それぞれ表している。例えば「x2 前任者の帰任先が後任者の配属元と別＊X4 業務環境が安定」は，「前任者の帰任先が後任者の配属元と同じ」状況であり，かつ「業務環境が安定」したペアにおいて，「ドキュメントを伴った引き継ぎ」が起こったことを意味する。

X5 前任者と後任者との間に業務上／プライベート上の関係がある
　＋　x2 前任者の帰任先が後任者の配属元と別＊X4 業務環境が安定
　＋　X1 前任者と後任者の重複期間がある＊X3 公式／非公式のフォーマットが存在＊X4 業務環境が安定

---

[8] 最簡解とは，QCA の分析の最終段階であり少数の原因条件の組み合わせを示すものである。fs/QCA ではこの前の段階である複雑解（complex solution）についても計算される。この複雑解に含まれる論理的に冗長な項を削減したものが最簡解であり，両者は論理的には同等のものといえる（Rihoux and Ragin, 2009）。

→ Y

つまりブール式を要約すると,「多様な入り口の設定」という革新は,

①前任者と後任者との間に業務上／プライベート上の関係がある,または,
②前任者の帰任先が後任者の配属元と同じ,かつ,業務環境が安定している,または,
③前任者と後任者の重複期間が6日以上あり,かつ,公式／非公式のフォーマットが存在している,かつ,業務環境が安定している,

場合に行われるという結果になる。

5-4. 結果の解釈

　後任者と前任者とが過去に同じ職場で働いた同僚であったり,ともに業務を行っていたり,あるいはプライベートでも関わり合いがあるもの同士である場合,前任者は後任者に対して一定の好意ないし親近感を感じやすく,そのことが,帰任前の多忙な時間をその人の現地適応をサポートする業務へと自らの時間と認知を振り分ける動機を提供するのだろう。「前任者と後任者との間に業務上／プライベート上の関係がある」の固有被覆度が0.44444であるということは(表Ⅲ-7-5),「ドキュメントを伴った引き継ぎ」をもたらす種々の要因がある中で,この結果の44.444％までをこの要因単独の経路が占めていることを指す。少なくとも本研究の対象ペアについては,他のどの要因よりも,また他の要因のどのような組み合わせより,「前任者と後任者との間に業務上／プライベート上の関係がある」という先行要因が,「ドキュメントを伴った引き継ぎ」を強く規定するという結果である。これはつまり,海外派遣において業務知識が丁寧に移転されるかどうかが,前任者と後任者の個人的な関係性の強さによってかなりの程度,規定されるということでもある。

　「前任者の帰任先が後任者の配属元と同じ,かつ,業務環境が安定している」こともまた,丁寧な引き継ぎをもたらす。前任者が帰任後も同じ部署に所属している場合,後任者が本国本社へとレポートを送る際の送付先が,前任者

の帰任後の所属長あるいはそれに近い人物である可能性が高くなる。これは前任者にとって，丁寧な引き継ぎを行ったかどうかが，帰任後の職場において顕在化する可能性が極めて高い状況であり，そのため，丁寧な引き継ぎを行う動機を強く持つことになるのだろう。ただその場合であっても，前任者が海外子会社で業務を行っていたときと後任者が派遣されたときとで，業務環境が大きく異なる場合には，後任者にとって前任者が蓄積した知識の利用価値は低くなる。環境の不確実性が高い状況とはつまり，原因 X と結果 Y の関係性が不安定になり，前任者の赴任期間中に Y の原因であった X が，後任者の赴任時には Y の原因とはならない，というような状況である。このような状況下では，前任者はコストを支払ってまで後任者に丁寧な知識の引き継ぎを行う必要性を感じないはずである。加えて，組織の側も前任者に丁寧な引き継ぎを要求しない。前任者はそう考えるのだろう。

　最後に，「前任者と後任者の重複期間が 6 日以上あり，かつ，公式／非公式のフォーマットが存在している，かつ，業務環境が安定している」という組み合わせについてである。このうちはじめの 2 つはいずれも，前任者がドキュメントを伴う丁寧な引き継ぎを行うコストを引き下げることに寄与する要因である。既に述べたように，派遣期間の重複は，重複期間中の前任者の業務の中心が後任者への引き継ぎであることを組織の側が公式に認めていることを意味するわけであり，他の業務よりもこれを優先することがオーソライズされた状態にあると言える。これは，前任者が自らの時間と認知的負荷を引き継ぎ業務へと配分することを正当化し，多忙な中で引き継ぎ業務を行うことのコストを大きく引き下げることになるだろう。また他方で，重複期間を設定しているという事実が，丁寧な引き継ぎを本社が奨励している証左として認知され，結果として，丁寧な引き継ぎを行う動機を前任者に提供する可能性もある。ただ重複期間の設定は，それ単独では前任者にドキュメントを伴う丁寧な引き継ぎを行うコストを引き下げ，動機を提供することにはならない。両者の重複期間が設定されている場合，両者の引き継ぎは，対面での口頭のコミュニケーションなどのカジュアルな形でも行われうるからである。丁寧な引き継ぎが行われるためには，上記の条件に加えて，前任者の引き継ぎへの準備コストを低くさせるようなフォーマット，例えば前任者が，自身の前任者（前任者の前任者）から引き継ぎを行われた際に提供されたフォ

ーマットの有無が，知覚される引き継ぎ作業のコストに大きく影響を与える。フォーマルなものであれ，インフォーマルなものであれそうしたフォーマットが存在すれば，前任者は比較的容易に引き継ぎの資料を作成することができるだろう。ただしそれは，前任者と後任者の業務環境が大きく異ならない限りにおいてである。

　以上の結果は，前任者と後任者との間のドキュメントを伴う丁寧な引き継ぎは，前任者にとって丁寧な引き継ぎを行う強い動機を持つ状況，あるいは丁寧な引き継ぎを行うコストが低い状況下において起こるということを示している。繰り返し述べているように，帰任時に極めて高い時間的・認知的な負荷を抱える前任者にとって，引き継ぎの業務は行うべき様々なタスクのごく一部である。種々のタスクに対して時間や認知という有限のリソースを配分しなければならない後任者にとって，自らの帰任後の業務に直接かかわらない引き継ぎへとまとまった時間を配分するインセンティブは決して高くない。そうした中にあって，丁寧な引き継ぎが行われるためには，前任者にとってそれを行う強い動機が存在すること，あるいはそれを行うコストが低く見積もられることが重要になるのである。

6．ディスカッション

6-1．発見事実の要約と結論

　本研究は，海外赴任の前任者と後任者へのインタビューを通じて，両者の間で引き継がれる知識の内容とそれがもたらす帰結（スタディ 1），そして丁寧な引き継ぎの先行要因（スタディ 2）の探求を行った。ここでは上記の発見事実をまとめつつ，本研究の結論を示したい。

　スタディ 1 では，前任者と後任者 9 ペアへのインタビュー調査により，海外赴任時の引き継ぎにおいて引き継がれている項目の内容と，引き継ぎがもたらす帰結について検討した。海外派遣という状況においては，業務内容や懸案事項，現地法人の文化・風土，人脈，本社との関わり，現地社会の文化や生活情報，そして赴任者自身のキャリアに関わる情報など，様々なものが引き継がれていく。そのうちのいくつかは，前任者によって後任者へと意図的に引き継がれていくものであるが，中には，前任者が意図せずに後任者へ

と引き継がれていくもの，あるいは前任者が意図したにもかかわらず，後任者へとうまく引き継がれていかないものもある。前任者からの引き継ぎが十分に行われない場合，後任者は現地社員からの伝達，あるいは自分自身の学習によってそれを補完することになるが，現地社員の多くが当該個人の業務を熟知しているわけではなく，また後任者自身による学習は，極めて多くの時間と労力を当人に要求する。引き継ぎの不十分さが，後任者のスムーズな現地適応の足かせとなっている可能性がある。他方で，文章化されたドキュメントを伴った丁寧な引き継ぎがなされている場合，後任者の現地適応は極めてスムーズにいくことが多い。海外派遣時の適応に関する研究が示すように (Takeuchi et al., 2002)，慣れない状況に直面することになる赴任者にとって，このように引き継がれる知識は，不確実性を削減し，現実に直面する諸課題に対する耐性をもたらすのだろう。

ただし，丁寧な引き継ぎにはマイナス面もある。引き継ぎの過少が前任者と同じ課題について後任者が多くの時間を費やして取り組むことになるという重複投資の問題と，後任者が本格的に業務開始までの時間が長期化するという形での機会損失を生む一方で，過剰な引き継ぎがなされると，後任者の学習機会（前任者の業務を相対化する機会など）を奪い，長期的な学習という別種の機会損失が起こる。

続くスタディ 2 では，前任者が後任者へとドキュメントを伴う丁寧な引き継ぎを行うための先行要因を探求した。これによれば，前任者から後任者への引き継ぎが十分に行われるかどうかは，そのペアごとにかなり異なっており，同じ企業内でも異なる。そして前任者から後任者への引き継ぎが丁寧になされるかどうかは，(1) 前任者と後任者の親密な関係性，もしくは (2) 引き継ぎをすることへの強い動機の存在，(3) 引き継ぎのコストを低く知覚させる状況の有無によって決まる。とりわけそれは，引き継ぎの必要性が発生する以前の段階の両者の親密な関係性によって，かなりの程度，決定されてしまう。

6-2. 本研究の含意

本研究が既存の研究に対して持つ含意は，まずもって，海外赴任における前任者と後任者の知識の引き継ぎという現象へと注目したことそれ自体にあ

る。多国籍企業ユニット内における知識移転，とりわけ技術的な知識やマネジメントのベストプラクティスのような知識については，すでに多くの研究蓄積がある中で，一人一人の赴任者が持つ知識，具体的には業務上のオペレーショナルな知識がどのように他者へと伝達され，組織から消失されることなく保存されていくのかという点については，これまで注目されてこなかった。この点について経験的な事実を提示したことが，本研究の最大の貢献といえるだろう。

　本研究が海外赴任者を送り出している日系企業に対して持つ示唆は，前任者と後任者の引き継ぎが必ずしも十分に実施されていないという現実，そして，それが行われるかどうかが両者の親密な関係性の有無というパーソナルな要因によって規定されてしまっているという現実である。これは日系企業において，前任者が海外子会社で獲得した知識が，前任者の帰任とともに消失してしまっている可能性を示唆するものである。こうした知識の消失を防ぐために，組織がやれることは少なくとも2つある。1つは，前任者に対して丁寧な引き継ぎを行うインセンティブを提供すること，もう1つは，帰任前の多忙な前任者にとって丁寧な引き継ぎを行うことのコストを低減させることである。例えば本研究が提示したようなやり方，具体的には，前任者と後任者との接点を赴任者の交代が生じる以前の段階で増やしておいたり，可能な限り両者の赴任先での重複期間を設けたり，引き継ぎのためのフォーマットを提供したりといった努力が，これから求められていくのだろう。

　ただ，ドキュメントを伴うような丁寧な引き継ぎは，諸刃の刃でもある。丁寧な引き継ぎは，一方で後任者のスムーズな適応をもたらすが，長期的に見れば，極めてキメの細かい引き継ぎの実施は，後任者の学習機会を奪うことにもつながる。短期的にはプラスになることが，長期的にはマイナスになることもあるというジレンマがここにある。従って組織にとって，後任者のスムーズな適応がより重要な場合には，上記のようなやり方によって丁寧な引き継ぎを奨励すれば良いし，後任者の学習や成長という長期的，学習的な成果を最大化したい場合には，むしろ意図的に，丁寧な引き継ぎを行わないという選択が正しいことになる。こうした点を考慮しつつ，前任者から後任者への知識の引き継ぎを，組織として意図的にマネジメントする必要がある。

6-3. 今後の課題

　本研究には限界も多く，今後検討されるべき更なる課題も極めて多い。1つ目は，引き継ぎの代替物に関わる問題である。後任者が自らの業務に関わる知識を仕入れるルートは，前任者から引き継ぎ以外にもある。本研究では，現地社員からの伝達，後任者自身による実地での学習という2つの点に注目したが，そのほかにも，例えば現地の取引先や他の法人企業社員との交流など，後任者に対して業務上必要な情報を提供すると思われるルートは存在する。こうした種々のルートが，それぞれどのように後任者に対して種々の知識を提供しているのか。ルートごとに，提供する情報の種類やその伝達効率に違いはあるのだろうか。こうした点も，今後の重要な論点になりうる。

　2つ目は，丁寧な引き継ぎの効果についてのさらなる検討である。本研究の調査によれば，丁寧な引き継ぎは，一方で後任者のスムーズな適応をもたらすが，長期的に見れば，極めてキメの細かい引き継ぎの実施は，後任者の学習機会を奪うことにもつながる。短期的にはプラスになることが，長期的にはマイナスになることもあるというジレンマ。そうであれば，後任者の適応という短期的な成果と，学習という長期的な成果を共に追求するためには，どのような内容に関する，どの程度の詳細な引き継ぎが必要なのか。この点もまた，今後検討するべき重要な課題となる。

第IV部

考察

IV-1

知識移転における地域本社の役割

清水　剛

　ここで改めて知識移転という視点から見た場合の地域本社（地域統括会社）の役割について論じてみよう。

　第4章では，地域本社の役割として，地域の固有性に適応すること，そして地域の固有性に応じて機能を再配置することがあると指摘した。すなわち，従来指摘されてきたように，特に日本企業について見ると，地域本社が地域独自の戦略を策定したり，あるいは地域にある子会社のコントロールを行うということはあまりなく，むしろ全社的サービスの提供や子会社間のリンケージ・利害調整を行ってきた。しかし，インタビュー調査から見出されたこれ以外のありうる役割として，地域の様々な法制度を把握してそれに対応し，あるいはそれを利用して生産機能や販売機能，研究開発機能といった様々な機能の配置を変化させるというものがある。ある国あるいは管轄域の中にある子会社は基本的には同じ法制度の下にあるため，そのような環境への対応は子会社ごとに異なるわけではない。一方で，世界本社から見ると各国の様々な法制度に対応して全世界的に適応し，機能を再配置する作業は複雑すぎる。そこで，地域本社がこのような適応と再配置を行うのが合理的であり，実際にそのような例も見られる，というのが第4章で論じたことであった。

　しかし，こう考えてくると疑問が生じる。そもそもなぜ，法制度の固有性への対応は難しいのだろうか。例えば，各国の法制度をデータベース化する，あるいは法制度への対応をいくつかのパターンに応じてテンプレート化しておけば各国レベルの動きに対応できるのではないだろうか？　第3章で論じたのは，法制度に関わる知識にはそれ自体の固有性に関する知識や法制度に依存した知識があり，それらの移転は難しいこと，さらに知識移転自体に関

する障壁や知識の保護の不十分さ等が知識移転に追加的なコストを発生させることであった。もともと，法制度そのものは（元来他国から移転されたものであっても）一定の固有性を持ち，他国の法制度を理解するのは簡単ではない。さらに，そのような法制度の下で生まれた知識はそのような固有性を含めて理解しなくてはならない。このような固有性は単に構造的なものだけでなく，認識の範囲にも及んでおり，この意味で暗黙知的な部分を持つ。もちろん，監査法人のデータベースのように形式化する試みは行われているが，実際には暗黙知的な部分を含めて移転することは難しい。さらに，上のようなデータベースのような例はともかく，技術的な情報の移転には規制がかかっており，また知識の保護が不十分である場合には移転にはコピーされるリスクを伴う。このような様々なことを考えると，法的な境界を超えた知識移転は簡単ではないのである。

　といっても，全ての知識に関して知識移転が難しいと言っているわけではない。一般に，形式化されている知識は暗黙知より移転しやすい。また，コンテクストへの依存が低い知識は高い知識に比べて移転しやすい。こう考えれば，法制度そのものに関する知識の中でも形式的な部分は移転できることになり，また法制度に依存した知識についても，それが法制度から離れて例えば特許のような形でコンテクストへの依存が小さくなれば，移転は相対的にやりやすくなる。このような部分については，例えば全世界の法制度のうち形式化できる部分についてデータベースを作り，全世界的に対応するという手段が使えるかもしれない（ただし，法制度の運用はコンテクストや暗黙知に依存している部分があるため，全世界での対応には限界がある点には注意すべきである）。また，技術としてコンテクストから独立してしまえば移転可能になる（ただし，第3章の排気ガス技術の例でも述べたように，実際には技術の開発は経路依存的である可能性があり，その意味では簡単には移転されない）。

　また，全ての知識について，地域本社がその固有性に適応し，あるいは機能の再配置を行うことが好ましいとも言えない。例えば，経路依存的に形成された知識であっても，汎用性を持つ技術（例えば排気ガス浄化のための触媒技術）については他国に移転し，他国の知識と接触させることで新たな知識を生み出した方が良いかもしれない。法の固有性に関する知識ですら，それを移転することで，他国における似たような法制度への適応への参考になるか

図 IV-1-1　多国籍企業における知識の属性とマネジメントの形態

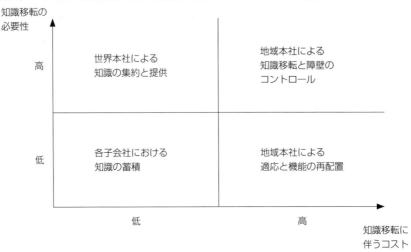

（出所）筆者作成

もしれない。そのような法制度への適応の手法を本社で収集し，研修に応用することができるかもしれない。さらには，そのような法制度とその結果（プラスであれマイナスであれ）の情報が移転されれば，他国における政府に対する働きかけに影響するかもしれない。

　すなわち，ある多国籍企業を想定してその内部における知識移転を考えたときに，①国境を超える（正確には管轄域を超える）知識移転を行うコストが高いか低いか（知識移転は容易に行いうるか），②国境を超える知識移転の必要性が高いか低いか，によって知識移転の対象となる知識を分類できることになる（図IV-1-1）。

　このマトリックスの右上側は，コンテクストに依存している，暗黙知が多く含まれる，移転規制がなされている等の理由により知識移転のコストが高いが，そのような知識を移転する必要性も高い場合である。例えば排気ガス対応技術が世界中で必要とされているような場合や，ある国の法制度が普及しつつあるためにその国の法制度の運用に関する知識が必要となる場合（例えば，投資協定が普及する過程においては，米国のNAFTAや欧州諸国が締結した投資協定に関する知識が必要とされ，様々な形で参照された。小寺, 2010 参照），例えばマニュアルや教科書のような形での標準化や，人の接触回数の増加（セミ

ナーや研究報告，研修，OJT等）の形で移転の努力がなされる。さらには，国家に対する働きかけのような形で障壁を低くする努力も必要になる。例えば安全保障に関する技術のような場合には，規制を緩和するような働きかけを行うことになるだろう。なお，このような知識については標準化や人を通じた移転の前にまずそのような標準化をどのように行うか，どのような人をどのような形で接触させるかを考えなくてはならず，また各国政府に対する働きかけを行うこともあり，個々の子会社ではなく地域本社が主導することが適切となる。

次に，マトリックスの右下側，すなわち知識移転のコストが高く，一方で国境を超えた知識の移転の必要が低い場合，例えば固有の法体系について個々に対応すればよい場合や，特有の技術について他国で技術開発を行う必要がなく，その国で技術開発を行ってその成果を他国に移転させるだけでも良いような場合は地域本社が有用な局面のもう一つである。例えば，中国のように特有の法体系への適用が必要だが，その知識は他国ではすぐに必要とされない場合や，排気ガス対応技術がおそらくそうであったように日本で技術開発を行っていても問題ない（むしろ日本で行った方が技術開発が早く進む）ような場合である。この場合には，地域本社が固有の法制度に対する適応を行い，あるいはそのような知識が生み出される場にむしろ機能を移転させる方が良い。排気ガス対応技術を形式化して他国に移転させるのと，逆に日本に排気ガス対応技術の研究を集中して，そこで開発された技術や製品のみを他国に輸出するのとどちらが良いか，というのが上の二つのカテゴリー間での選択となる。

マトリックスの左上の部分に該当する場合，すなわち国境を超える知識移転のコストが低いが，一方で移転の必要性が高い場合もありうる。法的障壁との関係では，ハーモナイゼーションが行われた後の法制度に関する知識，例えばIFRSの運用に関する知識等が挙げられるだろう。IFRSは適用国ではほぼ同じ基準を適用し，企業が直面する問題も類似する一方で，監査人の判断が常に求められるため，同じ監査法人内でも各国の運用実態に関する知識をお互いに必要とする（猪熊，2015）。ただし一方で知識移転のコストは小さいため，地域本社のレベルでの対応はあまり必要なく，本社のレベルでデータベース化のような形で知識を集約し，提供するのが最も効率的というこ

とになる。

　そして最後にマトリックスの左下，すなわち国境を超える知識移転のコストも低いが，国境を超えてわざわざ移転する必要がないような知識である。日常業務に関する知識にはこのような知識が多い（まれに移転する必要のある知識が含まれるが）。このような知識に関しては，各子会社でデータとして蓄積しておき，必要に応じて参照することになるだろう。

　以上述べてきたように，実際には世界本社や地域本社，そして各国子会社の役割は知識の種類や属性によって異なることになる。地域本社の活動が意味を持つのは，基本的には法的障壁により国境を超えた知識移転が難しい場合であり，国境を超える知識移転の必要性に応じて標準化や人による知識移転を促進し，あるいは法的障壁を低くするような働きかけを行うこともあれば，逆に知識移転をするのではなく機能の方を再配置するようにする場合もありうる。

　以上はあくまで法的障壁との関係を想定して述べてきたが，第2章で挙げたほかの障壁—言語的障壁，文化的障壁，経済的障壁—についても似たようなことは言えるのではないだろうか。例えば，もし言語的な障壁が高く，この意味で国境を超える知識移転のコストが高い場合には，マニュアルの翻訳や通訳を介したコミュニケーションの形で知識移転を行うこともあれば，逆に言語的障壁をある程度維持することで競争優位を維持しようとする場合もあるだろう。しかし，いずれの場合であっても，そもそも言語的障壁が低いのであれば，国境を超えた知識移転はその限りでは難しくはない。この場合に，各国語対応という意味での地域本社の機能は低下する。もし，世界本社も子会社もどちらも英語でコミュニケーションが可能であれば，本社と子会社が直接コミュニケーションを取ればよいのである。

　文化的な障壁についても似たようなことが言える。もし，文化的な障壁が高いのであれば，その文化に適応し，機能を文化的な障壁に応じて再配置し（先のハラールをインドネシアで生産する例を考えればよい），本社との関係を仲介する必要がある。しかし，もし文化的に類似した国家間であれば，境界にはあまり意味がなくなってしまう。そのような場合に，地域本社にどこまで意味があるのかはわからない。経済的障壁についても，もし本社と子会社が直接簡単に連絡できるのであれば，地域本社の意味は少なくとも大きく低下す

るであろう。

　すなわち，上で述べたような知識の分類に基づく地域本社の位置づけは必ずしも法的障壁に限ったことではなく，一般的に国境を超える知識マネジメントについて適用し得るものであると考えられる。

　さて，それでは，このような地域本社の位置づけと，従来言われていた日本企業における地域本社の位置づけとはどのような関係にあるのだろうか。既に述べた通り，少なくとも日本企業において，地域本社というのは基本的には全社的サービスの提供やリンケージと利害調整の機能しか担っていなかった。このような視点から見れば，上で述べたような地域本社の位置づけ，すなわち国境を超えた移転がしにくい知識について，標準化や人を通じた移転を促進し，移転の障壁を下げるような働きかけを行い，あるいは障壁に適応し，さらには障壁を利用して競争優位を構築するといった行動も，ある意味ではこれまでの日本企業の地域本社の役割の延長上にあるということになるだろう。例えば法的障壁についての適応は法務サービスの一環であり，働きかけはある種のロビイング活動という意味でこれも全社的サービス，標準化や人を通じた移転の促進は人事労務管理や情報システム，機能の再配置も利害調整やリンケージの一貫ということになる。日本企業の場合には事業部が強いため，事業部の枠を超えてコントロールを行うことは容易ではない。

　しかし，境界内の固有性への適応やさらには事業の再配置は，単なるサービスや利害調整・リンケージの枠を超えている可能性がある。すなわち，いわゆるラインの関係ではないものの，例えば特定の法制度への対応について地域本社が「このようにした方が良い」「このようにすべきだ」と発言した場合に，地域本社の専門能力が十分に信頼されていればそのような発言に子会社は従うだろう。さらに，機能の再配置についても，もし機能の再配置が必要であることに説得力があれば，事業部まで含めてそのような意見に従うだろう。すなわち，知識の提供に基づいて（実質的な）コントロールが発生するのである。もちろん，これはラインの権限ではなく，いわばスタッフ的な機能の延長にすぎない。しかし，組織論でしばしば指摘されているように，権威（authority）というものは公的な権限から発生するとは限らず，最終的には何らかの理由（例えば「あの人は専門家だから」というような理由でも）である人の言うことに別な人がその理由を考えることなく従えば，そこには権威

が発生しているのである（Barnard, 1938; Simon, 1947）。このような意味で，知識のマネジメントということを考えた場合には，日本企業の地域本社には従来言われていた役割を超えて実質的なコントロール機能が発生する可能性がある。第4章で見た地域本社の役割の強化は，このような機能を制度化する試みと理解することもできる。

　また，障壁を低くするための政治的な働きかけ（非市場戦略）と知識移転のマネジメントとの関係は必ずしも注目されてこなかった。しかし，知識のマネジメントという視点からしても企業の政治的な行動は重要な要素であり，注目に値するものであることも指摘しておきたい。

IV-2

知識移転における下位ユニットの役割
「海外準マザー工場」の役割

河野英子

　本節では，日系企業の組織内知識移転における海外準マザー工場の役割とその課題を論じていく。

1. 海外準マザー工場の機能

　海外準マザー工場は，海外子会社の一つである。多国籍企業が知識移転を効果的に行うために，本国から移転された知識を吸収する能力（Cohen & Levinthal, 1990）を持つ主体である。その吸収能力は，海外準マザー工場内における個人，グループ，組織というそれぞれのレベルが持ちうるものである。
　個人つまり従業員レベルには，本国本社から派遣された人材と，現地で採用された人材とが含まれる。本国本社から派遣された人材は，あらかじめその会社にとって重要かつ特殊な関連知識を事前に持った人材である。そのため，彼らが海外子会社に派遣されることを通じて，その人材の受け入れ先となった海外子会社の吸収能力は高まることになる。彼ら自身が，知識を吸収する媒体となるためである。
　従業員に占める派遣者比率[1]を考慮すれば，現地採用人材の吸収能力を高めることは不可欠である。そのため，関連知識を提供するための広義の教育システムが重要となる。それは，第一に本国への派遣による研修[2]，第二に現地設立の研修センターにおける研修である[3]。

---

[1] 日系製造業における派遣者比率は他産業企業，他国企業と比べて高い傾向があるが，それでも従業員のなかで中心となる人材が現地人材であることに変わりはない。

グループ・組織レベルにおける知識の吸収は，研修センターにおける研修の全従業員レベルへの拡大と，研修コンテンツ・教育プログラム作成のための部門横断的なプロジェクト・チームへの現地人材の関与という二つのルートで進んだ。研修コンテンツ・教育プログラム作成といった共通目標のもとでの，プロジェクト・チーム内でのコミュニケーションを通じた公式・非公式なつながりの形成，多様な問題解決のための共同活動を通じて，移転された知識を組織のルールや，ルーチンに埋め込み，組織レベルでシェア・吸収するというものであった。訓練や教育，職務設計といった人的資源管理慣行のなかには，知識移転に必要なスキルを育成し，知識の共有を促進する内容を含むものがある（Caligiuri, 2014）。

　保持する機能が吸収能力だけであるとすれば，他の海外子会社と変わらない。海外準マザー工場は，知識の吸収能力と知識を移転する能力の両方持つというところに特徴があった。吸収した知識を何らかの方法で他の海外子会社へ移転できるという意味で，吸収能力のみしか持たない海外子会社とは，別の次元で高度な組織能力を持つ主体である。

　海外準マザー工場における吸収・移転能力は，海外子会社が経験を深めるなかで培われたものであり，そこでは長期に渡る知識移転が本国本社から行われていることが前提となる。それは，本国本社から海外子会社への縦階層的知識移転，海外子会社内での管理部門から生産・開発現場への知識移転，生産現場での横断的知識移転といった3種類の知識移転が内包されている。

　つまり，移転能力を持つ主体への質的な進化は，こうした長期的で重層的な知識移転が行われたことによって実現されたものである。短期的で単層的な移転のみであればその実現は難しいものであった。

2　本国での派遣による研修については，小池（2013）におけるタイ・トヨタでの事例が参考になる。タイ・トヨタではチーム・リーダーに代表される中堅層を日本に派遣し研修を行う。そこでは，①座学でのTPSの勉強，②日本の職長の後ろについて一緒に仕事をしながら問題処理を学ぶ，③タイで担当する職場と同じ日本の職場に入って共に働き技能を高める，ということが行われる。このように研修は，座学ではなく実務レベルの訓練が多くを占める。本書で対象とした事例では，十分なインタビューができていないが，実務重視の研修が行われてきたことについての言及はなされた。

3　現地で研修センターが設立されるためには，本国への派遣を通じて初期に育成された現地コア人材が一定程度存在している必要がある。

2．海外準マザー工場による知識移転

　海外準マザー工場は，マザー工場と同様に，知識移転組織に分類することが可能であり，暗黙知と形式知の両者を移転する。

　暗黙知は，海外準マザー工場に所属する現地人材——つまり，海外準マザー工場で経験を積み，知識を保持した現地人材——が，その知識を持つ媒体として移動することを通じて，他の海外子会社に移転される。他方，暗黙知から形態転換[4]したものを含む形式知の移転も，積極的に行われる。それは各種マニュアルのなかに取り込まれ，紙や映像という媒体を通じて，海外子会社に移転される。

　知識がいずれの形態をとるとしても，これらの移転知識のなかには，そのままでの状態は現地子会社では吸収されにくい内容が含まれていることがある。その場合には，ある種の翻訳工程を通過させることによって，知識の吸収と組織内への定着が行われる。知識の翻訳工程には，①移転された知識のなかに含まれ，現地での知識吸収の抑止要因となる意味的ノイズが取り除かれる，②その後，現地に適合した知識への粗い翻訳が行われる，③現地向けに統合・変形されるプロセスで，粗い翻訳が精度を高めた翻訳に変わり，現地で吸収しやすいものとなる，という4段階が含まれる。

　翻訳された知識は，標準化され，研修センターの教育コンテンツのなかに組み込まれる。教育コンテンツは，新規に設立された海外子会社の新規採用人材の基礎教育，既採用現地人材の職能向上のための研修を通じて，特定地域内の人材に対して提供される。組織内で教育を受ける人材の比率が高まるにつれ，当該地域の他の海外子会社を含む拠点全体の組織能力が，段階的に高まることになる。

　海外準マザー工場から移転される知識は，知識量という点では相対的に少

---

[4] 暗黙知が多いとされる日本の生産現場においては，トヨタのグローバル推進センターに代表されるように，例えば，塗装工程の熟練工の具体的な作業の様子を撮影したものなどを含むビジュアル・マニュアルが積極的に活用されるようになっている（トヨタ自動車ウェブサイト「グローバル生産推進センター（GPC）の役割」http://www.toyota.co.jp/jpn/company/vision/globalization/gpc.html（2017年9月30日閲覧））。こうした取り組みは，暗黙知の形式知化という意味で一定の効果をあげているとされる。

ないものである。現地特有の新しい知識の付与はあるものの，移転される知識自体が，その地域で必要なものに絞り込まれるためである。この絶対量の少なさは，知識移転の行いやすさという意味では，プラスの効果を持つ。それは単純に，扱いやすい範囲の知識量に限定されることによる。海外準マザー工場からの知識移転が効果的に行われるとすれば，知識移転量の絶対量の少なさもその一つの基盤である。

3. 海外準マザー工場と他主体との関係

3-1. 本国本社との関係

海外準マザー工場は，本国本社からの部分的な権限移譲を受け，一定の自立性を持つ海外子会社である。

本国本社による管理の集権化は知識の共有を阻み，海外子会社の従業員の学習意欲を減退させ，自立的な学習活動を妨げ，現地市場に適用するための新しい能力の開発も妨げられる（Birkinshaw et al.,1998; Frost, Birkinshaw & Ensign, 2002; Tsai, 2002, Miao et al., 2011）。多国籍企業内でのグローバルな学習や知識移転の組織的決定要因の一つに，自立性があることが議論されてきた（Asakawa, 2001; Ghoshal & Bartlett, 1990; Shulz, 2001; Song, Asakawa & Chu, 2011）。

一定の自立性の付与が，知識吸収能力と知識移転能力の両者を持つ海外準マザー工場への進化を支えており，またその進化の過程でも自立性のレベルは段階的に高まっていた。その自立性の高まりは，新拠点設立や現地独自活動への現地人材・現地拠点の主体的関与の高まり方—日本からの派遣人材への依存度低下—に象徴される。自立性のもとでの新拠点設立経験を通じた能力向上が，現地人材・現地拠点による知識創造活動を促す傾向があることも示唆された。

3-2. 他の海外子会社との関係

海外準マザー工場と他の海外工場との関係は，特定地域内にあるため，地理的近接性のもとにある。知識移転においては，組織間距離の近さが移転の効率性にプラスの影響を持つ（Schlegelmilch & Chini, 2003）。組織間の文化格差が小さいことも，知識移転にプラスの影響を有する。特定地域内のなかに

設立される海外子会社同士は，組織間距離だけではなく，組織間文化格差も小さい可能性があることから，そのなかでの知識移転の効率性は相対的に高いものとなる可能性がある。

また，地理的近接性が信頼を呼ぶ傾向がある（Powell & Smith-Doerr, 2005）ことから，特定地域内の海外子会社間には組織間での信頼が醸成されやすい。さらに，海外準マザー工場と海外工場との間には，生来，制度化された関係があるため，その信頼関係は長期間に渡って持続しやすい。お互いを長期的なパートナーとして認め合う土壌があることから，当該主体間では知識移転だけではなく，双方向での知識交換が行われる可能性がある（Zaheer, McEvily, & Perronne, 1998）。

このように，海外準マザー工場と他の海外工場との関係には，海外準マザー工場を中核とした特定地域内における組織内知識移転を，効率的・効果的なものにしうる構成要素が内包されている。

4. 海外準マザー工場と「統合型」アーキテクチャ・組織

日本の製造業の強さは，製造に関わる諸活動を日本国内に集積することで形成されてきた。独自の産業システムが作り上げられ，国内には「統合型」アーキテクチャ（Ulrich, 1995; Baldwin & Clark, 2000；藤本・武石・青島, 2001）を持つ製品に適した「統合型」組織関係に基づく環境が整っている。

しかしながら，市場が海外へ，製造活動も海外へと広がるなかで，この強みを海外事業のなかでも生かすことができるのかが課題となっている（新宅・天野,2009）。海外事業における本社と海外子会社間，および複数の海外子会社間の関係を緊密に連携・調整しながら，グローバルな組織統合をどのように実現していくのか，難しい課題である。マザー工場は，こうした国境をまたいだグローバル・ネットワークのなかで，本社・海外子会社間での緊密な連携を実現するための基盤を提供する知識移転組織と位置付けることができる。

海外事業が深化していくなかで，海外子会社に一定の自立化を進めていけば，拠点の分散化傾向は高まることになる。それは，海外事業比率が高まり，現地人材・拠点の自立化・戦力化を進めていくなかでは，不可避的な流れで

ある。

　その流れのもとで，さらなる海外事業展開を無秩序に進めれば，統合型で強みを持つ日系多国籍企業のグループ全体の経営リスクは高まる可能性がある。価値連鎖が国境を越えて海外へと拡大していくなかでも，関係する拠点間・主体間での濃密なコミュニケーションを維持しながら，グローバルな組織統合を維持するためにはどうすればよいのか—。海外準マザー工場は，そうした潮流と課題のもとにある日系多国籍企業において，一定のローカル適応とグローバル統合の両立を目指すための知識移転組織と位置付けることができるかもしれない。

5. 各主体の機能高度化とグローバル・ネットワーク

　海外準マザー工場は，海外拠点の量的拡大に伴うマザー工場による支援の限界など，従来のマザー工場に変化の圧力がかかった（中川, 2012; 大木, 2012; 徐, 2012）環境下で，顧客の要求や外部環境の変化に呼応するかたちで生成されてきた。

　海外準マザー工場の生成下では，マザー工場から海外準マザー工場への機能移管に伴って，マザー工場の機能高度化が進む可能性がある。また，海外準マザー工場と海外工場間では，生来の関係性と地理的近接性のもとで知識移転・交換がさらに進展する結果，組織学習が引き起こされ，両主体の機能高度化が引き起こされる可能性もある。

　さらに，海外準マザー工場という主体単体にも，知識移転を通じた学習による機能高度化の可能性がある。それは，①他の海外子会社への「送り手」となることで，教えるという行為を通じて自身が持つ知識の内容を改めて整理し直しながら深く学習する[5]，②一主体でありながら，本国本社からの知識の「受け手」と他の海外子会社への知識の「送り手」という両方の役割を果たすという特性から，自身の内部で学習サイクルを回すことができる，と

---

[5] この点については，タイ・トヨタの中堅層に対して行われる日本における研修においても指摘されている。それは，タイ人中堅層が日本の職場で日本人職長の後ろについて仕事を一緒にすることが，教え手である日本人職長にとって，自分の仕事を見つめなおし，体系的に整理し，自己研鑽する良い機会になるということである（小池, 2013）。

いう2つの学習機会を持つことに起因する。効果的な知識移転においては，知識移転先＝「教えられる側」「受け手」が成長するだけではなく，知識移転を通じて移転元＝「教える側」「送り手」も成長するというダイナミックなフィードバック・ループが内包される傾向があり，海外準マザー工場による知識移転はこれに適合する。

効果は多国籍企業のネットワーク内で拡散されていき，最終的には，マザー工場，海外準マザー工場，海外工場といった各主体の機能高度化を促し，グローバルな知識移転ネットワークを変容させていく可能性がある。

6. 課題：知識吸収・移転サイクルの持続可能性

海外準マザー工場の生成は，グローバル化に伴う内部コスト負担を低減するための新組織の導入が，多国籍企業グループ全体の組織能力向上にプラスの効果を持つ可能性があることを示唆する。しかしながら，そのプラスの効果に持続性があるのか，判断は難しい。

それは，海外子会社の吸収能力とモチベーションのトレードオフに関する議論に関わる（Song & Shin, 2008; Song et al., 2011）。海外準マザー工場の吸収能力が高まり，組織能力が高まると，本社や他の海外子会社から知識を流入するというモチベーションが低下する可能性があるということである。

多国籍企業を取り巻く環境変化は激しい。ITやグローバル化の進展で，業界や国境の壁を越えた競争の激しさはさらに増す傾向がある。企業は自身の強みを鮮明にしながらも，絶えず新しい環境変化を察知し適応し，打ち勝つための能力は何かを考え，そのための体制を迅速に整えなければならない。

競争優位を持続するためには，多国籍企業が有する拠点全てが，それぞれの役割と能力を理解し，必要な知識を移転・共有しあうことが要求される。多国籍企業のグローバル・ネットワーク全体で，知識の吸収・移転のサイクルを持続的に回していくことができるかが論点である。

海外準マザー工場は，マザー工場との補完的な関係のもとで形成され，今後発展していく可能性がある組織である。海外準マザー工場の登場により，本国本社・マザー工場の負担軽減が実現されれば，本社による高度な意思決定を可能にするような効果的な資源配分の余地が生まれうる。グローバル・

ネットワークを管理する能力が高まっていけば，多国籍企業グループ全体での知識吸収・移転のサイクルを長期継続的に回していくことが可能となるかもしれない。多国籍企業における一つの経営課題である。

Ⅳ-3

知識移転・創造における下位ユニットの役割
アパレル企業A社の中国研究開発センターの事例からの考察

西脇暢子・孫　德峰

　本節では知識移転と知識創造における下位ユニットの役割を論じる。前節では，自動車部品メーカーで知識移転の受け皿となっている海外拠点（準マザー工場）が，本社と海外子会社間での緊密な連携を実現するための基盤を提供する知識の吸収と移転の拠点となっていることを指摘した。本節は，6章で論じた日本アパレル企業A社を例に，知識移転の受け皿となった海外拠点（中国研究開発センター）を含む現地の事業主体が，知識の移転と創造においてどのような役割を果たしているのかを論じる。

1. 海外準マザー工場の役割

　第5章ならびに前節で論じたように，海外準マザー工場が知識移転拠点として機能しうるのは，高いレベルの知識の吸収能力と知識移転能力をもつからである。これらの能力の習得に関わっているのが長期にわたる本国本社からの知識移転であるが，そこには，①本国から海外子会社への垂直的な知識移転，②現地子会社内で管理部門から生産・開発部門へ行われている職能（ファンクション）横断的な知識移転，③生産現場で行われているユニット横断的な知識移転，という重層的な知識移転が含まれる。このような多様な知識移転を統括する上で鍵となるのが，準マザー工場のバウンダリースパニング機能である。ここでいうバウンダリースパニング機能とは，移転される知識が現地に受け入れられ，定着するように整える作業であり，以下の3つを含む。

① 移転された知識に含まれている知識吸収を阻害する要因（ノイズ）を取り除く。
② ①を現地に適合した形に翻訳する。
③ 翻訳された知識を標準化とトレーニングを通じて移転させる。

　5章の事例分析では，標準化された知識が現地従業員向けの教育コンテンツに組み込まれ，体系的な学習を通じて波及していくプロセスが説明されている。

　このような，長期的で段階的な知識移転が有効に機能するのは，5章で取り上げた事例が自動車部品メーカーである点も無視できないだろう。企業が知識を移転する主な目的は，企業の目的を達成すること，すなわち，顧客のニーズに応える製品を製造し，それを販売して利益をあげるためである。当然のことながら，移転される知識のタイプと移転にかけられるスパンは，顧客や市場のタイプによって異なる。自動車部品はいわゆるB to Bビジネスであり，部品を購入する完成車メーカーからの要望やニーズが知識移転の枠組みを決めると考えられる。たとえば納期や品質は代表的な顧客からの要望である。5章で分析した部品メーカーが，表層的な知識だけでなく，それを解釈し使いこなすための基盤知識も本国から時間をかけて段階的に移転するのは，そうすることが顧客ニーズに応える製品を作る上で必要だからであるだけでなく，移転にかけられる時間に比較的猶予があり，コストに見合うリターンを得られるからでもある。この点が，一般消費者を対象にしたB to Cビジネスを展開する6章で取り上げたアパレル企業A社とは大きく異なる。

2. 日本アパレル企業A社の現地研究開発センターの役割

　アパレル企業A社の知識移転のケースは，企業の知識移転が戦略と密接に関わっていることを示している。6章の事例では，第一フェーズにおいて，本国主導の高価格帯ブランド戦略と知識移転のプロセスについて，第二フェーズにおいて，現地主導の低価格帯ブランド戦略と知識の移転と創造について詳しく述べられている。

2-1. 第一フェーズ

　当初 A 社は，日本企業のそれまでの海外展開プロセスと同様に，本国から知識を移転し，本国ブランドを展開するトップダウン型の戦略をたてていた。これに沿って行われたのが，①現地女性の体形データの収集と解析（1997年〜）と，②中国研究開発センターの設置（2002年）である。①は A 社が提携した現地の大学との共同作業だが，調査方法やデータ測定などの技術の提供と技術指導は A 社が行っており，本国主導で知識移転が行われたことが示されている。中国研究開発センターは，①の成果をふまえて，現地向け製品の企画と生産体制を強化するために設立された。同センター設立のねらいは，A 社の提携先である現地大学と共同で，これまで以上に精緻なデータの収集と解析を行うことであった。この段階でも知識移転は基本的に本国主導で行われたが，このとき移転されたのが，A 社の知的資源の一つである三次元計測機器であった。このようにして収集されたデータとそれを収集する過程で蓄積された経験が，現地主導の製品開発において，資源として利用される知識と，それをマネジメントするための基盤知識となった。

　A 社は現地進出当初から 2011 年頃まで高価格ブランド戦略をとっていたが，2008 年以降は，高級ブランドイメージの定着を図ると同時に，当時急速に存在感を増しつつあった「ボリューム・ゾーン」と呼ばれる市場の開拓を行った。この取り組みとして，トレンドに比較的敏感な 20 代から 30 代の若者向けのブランドを二つ展開するようになった。現地企業の低価格製品との直接的な競争を避けるために，本国資源の優位性を前提とした既存知識の移転と活用を行った。どちらのブランドも，日本国内の若者向けにファッション性の高い商品として展開され，国内においては高価格製品として位置付けられていない。だが，本国主導で本国製品をそのまま現地に導入したため，現地顧客にとっては価格が高く，デザインなども現地の嗜好に合わない製品となり，現地の若者向けのブランド展開は事実上失敗した。この失敗をふまえて，第二フェーズでは，ボリューム・ゾーンに直接アピールする低価格ブランドをどのように展開するかが課題となった。

　第二フェーズの解説に入る前に，知識マネジメントの観点から捉えた三次元計測機器導入の意義を簡単に述べる。A 社が当初展開していた高価格ブランドの主なターゲット層は，30 代後半から 40 代，50 代を中心とする中高

年層である。女性用下着はジャケットやスカートなどの洋服と異なり，顧客の体形にできる限りフィットさせた製品づくりがもとめられる。人間の体形は年齢とともに変化するため，若い頃とサイズが変わらない人であっても，年齢を経ると，若い頃には問題なく着られた同じサイズの同じ製品であっても，きつく感じる部分が出たり，逆にゆるく感じる部分が出たりする。このような加齢による変化に由来する違和感を避けるために，中高年を対象としたブランドから 20 代から 30 代を対象とするブランドの展開にあたっては，単に価格やデザインを変えるだけでなく，表示サイズには現せない細かい点のサイズ調整が必要となる。三次元計測機器導入のメリットは，メジャーによる測定だけではわからない微細な体形の変化を数値化し，多様なサイズとデザインの製品に反映させることである[1]。A 社が中国で集めた 5000 人規模の女性の体形データは，年齢層の差異と国土が広い中国の南北地域間の体形の差異の両方を調整するときの基盤となるもので，A 社にとっては重要な知的資源にあたる。以下で述べるように，低価格ブランド展開の鍵となったのは「モールド」であるが，これは，A 社にとって重要な二つの知的資源—三次元計測機器とそれを用いて収集したデータ—を活用したことで実現された。

2-2. 第二フェーズ

　第二フェーズのポイントは，第一フェーズの主力品であった高級品（縫製品）から，「モールド」と呼ばれる熱成形された型を用いた廉価版に切り替えたことである。縫製品はモールドを使用した製品に比べて製造工程が多く，手縫いやミシンがけのノウハウなどの技術が要求される。6 章では，製品の出来を左右する要因として特にフィッティングの品質が重要になること，従って，特に縫製品は工場の技術が安定しないと同じ材料と同じパターンを使ってもフィッティング性能の悪い製品が出来てしまうことが述べられている。フィッティングのような感覚的な要素を含む知識や技能の移転は，上述の準マザー工場における知識移転と同様の重層的な知識移転のケースにも共通す

---

[1] 女性用下着（ブラジャー）のサイズ表記とサイズ展開は日中間でほとんど同じであるが，サイズ展開がかなり細かく決められている。A 社の標準的な製品の場合，一つのデザインにつき 12 から 18 サイズを展開している。

るもので，移転に時間がかかるだけでなく，移転プロセスで様々なコストが発生する。それを回収するために，どうしても製品価格を高く設定せざるを得なくなる。

　海外事業展開における失敗の主な要因として，しばしば現地のニーズに合わない製品の投入があげられる。その理由の一つとして，本国から移転された知識や資源の利用を通じて本国側の組織プロセスやルーティンが現地に移植され，それらが現地ニーズと不適合を起こすことが指摘されている。A社は第一フェーズでの失敗をふまえて，第二フェーズでは，現地の日本人経営者（統括部長）主導で，それまでとは異なる低価格ブランドの立ち上げと，そのための土台となる形式化された知的資源（モールド）の導入が決められた。

　知識移転の観点から捉えたモールド導入の重要な点は，移転される知識の直接の受け皿となった研究開発拠点だけでなく，現地の事業所全体が，本国から移転された形式知を使いこなすだけの基盤知識を習得していたと考えられることである。von Hippel（1994）が述べているように，知識の送り手と受け手は通常移転対象となる知識に関して様々なインバランスが生じており，それが知識移転を送り手主導にする一因となっている。しかし，第二フェーズの知識移転のケースでは，現地の事業責任者が本国主導の戦略の問題点を発見し，それを解決するための新たな戦略を提示した点，さらに，それを実行するために，具体的にどのような知識の移転が必要かを本国側に提案した点で，明らかに第一フェーズとは異なる。これは，現地と本国の立場がより対等になり，知識移転がそれまでのような一方向的なものではなく，本国と現地の相互関係に根ざして行われる双方向的なものに変わったことを示している。

　女性ファッション市場は，顧客のニーズが多様で，機能だけでなくデザインや着心地などに対して細かい要望をもっているだけでなく，それらの変化も早い。いったん取引が成立した顧客と比較的長期にわたって安定した関係を維持することができる自動車部品メーカーと異なり，女性向けアパレル企業の場合，特定の顧客と長期的関係をもつのは難しい。代わりに，我が儘で移り気な顧客の多様なニーズに機動的にこたえる製品を，タイミングよく次々に市場に投入することがもとめられる。この場合，時間をかけた知識移転はコストに見合うリターンを得られないため，形式化された知識の機動的な移

転と，それをもとにした現地主導の発展的な活用がもとめられる。それを実現するためには，現地側も新たな能力の創造が必要である。

　本国の組織プロセスや組織ルーティンが本国主導で現地拠点に移転されると，海外拠点の組織プロセスや組織ルーティンは，本国の親会社のそれと同じであるか，親会社の延長線上のものになりやすい。6章で述べたように，特に，新興国市場でビジネスを展開する際，先進国市場とは異なる非連続性と固有の参入障壁が存在するため（天野，2010），新興国市場における市場条件や資源条件は本国または先進国市場とは大きく異なる。従って，本国の既存のルーティンやプロセスをそのまま新興国市場に移転して活用しても適応しない可能性が高い。本国から移転される知識を発展的に活用するためには，現地で新しい知識を創造する必要がある。

　新しい知識創造の取り組みとして現地で重要な役割を果たしたのが，A社の中国研究開発センターである。A社の高級ブランド品であるAブランド商品の開発に関しては，白紙状態から企画，デザインし，パターンを作り，材料も最初から選んでAブランド商品を作れる工場で縫う。しかも，Aブランド商品は，本国親会社の組織ルーティンと同じようなルーティン（6章の図Ⅲ-6-2が示した製品開発プロセス）に基づき，基本的にすべてのデザインによって個々のパーツの材料を変え，またパターンも全部作り直しながらすべてフィッティングテストするため，開発期間が約1年かかる。一方，20代から30代の若者向け製品の開発では，製品を機動的に市場に投入するために，開発リードタイムを短くする必要があった。そのため，A社は新しい製品を再設計し，従来の製品開発プロセスとは異なる，現地研究開発センターによる新たな開発ルーティン（6章の図Ⅲ-6-3が示した製品開発プロセス）を創造した。従来1年もかかる開発リードタイムを3か月に短縮させ，タイムリーに現地市場のニーズに適応することが可能となった。以上により，Aブランド商品の技術を使ったディフュージョン版としてのABブランド商品を開発した。

　新しい商品をモジュール製品として再設計したことと，中国研究開発センターの研究開発活動は，新たな製品開発プロセスであり，現地で行われた探索活動によって創造された新しい知識にあたる。このような新たな知識創造と，本国からの形式化された知識の移転との結合によって，現地のボリュー

ム・ゾーン向けの製品が開発された。

　ここでの新しい知識の創造と本国からの知識移転の関係は，後者から前者の順序ではなく，前者から後者の順序で起こると説明される。理由は次のとおりである。本国から現地に技術的知識や資産を移転し，それを現地で活用することを目的に現地で探索活動を行うと，本国の資産を移転するにつれて，組織プロセスや組織ルーティンが資産と一体となって現地に移転される可能性が高い。A社のケースでは，本国ルーティンに引きずられないために，現地経営者（日本人経営者）がイニシアティブを発揮しながら，これまでの本国主導の戦略を変えるとともに，現地側が主導権をもって本国の組織ルーティンとは全く異なる新たな知識を創造した。

　新興市場開拓とそのために必要となる現地の組織能力を構築するためには，本国目線で見たときに望ましいと思われる知識を移転するのではなく，実際に現地側が要望する知識を移転する必要がある。そのためには，現地側が本国側に移転を希望する知識の内容やレベルを具体的に伝えるのが望ましい。A社が技術的知識（モールド）の移転と現地での活用に成功したのは，第一に，現地側がそのための土台となる新たな知識の開発を実行できたこと，第二に，知識開発プロセスの中で，本国の優れた資産ストックの中から現地で利用可能な知識だけを選択的に移転できたからだと考えられる。

　知識創造と知識移転の順番は非常に多くの示唆を含む。この点については，節を改めてさらに詳しく議論することにする。

IV-4

オペレーショナルな知識のマネジメントと赴任者が認知する境界線の多様な網目

服部泰宏

1. オペレーショナルな知識の重要性

　本書を通じて確認したように，多国籍企業内のサブユニット間における知識移転の問題は，これまで多くの研究者の関心を引きつけてきた (Guputa and Govindarajan, 1991; 2000)。具体的には，海外子会社間あるいは本社と海外子会社との間では，知識の移転がどのように起こり，それを妨げたり促進したりする要因には何があるのか，といった点がこれまで理論的・実証的に検討されてきたのである (Guputa and Govindarajan, 1991)。こうした研究は，知識移転が有効に機能するかどうかということが，個々の多国籍企業の持続的な競争優位に対して直接的な影響を与えるということを前提に，また資本や製品など他のリソースの移転と同様あるいはそれ以上に，知識の移転の良し悪しが企業の成果に対して影響を与えることを前提に，そうした知識移転がどのような要因によって促進されたり，阻害されたりするのかということを探求してきた (Guputa and Govindarajan, 1991)。そこで指摘されてきたのは，組織内に存在する知識には，そもそも容易に他所へと移転できない性質があるだけでなく，種々の組織的あるいは個人的な要因によっても，そうした移転が阻害されるということであった (Guputa and Govindarajan, 1991)。

　国際人的資源管理理論の研究は，このように移転困難な知識の移転手段として，人材そのものの移動を検討してきた。海外赴任者が，本国から派遣先へ，そして派遣先から本国へと越境することによって，本国から派遣先へそして派遣先から本国へと，知識が移転可能になる。この前提に立って，人材の派遣，現地での業務遂行，さらにはその人材の本国への帰任を成功裏に行うた

めに必要な要因に関する研究が蓄積してきたのである（Black et al., 1999）。

　このように多国籍企業ユニット間の知識伝達の研究と，国際人的資源管理の研究は，相互補完する形でお互いに研究を蓄積させてきたわけであるが，これらが想定しているのは，技術的知識やマネジメントのベストプラクティスといった「ユニットレベル」の「マネジメントに関わる知識」がどのように組織間を移動するかという点にある。これに対して本書の7章で注目したのは，海外現地法人の業務，あるいは派遣された社員自身の業務に関わる「個人レベル」の「オペレーショナルな知識」，具体的には，現地法人に赴任する社員が保有する現地での仕事のあり方や，現地市場，取引先に関する知識といったものである。派遣された社員が現地で成功裏に業務を行うためには，また当該社員の派遣によって派遣先の組織の業務が成功裏に行われるためには，上記の研究が想定しているような知識だけでなく，よりオペレーショナルな知識が，海外赴任者へと正確に伝達される必要がある。ところが国際人的資源管理の研究においても，この問題は取り扱われてこなかった。

　海外子会社のマネジメントが本国から派遣された社員によって行われ，しかもその社員が数年間の派遣期間の終了とともに異動することが多い日本企業の場合，この種の知識をいかに生成・維持するかということは，(1) 現地子会社の業務オペレーションの維持・向上という意味でも，(2) 派遣された社員自身の適応という意味でも，とりわけ重要になる。業務内容が極めて定型的なものであれば，業務マニュアルのような形で文章化しておくだけで済むかもしれない。ところが海外赴任者が実際に担う業務の多くは，不確実性・複雑性の高いものであることが多く（Black et al., 1991），また現地の環境変化に対して敏感に反応する必要もあるため，業務マニュアルのような形で有益な知識を保持することが難しい。また海外子会社においては，本国以上に，派遣された社員に高レベルの自律性，自由裁量権が付与されることも多く，ある特定の赴任者の業務内容やそのやり方を，上司を含めた現地でのメンバーが完全に理解していることは少ないことが予想される。こうした知識は，多くの場合，派遣者の頭の中にあるものであり，適切に引き継がれない場合，前任者の帰任とともにその知識は海外子会社から消失することになりやすいといえるのである。

2. オペレーショナルな知識の引き継ぎと境界線問題

　第1章では，本国本社と海外子会社との間に存在する認知された差異として境界線を定義したが，オペレーショナルな知識の引き継ぎにおいては，境界線の問題がより微妙な形で立ち現れることになる。引き継ぎにおいて想定されているのは，前任者が何らかの理由で当該業務を離れるかわりに後任者がやってくるという状況である。この場合，前任者と後任者が赴任期間中に海外子会社という同一の組織へと所属するわけであり，両者の間に第1章でいうところの場の境界線（業務グループを規定する境界線）は存在しない。オペレーショナルな知識の個人間移転においては，当事者が認知する，より微妙な境界線への注目が必要なのである。

　第7章の結果によれば，前任者から後任者への引き継ぎは必ずしも十分に行われておらず，それが十分に行われるかどうかは，(1)「前任者と後任者との間に業務上／プライベート上の関係がある」，または，(2)「前任者の帰任先が後任者の配属元と同じ，かつ，業務環境が安定している」，または(3)「前任者と後任者の重複期間が6日以上あり，かつ，公式／非公式のフォーマットが存在している，かつ，業務環境が安定している」のいずれかの条件の組み合わせが必要になる。第7章ではこの結果を，前任者にとってのインセンティブとコストの観点から解釈したが，ここではこれを，当事者が認知する境界線という観点から議論したい。前任者が丁寧な引き継ぎを行うインセンティブやコストをどう見積もるかということは，前任者が認知する多様かつ多重な境界線の網目の中で，自己と後任者との関係をどう定位するかということに密接に関わっているからである。

　上記の(2)の結果は，前任者にとって，自己の帰任後の所属部署，そして従事する業務環境という2つの境界線が重要な意味を持つ可能性を示している。日系企業でしばしば見られるように，海外赴任者が帰任後に海外赴任中の所属部門（つまりその人の海外赴任を決定し，赴任中に管理を行う直接の主体である部門）とは異なる部門へと配属されるような場合，仮に後任者が本社の所属長に対して，前任者の引き継ぎの不備を報告するようなレポートを送ったとしても，後任者にとってはそれは大きなマイナスとならない。反対に，

前任者が帰任後も同じ部門に所属し，したがって後任者のレポートラインと同じ部門へと帰任するのであれば，前任者は後任者に対して丁寧な引き継ぎを行う動機を持つことになる。知識の引き継ぎを行う前任者にとっては，自らの後任者が自分自身と同じ部門境界内にいるかどうかということが，まずもって重要になるのである。ただし第7章の分析によれば，帰任後の所属部署は単独では丁寧な引き継ぎをもたらさず，業務環境の安定というもう1つの条件が合わせて生起する必要がある。これは前任者が，後任者の業務環境と自らの業務環境との類似性に注目しているということ，そしてこうした意味での境界線が引き継ぎの判断に重要な意味を持っていることを示している。自己の帰任後の所属部署，そして従事する業務環境という2つの意味において，前任者が後任者との間に共通性を見出すとき，前任者にとって丁寧な引き継ぎを行うインセンティブは高く知覚されるのだろう。

　一方（1）や（3）の結果は，パーソナルな人間関係というもう1つの境界線の存在を示唆する。双方に業務上／プライベート上の親密な関係があるとき，あるいは両者の間に少なくとも6日以上の重複期間があるときに前任者による丁寧な引き継ぎが起こるという結果は，前任者が後任者との間にパーソナルなつながりの有無に基づく境界線を知覚している可能性を示すものといえる。第7章でも議論したように，後任者と前任者とが過去に同じ職場で働いた同僚であったり，一緒に業務を行っていたり，あるいはプライベート上の関わり合いがあるような場合，前任者は後任者を自己の人間関係の境界線の内側にある者とみなし，一定の好意ないし親近感を感じ，結果として，帰任前の多忙な時間をその人の現地適応をサポートする業務へと自らの時間と認知を振り分ける動機を持つことになるのだろう。

3．海外赴任者が知覚する多様な境界線の網目

　赴任者が主観的に設定するこの認知的な境界線は，何も前任者と後任者の間だけに存在するわけではない。第7章スタディ1では，海外赴任者が，本社と海外子会社の関わり方に関して，自国にいた当時とは全く異なる理解を赴任後に持つようになるということを紹介したが，これもまた，海外赴任者が認知的に設定する境界線の1つといえるだろう。T社B氏の語りが示す

ように（第7章, p. 181），海外子会社へと赴任した社員の中には，本社と海外子会社との関わり方を子会社の視点から捉えることで，かつては自分自身が自らの境界内にあった本社を，赴任後に自らの境界の向こう側にあるものとみなすようになるものが現れる[1]。加えて，第7章では，当該赴任者の業務内容が他の現地社員と必ずしも共有されないことを指摘したが（第7章, p. 183），これは現地にいる社員の間においてすら，担当業務に関わる境界線が存在している可能性を示唆するものといえる。日系企業の現地化の課題としてしばしば指摘される現地人労働者と日本からの赴任者との軋轢の問題もまた，こうした境界線の問題と無関係ではないだろう（大木, 2013）。このように海外子会社にいる赴任者は，後任者に限らず様々な相手との間に，様々な境界線を設定していること，そしてそのことが，赴任者自身と境界線の向こうにある者との相互作用に対して少なからぬ影響を与えているということが，散発的ながら報告されている。

　海外赴任者が派遣後にこのような境界設定を行う1つの理由は，それが赴任者自身のアイデンティティ形成と維持に深く関わっているからであろう。海外赴任者の不適応の問題の多くが異文化適応の失敗に関わるものであることからもわかるように（Black, et a., 1991），赴任者にとって海外派遣は，かつて揺るぎないものであった「自分らしさ」に揺らぎが生じる経験に他ならない。社会的アイデンティティの研究が示唆するように，個人のアイデンティティは，「自分がどのような社会集団に属しているか」「どのような社会的カテゴリに該当するか」という認識を元に，私たちは自分自身を社会の中で定位する中で形成されるという側面がある（Tajfel and Turner, 1979）。その意味で海外赴任者による多様な境界線の認知は，海外という新規の状況の中で揺らいだ自らのアイデンティティを，再構築する試みとして理解することができるだろう。「日本人である私」「本社から派遣された（エリートとしての）私」「（本国本社の社員とは異なる）海外子会社社員としての私」「○○という業務をこなす私」というように，周囲の多様な社会的カテゴリの中に自らを位置付け，定位することで，赴任者は海外赴任先における自分自身のアイデンティ

---

[1] とはいえ，本社からの赴任者である以上，本社が自らの境界の内側にあるという認識もまた残存し続けるわけであり，この点こそが，海外赴任を扱う国際人的資源管理の中で扱われてきたいわゆる二重の忠誠の問題に他ならない（Black et al., 1999）。

ティを再構築していくのだろう。

　ただこうしたカテゴリ化は，皮肉なことに，集団の機能不全にもつながる。例えば「日本人である私」というカテゴリ化は，「日本人」と「それ以外の人」という形で，そこに含まれる者と含まれない者との差異を際立たせ，集団間の対立を誘発することにつながりうる（Tajfel et al., 1971）。個人は自分と類似した他者との間に内集団というカテゴリを，差異の大きな他者との間に外集団というカテゴリを形成するだけでなく，一旦そのようなカテゴリ化が行われると，前者を後者に対して優位に位置づけ，前者に対してはより多くの好意を向けるようになるからである。

　ではこうしたカテゴリ化がさらに進み，「日本人である私」「本社から派遣された（エリートとしての）私」「（本国本社の社員とは異なる）海外子会社社員としての私」「○○という業務をこなす私」というように多重の自己カテゴリ化が進行したとき，何が起こるのだろうか。ありうる１つの帰結は，組織における個人と個人のつながりの分断である。特定の社会的カテゴリとの同一化によって個人のアイデンティティが明確になる一方で，そうしたカテゴリ化によって起こるのは，それに含まれないものとの差異化に他ならない。したがって第７章で見られたような多様な対象との境界線の設定は，一方で赴任者個人のアイデンティティを明確化し，他方で組織における個人と個人のつながりの分断を招来しかねないのである。現地へと適応しアイデンティティを再構築しようとする個人の努力が，海外子会社における人間関係や前任者と後任者のつながり，そして海外子会社と本社とのつながりの分断を招来しているとしたら，それは大いなる皮肉といわざるをえない。

　以上，第７章の射程範囲をやや超えた議論になってしまったが，とにかく，前任者の現地適応努力の結果として，後任者との間に認知的な境界線が引かれてしまうこと，そしてそのことが，本来であれば可能であった知識の移転を妨げることにつながるということを，ここでは確認しておきたい。このとき，前任者と後任者が赴任期間中に所属するのは海外子会社という同一の組織であり，その意味で，両者の間には第１章でいう場の境界線（業務グループを規定する境界線）が存在しない。にもかかわらず，この「お互いが赴任中に同一部署の同一職務に従事する」という意味での組織の境界線は，当事者にとってなんら意味を持たない。同一職務に従事する期間にズレがあるとい

う事実によって,前任者にとって後任者は,境界線の「向こう側」にある人物と見なされてしまうである。

4. 認知的な境界線を超えるために

　以上の議論が正しいとすれば,海外赴任者が認知する多様な境界線の存在をまず理解し,その上で,赴任者本人にとっての境界線を取り除く努力が,組織には求められる。端的にいえばそれは,前任者と後任者とに対して,お互いが同じ境界の中にいるという認知を形成させる努力になる。境界線が個人が設定する認知的な構成物である以上,その境界を変更する余地が組織にはあるわけである。そしてその具体的な手段のいくつかは,第7章の中で既に示されている。

　前任者と後任者にとってまず重要になるのは,パーソナルな人間関係に関わる境界線であろう。対人関係に関わる諸研究が示しているように,日常的な相互接触は,対人コンフリクトの発生を低減させるだけでなく,双方の情報共有と相互理解の促進に寄与する（Rubin et al., 1994）。後任者の派遣に先立って前任者と後任者の相互接触を図る,海外赴任者を決定する際に前任者と良好な関係を持った後任者を指名するなど,この点に関して組織にできることは少なくないはずである。ただしこのやり方には欠点もある。日常的な相互接触は,他方で,双方の価値観や考え方の違いを顕在化させ,そのため相互接触頻度の増加に伴って,かえって両者のコンフリクトが促進されていくこともありうる（Rubin et al., 1994）。当該ペアが上記のうちどちらに進んでいくのかが事前にわからない以上,組織は,当事者間の相性の良し悪しといった極めて属人的な点に大きく依存せざるを得ない。両者の人間関係の機微にまで介入することは,組織にとって極めて高い管理コストを要求するからである。

　その意味で,「前任者の帰任先を後任者の配属元と同じ部署にする」あるいは「前任者と後任者の重複期間を設定する」といったことが,組織にとってより現実的な選択肢なのだろう。繰り返し述べているように,これらはいずれも,前任者にとって後任者に対する丁寧な引き継ぎを行うインセンティブを高く,そしてそれを行うコストを低く見積もらせることに関わっている。

前任者が帰任後も同じ部署に所属している場合（「自己の帰任後の所属部署」という点で，同一の境界内にいる場合），後任者が本国本社へとレポートを送る際の送付先が，前任者の帰任後の所属長あるいはそれに近い人物である可能性が高くなる。これは前任者にとって，丁寧な引き継ぎを行ったかどうかが，帰任後の職場において顕在化する可能性が極めて高い状況であり，丁寧な引き継ぎを行う動機が強く知覚されることになるのである。また派遣期間の重複は，前任者が自らの時間と認知的負荷を引き継ぎ業務へと配分することを正当化することを通じて引き継ぎコストの引き下げに寄与するだけでなく，重複期間を通じたやりとりが両者の親密な関係性を醸成し，前任者にとっての後任者を「パーソナルな人間関係」における境界内部の人間として認知させることを通じて，引き継ぎへのインセンティブを引き上げることに寄与するだろう。いずれにせよ今後は，海外赴任という文脈において，当事者が認知する多様な境界線の網目に注目する必要があるだろう。

IV-5

日系企業における知識創造と知識移転の順序

孫　徳峰

　知識移転においてこれまで十分検討されていない課題が，知識創造と知識移転の順序の問題である。この問題は，新興国市場に対して行う，将来的に現地での知識創造を念頭においた知識移転においては，特に重要な問題となる。本節では，現地拠点において製品開発を行うことを前提とし，日系企業の新興国市場における知識創造と知識移転の順序について述べていく。

1．知識の探索と活用

　知識創造と知識移転は，それぞれ組織学習論のMarch (1991)の「探索」と「活用」[1]に立脚して議論できる。March (1991)によれば，「探索」は，新たな知識や能力の獲得を目指した活動であるため，知識創造は「探索」にあたり，「活用」は，既存の知識や能力の深耕による効率化を目指す活動であるとされる。なお，本節では「知識移転」を，単なる知識の移転ではなく，知識を移転してその知識を活用することまで含む概念であると見なしているため，知識移転は「活用」にあたる。組織学習の既存研究では，組織の継続的な成長のために既存知識の「活用」と新たな知識の「探索」の両方の学習が必要であるとされている（March, 1991; Levinthal & March, 1993）。「活用」のみでは局所的にしか適応できないが，逆に「探索」ばかりでは組織の安定した成長が危ぶまれる。したがって，多国籍企業が環境変化に柔軟に応え続けていくためには，新しい知識を創造する必要があると同時に，既存の知識を

---

[1] p.145の脚注を参照されたい。

移転して最大限に活用することが欠かせない。

多国籍企業は組織内で知識を移転することによって，優位性を共有獲得できるとされ，国際経営研究において，従来は本国の優れた既存知識を移転することが主に注目され，多国籍企業の存立理由として定式化されてきた。ただ，最近のBOPビジネス[2]研究（London & Hart, 2004）とリバース・イノベーション研究（Govindarajan & Trimble, 2012）では，現地における新しい知識の創造に焦点が当てられている。特に，近年，成長市場として注目されている新興国市場における学習に関してみると，過去の国際化戦略とは異なる非連続性と固有の参入障壁が存在する（天野, 2010）ため，既存知識の活用だけでは，新興国市場に適応できない可能性が高くなる。したがって，新興国市場開拓において，現地で新たな知識の創造が必要となるけれど，かといって現地で新規知識の創造のみではいわゆる外国企業としての固有の不利に直面する。このような不利は，本国で蓄積された優位性のある知識や資源を現地に移転することによってある程度解消される（Hymer, 1976）が，本国から経営資源（先進国市場をベースに形成されたもの）を移転すればするほど，過去の成功体験に固執することにつながり，新興国市場における知識創造活動が阻害される可能性が高くなる。既存知識を移転して活用する活動と新規知識を創造する活動の両方が必要であるにもかかわらず，その二つの活動を同時に行うことが困難であると考える（March, 1991）[3]。

したがって，こうした「探索」と「活用」の間のトレードオフの関係を踏まえたうえで，新興国市場に適応する新しい能力の構築において，知識創造と知識移転の間のバランスをどのように取るのかが課題となる。この問題については，「探索」と「活用」が経時的に連結されるという，組織の「断続平衡（punctuated equilibrium）」説（Tushman & Romanelli, 1985; Burgelman, 2002; Siggelkow & Levinthal, 2003）の考え方に立脚することで，解決策を探ることができる。

断続平衡とは，単一組織の中で探索と活用を同時に行うことはできないこ

---

[2] BOP（base of pyramid）ビジネスとは，低所得層を対象とするビジネスを指す。
[3] March（1991）は，組織の長期発展のためには，「探索」と「活用」の両方が必要となるが，「探索」と「活用」はそれぞれ異なるストラクチャ，プロセス，戦略，能力，文化を要求しており，組織パフォーマンスに与える影響も異なるため，その二つは基本的に両立できないと主張している。

とを前提とし，探索と活用の学習モードを切り替えることによって，海外子会社において知識創造と知識移転を結果的に両立させるという考え方である。この観点に立つことで，多国籍企業の海外子会社（特に，製品開発拠点）での能力構築プロセスにおいて，現地での知識創造と本国の既存知識の移転がどのように経時的に連結されるのか，またそれによって海外子会社の能力がどのように構築されるのかを議論する。つまり，本国の既存知識を移転して活用した後に，現地で知識創造活動を行うのか，それとも，現地でまず知識創造活動を行い，そのあとに既存知識を移転して活用する形で本国側が関与するのか，という順番が問題となる。

2. 知識移転と知識創造の順序

2-1. 知識移転から知識創造

　本国の既存知識を移転して活用した後に，現地で知識創造活動を行うことは，比較的頻繁にみられる現象であり，国際経営研究においてもよく取り上げられてきた。グローバル企業と呼ばれてきた日本企業（Bartlett and Ghoshal, 1989）は，本国の優位性を基盤に本国の重要な経営資源を，海外の文脈に移転して展開していく形での現地適応を行ってきた。従来の日本多国籍企業の議論では，本社の既存能力の「活用」に主に焦点が当てられてきた。そして，このような場合に現地で探索するためには，本国の既存能力の「活用」を目的として本国のアドバンテージとなる資源を移転した後に，それを起点として現地で「探索」を行うことを暗黙の前提としてきた。具体的に言うと，たとえば現地で製品開発活動を行う場合，本国から知識を移転する形で現地において先に開発センターを立ち上げて，その次に本社側で展開している製品の中から選んだものを現地市場に適応させるため，どこから順番に変えていこうかということを考え始めるやり方である。つまり，日本市場で築き上げた製品ラインアップの中から製品を選択する，あるいはそれらを機能面やコスト面などを考えたうえで現地市場に適応していくやり方である。この議論は，「活用」から「探索」へのモードの切り替えによる能力構築が適合的であることを示しており，「活用」によって本国能力の移転が競争力の源泉であるという多国籍企業論の標準的な考え方である。

新興国市場でビジネスを展開する際，日本企業を含む多くの先進国企業は，従来，後発の新興国市場を先進国市場の補完的市場と位置づけ，先進国市場において蓄積してきた知識や資源を現地にそのまま移転するか，多少修正を加えて持ち込むことが多かった。そうした製品やビジネスモデルは，現地市場の市場特性をもとに開発されたわけではなく，生産や調達の方法も，先進国市場で構築したものを現地に移転して現地市場環境に合わせる形で多少修正を加えるに留まることが多かった。そのため，新興国市場の一部の上位市場に受容されるが，全体の市場シェアは伸び悩んできた。この点に関して，第6章では，新興国市場開拓において，本国資源の優位性の前提に立ち，本国の組織能力（組織ルーティン）を移転するだけではなかなか成功につながらないことを明らかにしている。それは，日本企業のこれまでに事業を成功に導いた戦略が先進国市場をベースに形成され，知識もおおむね本国など先進国市場に依拠しているため，市場条件や資源条件が大きく異なる市場に参入する場合には困難を伴うケースが少なくないためである（天野，2010）。したがって，中国のような新興国市場でビジネスを展開する際，現地で新たな知識の創造が必要となるけれど，知識移転を知識創造より先に行うことで，新興国における海外拠点の組織プロセスや組織ルーティンが，本国の親会社のそのものであるか，あるいは親会社の組織プロセスや組織ルーティンの延長線上のものになる可能性が高く，結局は現地で新たな知識の創造活動が阻まれる可能性が高いと考える。

　このように，本国からの知識移転を先に行うような状況下では，本国資源のある種の慣性（inertia）が働きやすい環境になるため，知識創造という「探索」がうまく展開できず，結局「活用」と「探索」の間のバランスが取れなくなる可能性が高い。結果，日本から製品を現地に持ち込んでそれをベースに変えていくと，日本の価値基準やルーティンが浸透されているため，あまり大きく変わらないことが多い。たとえば，日本企業の製品は「過剰品質高価格」で，現地ボリューム・ゾーン市場のニーズを的確に捉えていないといわれるのも，本国親会社の取り組みの延長線上のものであるからだと考えられる。

　新興国市場の場合，本国の需要パターンが輸出されるような後発市場に一見みえるにもかかわらず，実際には本国の能力がそのまま競争優位の源泉に

つながらないという特徴がある。このため，活用ではうまく現地市場に適応できないことに気がついてから探索し，結果的に効果的な能力構築を進めることができないことが多いようである。このような状況では，探索を先行させるやり方が適合的かもしれない。

2-2. 知識創造から知識移転
2-2-1. 知識創造から知識移転の順序による能力構築

　現地で知識創造活動を行った後に，本国の既存知識を移転して活用することについては，多国籍企業の既存研究から議論が少ない。現地での製品開発の場合，本国の優位性のある既存能力の活用をいったん断ち切った形で，まず現地で探索活動を実施することによって，本社とは全く異なる形で製品開発活動が行われる可能性が高い。本国からの知識移転がないと本社からの関与が少なく，自律性の非常に高い状態で開発が進められる。それは，最初から本国から知識を移転する形で製品開発過程に本社が関与すると高品質高価格になりがちで，現地のニーズには適応しない中途半端な製品になる可能性が高いからである。

　ただし現地で新しい能力を構築するために「探索」活動を行おうとすると，多国籍企業の優位性を享受することができなく，前述のように外国企業としての固有の不利に直面される。その表れとして，親会社から完全にかけ離れた状態で開発活動を行った結果，現地拠点の能力の不足により現地で開発された製品に品質の問題などが出てくる可能性が高い。その場合，探索活動のある段階での状況（失敗経験など）を踏まえたうえで，次の段階として本国側から支援する形で本社の既存知識を移転することで，問題解決にあたる。

　したがって，現地で先に探索活動することにより生ずる問題をある程度容認する形で知識創造活動を先に行うことで，特に新興国市場のボリューム・ゾーンを開拓するための，地場の競合メーカーと競争できる製品が開発できる可能性が高い。現地開発チーム（特に現地人によって組織されたチーム）起点で学習を開始したことで，本社の価値基準やルーティンとはまったく異なる現地の基準やルーティンが開発され，しかも，そのような基準やルーティンは，日本からの駐在員や本社で関連情報を持っている日本人技術者の見方や解釈によっては，なかなか理解できないことが多い。つまり，本社の価値基

準やルーティンを熟知している日本人からは，出にくい発想だということである。

このように，知識創造から知識移転への順序は，親会社のルーティンに引きずられずに，現地で知識創造活動ができる反面，現地拠点の技能面などの知識や能力の不足によってさまざまな問題が発生する可能性もある。その際，探索活動のある段階で，次の段階として本国側から知識を移転する形で本社が海外子会社の製品開発活動に関与し，問題解決をサポートする。よって，知識創造活動の全体プロセスの中でどのタイミングで本社側からかかわる形で知識移転活動を行うかの，知識移転の位置付けが重要なポイントになると思われる。知識創造活動が間もない段階において知識移転を行うと，知識創造活動が十分行われないまま探索が終わってしまう恐れがある。一方で，知識創造活動を行うことで，現地拠点の能力の不足による問題が深刻であるにもかかわらず知識移転活動が遅れた場合，本社側のサポートをタイムリーに得られず製品品質などの問題が残る可能性が高い。

要するに，現地市場向け製品を現地独自の基準（本社の品質基準，設計基準などとは異なる）に則って新たに開発した製品をもとに，品質などの問題にかかわる本当に直さないといけないような部分に関しては，本社側から適切なタイミングで関与する形を取ることによって，「知識創造」と「知識移転」が結果的に両立して現地拠点の能力が構築されていくのである。

2-2-2. 知識創造活動の担い手

ここで，現地で誰が知識創造活動を担うのかについて検討してみる。たとえば，現地人材に自律性を与えると，モチベーションが上がることで，製品開発の能力構築がスムーズに進むかもしれない。だが，発展途上国もしくは新興国であるがゆえに現地拠点の技術的経験が浅いため，自律性が与えられても現地で探索活動が行われない可能性も考えられる。現地人材に自律性を与えることは，探索活動ができる一つの重要な条件であるかもしれないが，それが十分条件にはならない。したがって，日本人に自律性を与え現地でまず探索をして，次に本社のやり方を導入するという道筋でも同様の成果が得られる可能性があると思われる。

ただし，日本人が現地でまず探索を行うことには困難が伴うため，本社の

やり方を導入しがちであるとよく指摘される。だが，それが実現不可能であると言っているわけではない。日本人が主導した，本社に縛られない海外拠点での探索活動は可能性として十分あり，同様の成果が得られると考える。第6章で述べたように，本社主導ではなく，現地拠点が自律性の高い状態で，現地に駐在する日本人経営者のイニシアティブのもとで新製品開発を実施したことは，本社に縛られない日本人主導の知識創造活動が可能であることを例証している。ここで重要なのは，現地で知識創造活動を展開できる高度な自律性が付与されているか否かであるかもしれない。さらに言うと，現地で日本人主導での知識創造活動が可能であれば，そのあとの知識移転において，現地人より日本人駐在員のほうが優位に立つと考える。それは，親会社の組織文化や知識に精通する海外駐在員は，現地人より本社が持っている現地活動にとって有益な知識を識別しやすく，親会社での人脈を通じて知識移転を促進するコミュニケーションを行いやすいためである。

3. 知識移転と知識創造の順序に関する議論の適用範囲

　ここで，知識移転と知識創造の順序に関する議論の適用範囲について議論しておこう。知識移転から知識創造の順序での能力構築が適用できる場合と，知識創造から知識移転という順序での能力構築が適用できる場合，それぞれについて考察する必要があるだろう。

　まずは，国の制度環境の観点から順序の議論をしていく。知識移転から知識創造の順序の場合は，日本企業など先進国多国籍企業が自国との制度的な距離の小さい先進国市場に進出する際に，より意義を持つ可能性が高いと思われる。先進国市場の間では市場条件と経営資源においてはギャップが大きくないため，本国資源を活用することを前提とし，本国からの知識の移転と活用が優先される。この場合，現地で新たな学習活動を行うにしても，本国の優れた知識や能力を活用することを目的とし，本国のアドバンテージとなる知識や能力を移転した後に，それを起点にその知識や能力を現地市場や環境に適応する形で新たな学習活動が行われる場合が多いように思われる。

　一方，新興国市場の場合，新興国の制度環境の特徴として，未成熟な資本市場，信頼できる市場情報の不足，事業活動に対する当局の介入，契約を履

行させる効果的なメカニズムの欠如があげられている（Khanna and Palepu, 1997）。Khanna and Palepu（1997）は，それらを「制度のすきま（institutional void）」とし，市場における取引効率を低下させ，取引の不確実性を増加させる要因とする。新興国市場でビジネスモデルを実行に移そうとすれば，必ず「制度のすきま」が障壁となる（Khanna and Palepu, 2010）。先進国市場を拠点とする多国籍企業が一般的に整備された制度環境を基盤として築いてきた知識やビジネスモデルを，同様な基盤のない新興国市場に移転して再現することは困難である。よって，多国籍企業が新興国市場でビジネスを展開する際，本国の知識の「活用」より現地での知識の「探索」を先行させることで，「制度のすきま」を埋めることが可能となる。さらに，自社の事業を支える形で「すきま」を埋め，積極的に改革を試みる道を選択することによってその弊害を機会にまで変えられる（Khanna and Palepu, 2010）。

　次に，顧客側からの製品評価の視点から順序の議論の適応可能性について論じる。先進国市場では，顧客側が製品の属性や機能，便益に関する知識が豊富で，品質に関する評価も厳しい。「活用」より「探索」を先行させることで，製品の品質に問題を生じさせてしまった場合，企業のブランド価値に致命的な打撃を与える可能性がある。顧客側が洗練されている場合，知識移転からの知識創造の順序がより意義を持つ可能性が高いように思われる。

　しかし，新興国市場では，そもそも顧客側に製品を評価するために必要となる学習が進んでいない。品質に対する希求水準が低いことも多く，製品のブランドや開発原産地をみて，製品の機能や品質を間接的に評価し，購買に至ることが多い（Essoussi and Merunka, 2007）。その意味では，最初の探索段階で失敗したとしても，顧客信頼を失うわけではないため，探索段階での失敗経験を次の段階の開発に活かせるという状況が考えられる。この点については，消費財に比べて生産財のほうがより当てはまる。企業で生産財を開発する場合，製品を開発する段階から顧客企業からの要請に従ってカスタマイズしながら，しかも開発段階から開発プロセスに顧客企業が入り込んで一緒に開発するケースも多い。この場合，開発した製品に品質などの問題が発生したとしても，その問題の解決に一緒に取り組むことで，探索段階での失敗経験を次の段階の開発に活かせると考えられる。このように，顧客が供給者と長期的な関係を構築する傾向のある産業や環境においては，知識創造から

知識移転の順序の議論が適用できる可能性が高いように思われる。

　最後に，製品アーキテクチャ[4]・組織の視点から見てみよう。日本企業は，製造に関する「インテグラル型」アーキテクチャを持つ製品に適した「インテグラル型」組織関係を構築することで独自の産業システムを作り上げ，日本の製造業の強さを形成してきた。たとえば，第5章で取り上げられた自動車産業の例でいうと，自動車のような「インテグラル製品」[5]である場合は，完成品メーカーと部品サプライヤーの間に，数多くの部品を横断して統合・調整する必要がある。本国における優位性のある協力関係を海外にも再現するためには，本国から現地への知識移転が必要であり，その知識移転において海外準マザー工場は重要な役割を果たしている。その場合，部品メーカーが現地拠点において本社から知識移転をしないまま知識創造活動を行うことは困難であると考える。他の部品とのすり合わせを考える必要があるため，これまでの完成品のアーキテクチャや価値基準などが大きく変わらない限り，開発に伴う基準やルーティンが本社側から知識移転という形で移植され，そのあとにそれぞれの現地環境への適応のための現地知識の探索活動を行うことが一般的と思われる。一方で，「モジュール製品」[6]の場合は，部品メーカーが個別のモジュールの開発に際して他の部品メーカーとの調整の必要がなくなる。これによって，他のモジュールの開発における変動から制限を受けることなく独立して各々のモジュールの開発を行うことができる。既存の価値基準やルーティンにとらわれず，現地で探索活動を行うことで新たな技術を製品に反映することが比較的に容易になるため，探索活動を先行して行うことが可能となる。

　本節の議論から示唆されるのは，「知識創造」から「知識移転」へという順序と，「知識移転」から「知識創造」へという順序とでは，「探索」と「活用」のバランスの取り方，製品開発プロセスおよび組織の能力構築プロセスが異なるということと，またそれぞれの順序が適応できる状況が異なるということである。

---

[4]　p.162の脚注を参照されたい。
[5]　「インテグラル製品」は，部品同士がそれぞれ独自のインターフェイスによって複雑強固に連結されている製品を指す。
[6]　「モジュール製品」は，部品間のインターフェイスが標準化されており，構造的に分離独立したいくつかの部品システムにまとめられている製品を指す。

総括

1. 知識移転が生み出す組織のダイナミズム

　本書は日系多国籍企業を対象に，組織内知識移転がどのように行われているのか，その際に何が課題となるのかを理論と複数の事例研究から論じてきた。知識移転において多様な境界線のマネジメントが必要になることは，グローバル展開する企業では当然のこととも言える。しかし，これまでの研究では，組織の境界線は組織の構造上の枠組みであることを前提に，移転の障害ではあるが，アクターが直接コントロールできない与件として，分析対象から除外されてきた。結果的に，組織境界線の具体的な内容やそれらが知識移転で果たしている具体的な役割について，これまでまとまった議論はほとんどなされないままであった。本書の成果は，①知識を性質や機能の違いに応じて体系的に整理し，資源であると同時にマネジメントツールでもあることを示したこと，②組織境界線を組織の構造，機能，制度，人々の認知作用，などによって生み出される差異として統一的に解釈したこと，③以上２点をもとに，組織で行われる知識移転を，境界線を介して行われる知的資源の提供，ならびに知識の送り手側から受け手側への影響力の行使として，理論と事例の両方から論じたことである。

　知識移転を研究するにあたって念頭に置いたのは，知識移転を組織研究として論じることと，学術研究としての一定の水準を維持しつつ，企業で活動する人々が日々の業務で体感する一種の現場感のようなものをできる限り研究に反映させることであった。どちらも非常にチャレンジングな課題であり，研究枠組みの設定は慎重に行った。組織の業務は多岐にわたっており，それぞれの現場で様々な知識が毎日のように移転されている。移転の目的や用途も多様で，それらを統一的な視点で論じるのは難しい。本書は，組織で行わ

れる様々なタイプの知識移転の中から，本国と現地ユニットの間で行われる国際的な知識移転に焦点をあてた。移転の基本的な枠組みは，組織階層の上位ユニットから下位ユニットに対して行われる垂直的な知識移転である。ユニットを起点とする知識移転については，職位階層の上位メンバーから下位メンバーに対して行われる移転と，同一職位メンバー間および地理的に離れたユニット間で行われる横断的な移転を含む。

　本書は他の研究に比べて組織と職位の階層性を意識した分析を行っているが，その際に留意したのが以下の点である。現代多国籍企業の階層性は，官僚構造のような硬直的なヒエラルキーではなく，組織を構成する一つ一つのユニットが権限を通じた命令系統を維持しながらも，相互連携したネットワークとして自律的に機能している。階層とネットワーク，権限による統制と自律による統制，という対立しがちな組織とマネジメントの2側面を両立させているのが現代多国籍企業の組織的特徴であり，それを可能にしているのが知識の移転だと考えられる。

　知識移転は，組織における付加価値創造活動である知識マネジメントの一部を構成する活動であり，これまでの研究ではもっぱら創造性と関連づけられてきた。一方本書は，組織の創造的活動を支えている日常業務との関わりに着目した。資源としての知識は，組織活動のインプットでもありアウトプットでもあるという両義的性質をもつことで，「(知識の) 創造，移転，活用」で表される知識マネジメントサイクルを支えている。マネジメントツールとしての知識は，知識の保有と利用を通じて組織内外のアクターや関連する諸資源を組織化し，共通目的に代わる組織的活動のコアとなる。どちらも先行研究ではこれまで指摘されることがほとんどなかった知識の特徴であるが，現代企業組織における知識の重要な役割である。

　知識は，構造的にはデータや情報などの記号やシンボルから構成されるストックまたはフローであり，第1章の図 I-1-2 で示したような知識階層として説明することができる。知識の第一の特徴は，それ自体も意味をもつが，他の知識や組織のコンテクストを構成する要素と組み合わされることで，新たな意味や価値を生み出すことができることである。知識からどれだけの付加価値を生み出せるかは，知識がどのような資源価値を備えているかだけではなく，組織や個人アクターが知識をマネジメントするための土台として，

どのような知識基盤をどの程度もっているかも鍵となる。知識移転の論点の一つはまさにここであり，どのような知識を移転するかだけでなく，知識をマネジメントするための基盤となる知識（基盤知識）の違いに起因する境界線を，知識の送り手と受け手の間でどのように処理するかも課題となる。

　第二の特徴は，知識はそれを保有あるいは利用することができる者とそうでない者の間に，両者を隔てる境界線を生み出すことである。これは知識の境界線であり，組織の境界線とは別に協働体系を規定する。知識の境界線は，知識の送り手と受け手のそれぞれが行動や意思決定の際に参照する theory-in-use の違いであり，双方の価値基準の違いや組織文化の違いなどを表す。国際的な知識移転のように，異なるグループ間で知識が移転される場合，移転対象となる知識が図 I-1-2 の最上位の手段としての知識にとどまる場合，両者を隔てている境界線にあまり変化はないだろう。しかし，移転される知識に基盤知識も含まれるようになると，知識の送り手と受け手は theory-in-use を共有することになり，国境や制度の壁を除いて，両者を隔てる境界線は実質的になくなる。

　知識移転を当事者だけでなくそれを含む組織全体から捉えた場合，知識移転とは，知識の送り手と受け手の間の境界線をなくす代わりに，両者の周囲に内部と外部を分ける新たな境界線を設定する作業にあたる。知識移転を通じた組織境界線の規定と再規定の繰り返しが，組織のダイナミズムを生み出す要因となっている。現代多国籍企業が，構造体としての特徴を維持しつつも一つの巨大なネットワークとして機能できるのは，組織内で行われる様々な知識のやりとりを通じて活動のコアとなる協働体系が適宜修正，刷新されており，それによって既存の組織構造の枠組みの範囲では対応が難しい様々な課題にも柔軟に対応できるからだと言えよう。

　一般的な企業組織の場合，組織で共通に用いられる theory-in-use が組織を統制する基盤知識となる。しかし，組織のタイプによっては，組織よりも外部環境の theory-in-use が適用される場合もある。たとえば医療機関やローファームのような専門職組織は，多数のスペシャリストやプロフェッショナルを従業員として雇用し，組織全体で専門的業務を遂行している。このような組織で基盤知識になるのは，組織の theory-in-use ではなく，メンバーが属する専門職集団（プロフェッション）をささえる専門的知識体系と，それ

に由来する theory-in-use である。地域によっては，組織の価値よりも宗教上の信条や教義が優先されるように，メンバーが所属する社会集団の差異や多様性が固有の基盤知識になることもある。何が知識階層を支える基盤知識であるかは，特に国際的な枠組みで行われる知識移転を論じる際には留意すべき点であろう。

2. 知識移転における現地ユニットの役割

　第Ⅲ部の事例研究は，アジア進出の日系多国籍企業で行われている知識移転の事例から，地域統括会社，準マザー工場，現地研究開発センターが，知識移転で果たしている役割を具体的に明らかにしている。三者に共通するのは，大きく変貌しているアジア地域の経済的・政治的環境の中で固有の役割を果たしながら活動していることと，地理的にも組織構造上でも本国と現地を結ぶ中間的なポジションにあり，本国本社と現地の下位ユニットを結ぶリエゾン役として様々な役割を果たしていることである。このポジションは，本国と現地の調整役として板挟みになるリスクを負う一方，双方に対して情報の非対称性を生かして影響力を行使することもできる。本国との関係でいえば，現地ユニットは本国からの権限を受容する側であり，階層関係上の影響力は相対的に弱い。しかし，現地から本国に提供する知識の量や質をコントロールすることで，本国に対して影響力を行使することができる。現地ユニットが統括している下位のユニットに対しては，権限の行使を通じた統制に加えて，移転すべき知識や移転方法のコントロールを通じて統制することもできる。リエゾン役のユニットがしかるべき役割を果たせるかどうかによって，知識移転の成否が決まるといっても過言ではないだろう。

　第4章で論じたように，地域統括会社は製造，人事，財務などの組織の各ファンクションの機能を本国本社に代わって担当しており，そうした役割の中で，現地と本国の間で行われる様々なタイプの知識移転を，知識の送り手と受け手の両方の立場を使い分けながらサポートすることがもとめられる。地域統括会社はいわばマルチアクターであるが，知識移転でどこまでの役割を果たせるかは，権限委譲の程度に影響を受ける。現地インタビューでもこの点は比較的はっきりと現れていた。地域統括会社は現地のビジネス環境の

翻訳者兼仲介者として，法制度の境界線の越境や，本国と現地の認知ギャップによって生じる様々な移転の障害の克服において大きな役割を果たす一方で，本国事業部との権限バランスの関係上，現地で十分な統制能力を発揮できない側面もある。これは，現地統括本社の公式的な位置づけのあいまいさを表すエピソードであり，日系多国籍企業が事業部と地域統括会社の間で組織マネジメント機能を分散させている可能性を示唆している。第Ⅳ部の「考察」では，地域本社の活動が意味を持つのは，基本的には法的障壁により国境を超えた知識移転が難しい場合であることを示した上で，地域本社が知識移転において果たしうる様々な可能性を示している。この点については，地域統括本社機能の解明を含めて，今後さらに研究する必要があるだろう。

第5章と第6章は，どちらも製品の製造に関わる技術と知識を移転したケースであり，現地ユニットが本国との間で行った垂直的知識移転と，現地の他ユニットとの間で行った発展的な知識移転を論じている。第5章では，製造工程に関わる重層的な知識を移転するために，知識移転に必要なトレーニングプログラムの内容や手順を現地従業員が企画し，知識移転プロセスに主体的に参加したこと，そして，それが次に行われた現地から別のアジア地域への横断的な知識移転を円滑に進める要因となったことが説明されている。第6章では，本国主導の知識移転の受け皿として作られた現地研究開発センターが，本国からの形式知の移転をきっかけに，現地における知識の創造や活用において徐々に主導的役割を果たすようになっていくプロセスについて，二つのフェーズにわけてのべられている。

5章と6章の2つのケースに共通するのは，最初の段階では知識移転は本国主導で行われるが，次の段階では，知識の受け手である現地側が，知識マネジメントの担い手としてリーダーシップを発揮していることである。本国主導の知識移転が受け手側にやらされ感のようなものを生み出すと，知識移転のねらいである自律的なマネジメントの実現は困難になる（Jensen & Szulanski, 2007）。しかし，どちらのケースも，知識移転に際して知識の受け手側，特に現地従業員の自主的な参加を実現したことで，知識移転を送り手から受け手側への一方的な知識の提供ではなく，両者の合意と協力のもとで行われる双方向的活動とした。それが本国からの知識移転だけでなく，その後行われた現地主導の知識移転を成功させた理由でもある。

第7章は，駐在員間で行われる知識の移転（引き継ぎ）の研究である。第5章や第6章で論じた知識移転と異なり，引き継ぎは短期間で行われる公式的な知識移転であり，移転対象となる主な知識は，図Ⅰ-1-2に示した知識階層の最上位にあたる手段としての知識が中心となる。基盤知識が対象になりにくいのは，時間的制約があることに加えて，多くの場合，知識の送り手と受け手となる帰任者と新規派遣者は本国の同一ユニットから送られた組織メンバーであり，すでにユニットと組織の両方の基盤知識を共有していると考えられるからである。両者の間で移転の障害となる境界線は，個人的な差異を除いて大きなものはほとんどないはずである。短期間での知識移転が可能であるのはそのためである。第7章の記述によると，駐在員間で行われる知識移転は，当事者が認識する限りでは必ずしもうまくいっているわけではない。その理由として，移転プロセスへの組織の関与が不十分で，移転すべき知識の内容や移転手段も含めて，かなりの部分が駐在員（派遣者と帰任者）に委ねられている点があげられている。

　「考察」で著者が述べているように，派遣者と帰任者の間には，価値認識や両者がそれまで過ごしてきた環境の違いが原因で生じる様々な差異がある。それらは，引き継ぎに関して当事者間の認識ギャップを生み出したり，スムーズな移転を阻害する原因となったりしている。日系企業では，駐在員間の知識移転は当事者任せで行われる傾向にあるようだが，第7章では，このようなあいまいな状況でも知識移転が比較的うまくいく条件として，公式的引き継ぎ期間の設置，帰任直後の部門間移動（異動）の制限，知識移転当事者同士の良好な個人間関係，があげられている。この指摘は，引き継ぎのような日常業務に関わる知識移転を成功させるためには，移転当事者にすべてを任せるのではなく，移転プロセスを組織の業務プロセスの一部に組み込み，組織が適切にサポートする必要があることを示している。この点については，次節の「インプリケーション」で詳しくのべる。

3．本書のインプリケーション

(1) 知識移転プロセスへの組織の関与

　移転する知識のタイプによって程度の差はあるが，知識移転を成功させる

ためには，知識移転プロセスへの組織の関与はある程度必要であろう。創造性の喚起を重視する研究の多くは，知識移転は現場への権限委譲と自律的マネジメントによって遂行されるべきであり，組織による関与はできる限り少なくするのが望ましいと考えている。しかし，本書の第Ⅲ部で論じた各種の事例が示すように，知識移転は，引き継ぎのような日常業務の継続を目的に行われる場合も，新ブランド立ち上げのような創造的活動のために行われる場合も，組織によるコントロールと現地メンバーのコミットメントがある程度必要となる。日常業務に関する知識の移転では，普段使いの知識を確実に移転することが求められるため，移転プロセスを組織活動の一部に組み込むなど，知識移転を制度化することでスムーズな知識移転が可能になる。イノベーションのような，過去の学習の棄却やこれまでと違う発想を生み出す場合も同様に，いきなり現地に権限を持たせるのではなく，創発性を喚起するための知識の土台をまず作らなければならない。権限委譲によって自律的活動が喚起されるのは，少なくとも，現地が与えられた権限を使いこなすだけの知識と経験を保有している場合に限られる。知識基盤が十分でない場合には，本国がある程度計画的に知識を移転し，現地での学習の方法や学習レベルをコントロールしなければならないだろう。

　近年の知識マネジメントは，組織でゼロからじっくり知識を生み出すよりも，組織内外にすでに存在している知識を応用してできるだけ早くニーズに合った製品を生み出すことを優先する傾向にある。このような，一種のジャストインタイム方式の知識マネジメントにおいて求められるのは，形式化された知識の移転と，現場における機動的な活用である。本書第5章と第6章で論じた事例は，いずれも統制型の知識マネジメントと現場単位での自律的な知識マネジメントの組み合わせが，高い成果を生み出したケースである。

　誤解を恐れずに言えば，学習基盤が構築されていないユニットへの権限委譲は現場への丸投げであり，本国が主導すべき現地の育成と管理の両方を放棄しているに等しい。もしそれらを現場の従業員たちに一任しているとすれば，彼らの業務負担が過大になり，必要な知識の移転とそこから期待される二次的な知識の活用が十分に行われなくなる恐れがある。第7章では，駐在員まかせの知識移転の現状と課題が論じられているが，そこで指摘されているのがやり直し学習のコストである。引き継ぎのような短期間の知識移転で

は，知識の多くが引き継がれずにリセットされ，新たな派遣者が現地でゼロから学習し直さなければならなくなる。学習をおしなべてよいものとする学習論の観点に立脚するなら，やり直し学習は派遣者のトレーニングの一つと考えることもできよう。しかし当事者へのインタビューからは，移転されなかった知識の再習得は負担が大きい割にメリットはそれほど大きくないことがうかがえる。つまり，現場の体感ではやり直し学習は知識移転コストにあたる。もし企業が現在の駐在員制度を利用した知識移転を今後も続けるのであれば，知識移転のコストを駐在員だけに負わせるのではなく，組織側も応分の負担をするか，コスト削減のための何らかの施策を行う必要があるだろう。

(2) 日本型知識マネジメントの行方

　日系企業はこれまで人に依存した組織作りとマネジメントによって国際競争を勝ち抜いてきた。個人に多くを依存するマネジメントスタイルは日系企業の強みである一方で，従業員間で業務負担のインバランスを生じさせたり，担当者不在になったとたんに組織活動が回らなくなったりするなど，多くのリスクも抱えている。人依存のマネジメントが限界に近づきつつあることは，たとえばワークライフバランスを重視する議論の高まりに現れているように，研究上の課題であるだけでなく，組織で働く多くの人々の実感でもある。

　では，人に代わるマネジメントの軸が何になるかといえば，おそらく知識ではないだろうか。本書で論じてきたように，知識は資源として組織で利用されているだけでなく，アクターがそれを保有したり誰かと共有したりすることで，既存の組織内分業の枠組みとは別の形で自由に協働体系を構築，運営することができる。知識の利用が高度に進み，個人と組織がどちらも社会ネットワークのアクターとして機能するようになるにつれて，組織は，一方ではこれまでと同様に共通目的を軸に人や資源を編成した協働体系としての機能を維持しながらも，他方では，知識を通じて結びついたアクターがコラボレーションするための場に変貌しつつある。ここでいう場は，組織内に作られる職場のような公式メンバーに限定された閉鎖的な「場」とは異なり，ネット空間上でつながっているだけのアクターも含めて，組織内外から知識を用いて何かを行うことを目的とするアクターが集う抽象概念としての場で

ある。

　より機動的な知識の獲得と活用がもとめられるようになるにつれて，かつて日系企業の強みといわれた時間をかけた基盤知識の移転とそれに支えられた全社的なマネジメントは，機動性を損なう要因として批判的に論じられることが多くなっている。特に，長期雇用を前提としなくなった現代日系企業においては，移転コストを回収できなくなるリスクが高いという点でもメリットを見いだしにくくなっている。

　では，日系企業がこれまでの知識マネジメントのやり方を完全に棄却し，短期的な成果達成を念頭においた知識マネジメントに切り替えるのが望ましいかどうかは，知識が組織のあらゆる業務で日常的に利用されていること，知識利用の目的，利用の程度，利用の効果は，各企業のユニットの編成方法やユニットの独立性にも影響されることを考慮すると，安易に判断すべきではないだろう。本プロジェクトが行ったパイロット調査やインタビュー調査では，企業の中には，本国本社（コーポレート），ビジネスユニット，ファンクションが相互連携しており，本国からの知識移転が効果的なタイプと，三者の独立性が強く，本国からの知識移転よりも地産地消型の知識マネジメントが効果的なタイプがある可能性が指摘されている。もしこれが事実であるなら，短期的な知識移転への切り替えで成果を出せる企業とそうでない企業があることになる。

　企業ごとに適した組織マネジメント方法があるように，望ましい知識マネジメントのあり方も企業ごとに異なるはずである。組織が知識を十分に活用できるかどうかは，知識を組織のどこで，どのような目的で利用するかだけでなく，組織が知識の移転と利用の際に，どのような境界線に直面するか，それをどのような方法で処理するかによっても影響をうける。知識マネジメントを国際的に展開する場合には，次の2つの課題に対応する必要があるだろう。第一に，制度やルールの違いや，言語や文化の違いなどの，国境になりうる様々な境界線への対応である。境界線の中には政治的にコントロールされていたり，現地の環境に深く根ざしていたりして，組織単位では対応が難しいものもある。この場合には，複数の企業や公的組織と連携して対応したり，あえて知識を移転せずに，地域単位で知識マネジメントを完結させる方法もありうる。第二に，知識の移転と知識の創造の順序をどのように設計

するかである。「考察」で論じたように，移転と創造のどちらを先にするかは，現地ユニットの知識能力レベルと現地のビジネス環境の違いを考慮して，総合的に判断しなければならない。これらの課題について本書の議論だけでは結論を出すことができない。これらについては今後も引き続き研究をすすめていきたい。

西脇　暢子

参考文献

Abbott, A. (1988). *The system of professions: An essay on the division of expert labor*. Chicago, USA: University of Chicago Press.

ADB (Asian Development Bank) (2011). *Greater Mekong subregion cross-border transport facilitation agreement: Instruments and drafting history*. Manila, PHL: Asian Development Bank.

ADB (Asian Development Bank) (2013). *Progress report on transport and trade facilitation initiatives in the greater Mekong subregion*. Manila, PHL: Asian Development Bank.

Akamatsu, K. (1962). A historical pattern of economic growth in developing countries. *The Developing Economies, 1* (s1), 3-25.

Alavi, M., & Leidner, D. E. (2001). Review: Knowledge management and knowledge management systems: Conceptual foundations and reserarch issues. *MIS Quarterly, 25* (1), 107-136.

Aldrich, H., & Herker, D. (1977). Boundary spanning roles and organization structure. *Academy of Management Review, 2* (2), 217-230.

Almeida, P., Song, J., & Grant, R. M. (2002). Are firms superior to alliances and markets? An empirical test of cross-border knowledge building. *Organization Science, 13* (2), 147-161.

Ambos, T. C., Ambos, B., & Schlegelmilch, B. B. (2006). Learning from foreign subsidiaries: An empirical investigation of headquarters' benefit from reverse knowledge transfer. *International Business Review, 15* (3), 294-312.

Amenta, E., & Poulsen, J. D. (1994). Where to begin: A survey of five approaches to selecting independent variables for qualitative comparative analysis. *Sociological Methods and Research, 23* (1), 22-53.

Amit, R., & Schoemaker, P. J. H. (1993). Strategic assets and organizational rent. *Strategic Management Journal, 14* (1), 33-46.

Andersson, U., Forsgren, M., & Holm, U. (2002). The strategic impact of external networks: Subsidiary performance and competence development in the multinational corporation. *Strategic Management Journal, 23* (11), 979-996.

Anderson, U., Forsgren, M., & Holm, U. (2007). Balancing subsidiary influence in the federative MNC: A business network view. *Journal of International Business Studies, 38* (5), 802-818.

Anderson, U., Gaur, A., Mudambi, R., & Persson, M. (2015). Unpacking interunit knowledge transfer in multinational enterprises. *Global Strategy Journal, 5,* 241-255.

Argote, L., & Ingram, P. (2000). Knowledge transfer: A basis for competitive advantage in firms. *Organizational Behavior and Human Decision Processes, 82* (1), 150-169.

Argote, L., McEvily, B., & Reagans, R. (2003). Managing knowledge in organizations: An integrative framework and review of emerging themes. *Management Science, 49* (4), 571-582.

Argyris, C. (1993). *On organizational learning*. Cambridge, USA: Blackwell Publishers.

Argyris, C., & Schön, D. A. (1996). *Organizational learning II*. Upper Saddle River, USA: Addison-Wesley.

Asakawa, K. (2001). Evolving headquarters-subsidiary dynamics in international R&D:

The case of Japanese multinationals. *R&D Management, 31* (1), 1-14.
Asakawa, K. (2001a). Organizational tension in international R&D management: The case of Japanese firms. *Research Policy, 30* (5), 735-757.
Asakawa, K. (2001b). Evolving headquarters-subsidiary dynamics in international R&D: The case of Japanese multinationals. *R&D Management, 31* (1), 1-14.
Asakawa, K., & Lehrer, M. (2003). Managing local knowledge assets globally: The role of regional innovation relays. *Journal of World Business, 38* (1), 31-42.
Asakawa, K., & Lehrer, M. (2003). Managing local knowledge assets globally: The role of regional innovation relays. *Journal of World Business, 38* (12), 31-42.
Asakawa, K., & Westney, D. E. (2013). Evolutionary perspectives on the internationalisation of R&D in Japanese multinational corporations. *Asian Business & Maganement, 12* (1), 115-141.
Asakawa, K., Park, Y., Song, J., & Kim, S., (forthcoming), Internal embeddedness, geographic distance, and global knowledge sourcing by overseas subsidiaries. *Journal of International Business Studies.* https://doi.org/10.1057/s41267-017-0112-x
Asakawa, K., Song, J., & Kim, S-J. (2014). Open innovation in multinational corporations: New insights from the global R&D research stream. In H. Chesbrough, W. Vanhaverbeke, & J. West (Eds.), *New frontiers in open innovation* (pp. 157-168). Oxford, UK: Oxford University Press.
ASEAN (Association of Southeast Asia Nations) (2008). *ASEAN economic community blueprint.* Jakarta, IDN: The ASEAN Secretariat.
ASEAN (Association of Southeast Asia Nations) (2010). *Brunei action plan (ASEAN strategic transport plan) 2011-2015.* Jakarta, IDN: The ASEAN Secretariat.
ASEAN (Association of Southeast Asia Nations) (2011). *Master plan on ASEAN connectivity.* Jakarta, IDN: The ASEAN Secretariat.
ASEAN (Association of Southeast Asia Nations) (2015a). *ASEAN integration report 2015.* Jakarta, IDN: The ASEAN Secretariat.
ASEAN (Association of Southeast Asia Nations) (2015b). *ASEAN 2025: Forging ahead together.* Jakarta, IDN: The ASEAN Secretariat.
ASEAN (Association of Southeast Asia Nations) (2015c). *ASEAN economic community blueprint 2025.* Jakarta, IDN: The ASEAN Secretariat.
ASEAN (Association of Southeast Asia Nations) (2015d). *Master plan on ASEAN connectivity 2025.* Jakarta, IDN: The ASEAN Secretariat.
ASEAN (Association of Southeast Asia Nations) (2015e). *ASEAN economic community 2015: Progress and key achievements.* Jakarta, IDN: The ASEAN Secretariat.
ASEAN (Association of Southeast Asia Nations) (2015f). *Kuala Lumpur transport strategic plan (ASEAN transport strategic plan) 2016-2025.* Jakarta, IDN: The ASEAN Secretariat.
ASEAN (Association of Southeast Asia Nations) (2016). *Master plan on ASEAN connectivity 2025.* Jakarta, IDN: The ASEAN Secretariat.
Baldwin, C. W., & Clark, K. B. (2000). *Design rules: The power of modularity.* Cambridge, USA: MIT Press (安藤晴彦訳『デザイン・ルール―モジュール化パワー―』東京：東洋経済新報社, 2004).
Baldwin, R. (2011). Trade and industrialisation after globalisation's 2nd unbundling: How building and joining a supply chain are different and why it matters. *NBER Working Paper No. w17716.* Cambridge, USA: National Bureau of Economic Research.
Baldwin, R. (2012). *21st century trade and the 21st century WTO* (21世紀型貿易と21世

紀型 WTO). Tokyo: RIETI (Research Institute of Economy, Trade and Industry).
Baldwin, R. (2016). *The great convergence: The information technology and the globalization*. Cambridge, USA: Harvard University Press.
Barnard, C. I. (1938). *The functions of the executive*. Cambridge, USA: Harvard University Press (山本安次郎・田杉競・飯野春樹訳『経営者の役割—その機能と組織—』東京：ダイヤモンド社, 1956).
Baron, D. P. (1995). Integrated strategy: Market and nonmarket components. *California Management Review, 37* (2), 47-65.
Bartlett, C., & Ghoshal, S. (1989). *Managing across borders: The transnational solution*. Boston, USA: Harvard Business School Press (吉原英樹監訳『地球市場時代の企業戦略』東京：日本経済新聞社, 1990).
Becerra-Fernandez, I., & Sabherwal, R. (2001). Organizational knowledge management: A contingency perspective. *Journal of Management Information System, 18* (1), 23-55.
Bhagat, R. S., Kedia, B. L., Harveston, P. D., & Triandis, H. C. (2002). Cultural variations in the cross-border transfer of organizational knowledge: An integrative framework. *Academy of Management Review, 27* (2), 204-221.
Birkinshaw, J., Hood, N., & Jonsson, S. (1998). Building firm-specific advantages in multinational corporations: The role of subsidiary initiative. *Strategic Management Journal, 19* (3), 221-241.
Black, J. S., Gregersen, H. B., Mendenhall, M. E., & Stroh, L. K. (1999). *Global people through international assignments*. Boston, USA: Addison Wesley Longman.
Black, J. S., Mendenhall, M., & Oddou, G. (1991). Toward a comprehensive model of international adjustment: An integration of multiple theoretical perspective. *Academy of Management Review, 16* (2), 291-317.
Blau, P. (1977). *Inequality and heterogeneity: A primitive theory of social structure*. New York, USA: Free Press.
Bou-llusar, J. C., & Segarra-Ciprés, M. (2006). Strategic knowledge transfer and its implications for competitive advantage: An integrative conceptual framework. *Journal of Knowledge Management, 10* (4), 100-112.
Buckley, P. J., & Casson, M. (1991). *The future of the multinational enterprise* (2nd ed.). London, UK: Macmillan.
Buckly, P., & Casson, M. (1976). *Future of the multinational enterprise*. London, UK: Macmillan.
Burgelman, R. A. (2002). Strategy as vector and the inertia of coevolutionary lock-in. *Administrative Science Quarterly, 47* (2), 325-357.
Burt, R. S. (1995). *Structural holes: The social structure of competition*. Cambridge, USA: Harvard University Press.
Caligiuri, P. (2014). Many moving parts: Factors influencing the effectiveness of HRM practices designed to improve knowledge transfer within MNCs. *Journal of International Business Studies, 45* (1), 63-72.
Cantwell, J. (1989). *Technological innovation and multinational corporations*. Oxford, UK: Basil Blackwell.
Cantwell, J. A., & Mudambi, R. (2005). MNE competence-creating subsidiary mandates. *Strategic Management Journal, 26* (12), 1109-1128.
Cassiday, P. A. (2005). Expatriate leadership: An organizational resource for collaboration. *International Journal of Intercultural Relations, 29*, 391-408.

Chesbrough, H. (2003). The logic of open innovation: Managing intellectual property. *California Management Review, 45* (3), 33-58.

Christensen, C. M., & Raynor, M. E. (2003). *The innovator's solution*. Boston, USA: Harvard Business School Press (玉田俊平太監訳『イノベーションへの解』東京：翔泳社, 2003).

Cohen, W. M., & Levinthal, D. A. (1990). Absorptive capacity: A new perspective on learning and innovation. *Administrative Science Quarterly, 35* (1), 128-152.

Collis, D. J., & Montgomery, C. A. (1998). Corporate strategy: A resource-based approach. Boston, USA: McGraw-Hill/ Irwin. (根来龍之・蛭田啓・久保亮一訳『資源ベースの経営戦略論』東京：東洋経済新報社, 2004).

Cross, R. L., & Israelit, S. (2000). *Strategic learning in a knowledge economy*. Oxford, UK: Routledge.

Daft, R. L., & Lengel, R. H. (1986). Organizational information requirements, media richness, and structural design. *Management Science, 3* (5), 554-571.

Daft, R. L., & Macintosh. N. B. (1981). A tentative exploration into the amount and equivocality of information processing in organizational work units. *Administrative Science Quarterly, 26* (2), 207-224.

Darroch, J. (2005). Knowledge management, innovation and firm performance. *Journal of Knowledge Management, 9* (3), 101-115.

Delios, A., & Beamish, P. (2001). Survival and profitability: The roles of experience and intangible assets in foreign subsidiary performance. *Academy of Management Journal, 44* (5), 1028-1038.

Delios, A., & Bjorkman, I. (2000). Expatriate staffing in foreign subsidiaries of Japanese multinational corporations in the PRC and the United States. *International Journal of Human Resource Management, 11* (2), 278-293.

Dellestrand, H. (2011). Subsidiary embeddedness as a determinant of divisional headquarters involvement in innovation transfer processes. *Journal of International Management, 17* (3), 229-242.

Doz, Y., & Wilson, K. (2012). *Managing global innovation: Frameworks for integrating capabilities around the world*. Boston, USA: Harvard Business Review Press.

Doz, Y., Santos, J., & Williamson, P. (2001). *From global to metanational*. Boston, USA: Harvard Business School Press.

Drucker, P. F. (1974). *Management: Tasks, responsibilities, practices*. New York, USA: Harper & Row (or) London, UK: Heinemann. (野田一夫・村上恒夫監訳，風間禎三郎［ほか］訳『マネジメント〈上〉：課題・責任・実践』東京：ダイヤモンド社, 1974).

Dunning, J. (1994). Re-evaluating the benefits of foreign direct investment. *Transnational Corporations, 3* (1), 23-51.

Dunning, J. H. (1979). Explaining changing patterns of international production: In defense of the eclectic theory. *Oxford Bulletin of Economics and Statistics, 41* (4), 269-295.

Dunning, J. H. (1988). *Explaining international production*. Boston, USA: Unwin Hyman.

Dunning, J. H. (1994). *Multinational enterprises and the global economy*. Wokingham, UK and Reading, USA.: Addison-Wesley Publishing Company.

Edstromn, A., & Galbraith. J. R. (1977). Transfer of managers as a coordination and control strategy in multinational organizations. *Administrative Science Quarterly, 22*, 248-263.

Eisenhardt, K. M. (1989). Building theories from case-study research. *Academy of

Management Review, 14 (4), 532-550.
Eisenhardt, K. M., & Martin, J. A. (2000). Dynamic capabilities: What are they? *Strategic Management Journal, 21*, 1105-1121.
ERIA (Economic Research Institute for ASEAN and East Asia) (2010). *The comprehensive Asian development plan.* Jakarta, IDN: ERIA.
ERIA (Economic Research Institute for ASEAN and East Asia) (2015). *The comprehensive Asian development plan 2.0 (CADP 2.0): Infrastructure for connectivity and innovation.* Jakarta, IDN: ERIA.
Eservel, U. Y. (2014). IT-enabled knowledge creation for open innovation. *Journal of the Association for Information Systems, 15* (11), 805-834.
Essoussi, L. H., & Merunka, D. (2007). Consumers' product evaluations in emerging markets: Does country of design, country of manufacture, or brand image matter?, *International Marketing Review, 24* (4), 409-426.
Faucher, J. B. P. L., Everett, A. M., & Lawson, R. (2008). Reconstituting knowledge management. *Journal of Knowledge Management, 12* (3), 3-16.
Feldman, M. S. (2000). Organizational routines as a source of continuous change. *Organization Science, 11* (6), 611-629.
Feldman, M. S., & Pentland, B. T. (2003). Reconceptualizing organizational routines as a source of flexibility and change. *Administrative Science Quarterly, 48* (1), 94-118.
Ferdows, K., (1997). Making the most of foreign factories. *Harvard Business Review, 75* (2), 73-88.
Foos, T., Schum, G., & Rothenberg, S. (2006). Tacit knowledge transfer and the knowledge disconnect. *Journal of Knowledge Management, 10* (1), 6-18.
Foss, N., & Pedersen, T. (2002). Transferring knowledge in MNCs: The role of sources of subsidiary knowledge and organizational context. *Journal of International Management, 8* (1), 49-67.
Friedman, R. A., & Podolny, J. (1992). Differentiation of boundary spanning roles: Labor negotiations and implications for role conflict. *Administrative Science Quarterly, 37* (1): 28-47.
Frost, T. (2001). The geographic sources of foreign subsidiaries' innovations. *Strategic Management Journal, 22* (2), 101-123.
Frost, T. S., Birkinshaw, J. M., & Ensign, P. C. (2002). Centers of excellence in multinational corporations. *Strategic Management Journal, 23* (11), 997-1018.
Frost, T., & Zhou, C. (2005). R&D co-practice and 'reverse' knowledge integration in multinational firms. *Journal of International Business Studies, 36* (6) 676-687.
Fujita, M., Krugman, P. R., & Venables, A. J. (1999). *The spatial economy: Cities, regions and international trade.* Cambridge, USA: MIT Press.
Galbraith, C. S. (1990). Transferring core manufacturing technologies in high-technology firms. *California Management Review, 32* (4), 56-70.
Ghoshal, S., & Bartlett, C. (1990). The multinational corporation as an interorganizational network. *Academy of Management Review, 15* (4), 603-625.
Goold, M., Campbell, A., & Alexander, M. (1994). *Corporate-level strategy: Creating value in the multibusiness company.* New York, USA: John Wiley & Sons.
Govindarajan, V., & Trimble, C. (2012). *Reverse innovation.* Boston, USA: Harvard Business School Press.
Granovetter, M. (1983). The strength of weak ties: A network theory revisited. *Sociological Theory, 1*, 201-233.

Grant, R. M. (1996). Prospering in dynamically-competitive environments: Organizational capability as knowledge integration. *Organization Science, 7*, (4), 375-387.

Grant, R. M. (1996). Toward a knowledge-based theory of the firm. *Strategic Management Journal, 17* (Winter Special Issue), 109-122.

Grant, R. M. (2007). *Contemporary strategy analysis*. Blackwell Publishing Ltd. (加瀬公夫監訳『現代戦略分析』東京：中央経済社, 2008).

Gupta, A. K., & Govindarajan, V. (1991). Knowledge flows and the structure of control within multinational corporations. *Academy of Management Review, 16*, 768-792

Gupta, A. K., & Govindarajan, V. (2000). Knowledge flows within multinational corporations. *Strategic Management Journal, 21* (4), 473-496.

Gupta, A., & Govindarajan, V. (1991). Knowledge flows and the structure of control within multinational corporations. *Academy of Management Review, 16* (4), 768-792.

Gupta, A., & Govindarajan, V. (2000). Knowledge flows within multinational corporations. *Strategic Management Journal, 21* (4), 473-496.

Hannah, L. (2014). Corporations in the US and Europe 1790-1860. *Business History, 56*, 865-899.

Hennart, J. F. (2009). Down with MNE-centric theories! Market entry and expansion as the bundling of MNE and local assets. *Journal of International Business Studies, 40*, 1432-1454.

Hicks, R. C., Dattero, R., & Galup, S. D. (2006). The five-tier knowledge management hierarchy. *Journal of Knowledge Management, 10* (1), 19-31.

Hiratsuka, D., Keola, S., & Suzuki, M. (2008). Industrialization through vertical production networks: Can Laos participate? In D. Hiratsuka & F. Kimura (Eds.), *East Asia's economic integration: Progress and benefit* (pp. 162-183). London, UK: Palgrave Macmillan.

Hussi, T. (2004). Reconfiguring knowledge management: Combining intellectual capital, intangible assets and knowledge creation. *Journal of Knowledge Management, 8* (2), 36-52.

Hymer, S. (1976). *The international operations of national firms: A study of direct foreign investment*, Cambridge, USA: The MIT Press (宮崎義一訳『多国籍企業論』東京：岩波書店, 1979).

Institute of Developing Economies (IDE) (2017). *Logistics cost in Lao PDR*: Policy-Oriented Research Project Report. Chiba, Japan: IDE.

Javidan, M., Stahl, G. K., Brodbeck, F., & Wilderom, C. P. M. (2005). Cross-border transfer of knowledge: Cultural lessons from Project GLOBE. *Academy of Management Executive, 19*, 59-76.

Jemison, D. B. (1984). The importance of boundary spanning roles in strategic decision-making. *Journal of Management Studies, 21* (2), 131-152.

Jensen, R. J., & Szulanski, G. (2007). Template use and the effectiveness of knowledge transfer. *Management Science, 53* (11), 1716-173.

Jones, R. W., & Kierzkowski, H. (1990). The role of services in production and international trade: A theoretical framework. In R. Jones & A. Krueger (Eds.), *The political economy of international trade* (pp. 31-48). Oxford, UK: Basil Blackwell.

Khanna, T., & Palepu, K. G. (1997). Why focused strategies may be wrong for emerging markets. *Harvard Business Review, 75* (4), 41-51.

Khanna, T., & Palepu, K. G. (2010). *Winning in emerging markets*, Boston, USA: Harvard Business Review Press.

Kimura, F., & Ando, M. (2005). Two-dimensional fragmentation in East Asia: Conceptual framework and empirics. *International Review of Economics & Finance, 14* (3), 317-348.

Kimura, F., & Ueki, Y. (2017). Building dynamic industrial agglomerations in ASEAN: Connectivity to build up innovative capability. In R. F. S. Maria, S. Urata, & P. Intal Jr. (Eds.), *ASEAN @ 50 volume 5: The ASEAN economic community into 2025 and beyond* (pp. 196-212). Jakarta, IDN: ERIA.

Kindleburger, C. P. (1969). *American business abroad: Six lectures on direct investment.* New Haven, USA: Yale University Press（小沼敏監訳『国際化経済の理論』東京：ぺりかん社, 1970）.

Kogut B., & Zander, U. (1993). Knowledge of the firm and the evolutionary theory of the multinational corporation. *Journal of International Business Studies, 24* (4), 625-645.

Kogut, B. (1991). Country capabilities and the permeability of borders. *Strategic Management Journal, 12* (1), 33-47.

Kogut, B., & Zander, U. (1992). Knowledge of the firm, combinative capabilities, and the replication of technology. *Organization Science, 3* (3), 383-397.

Kostova, T. (1999). Transnational transfer of strategic organizational practices: A contextual perspective. *Academy of Management Review, 24* (2), 308-324.

Krone, K. J., Jablin, F. M., & Putnam, L. L. (1987). Communication theory and organizational communication: Multiple perspectives. In F. M. Jablin, L. L. Putnam, K. H. Roberts, & L. W. Porter (Eds.), *Handbook of organizational communication*. Beverly Hills, USA: Sage Publication.

Kuchiki, A., & Tsuji, M. (2008). *The flowchart approach to industrial cluster policy.* Basingstoke, UK: Palgrave Macmillan.

Kuemmerle, W. (1997). Building effective R&D capabilities abroad. *Harvard Business Review, 75* (2), 61-69.

Lasserre, P. (1996). Regional headquarters: The spearhead for Asia Pacific markets. *Long Range Planning, 29* (1), 30-37.

Lave, J., & Wenger, E. (1991). *Situated learning: Legitimate peripheral participation.* Cambridge. USA: Cambridge University Press.（佐伯胖訳『状況に埋め込まれた学習―正統的周辺参加―』東京：産業図書, 1995）.

Lehrer, M., & Asakawa, K. (1999). Unbundling European operations: Regional management of American and Japanese MNCs. *Journal of World Business, 34* (3), 267-286.

Leifer, R., & Huber, G. P. (1977). Relations among perceived environmental uncertainty, organization structure, and boundary-spanning behavior. *Administrative Science Quarterly, 22* (2), 235-247.

Levinthal, D. A., & March, J. G. (1993). The myopia of learning. *Strategic Management Journal, 14*, 95-112.

London, T., & Hart, S. L. (2004). Reinventing strategies for emerging markets: Beyond the transnational model. *Journal of International Business Studies, 35* (5), 350-370.

Machikita, T., & Ueki, Y. (2013). Knowledge transfer channels to Vietnam for process improvement. *Management Decision, 51* (5), 954-972.

March, J. G. (1991). Exploration and exploitation in organizational learning. *Organization Science, 2* (1), 71-87.

March, J. G., & Simon, H. A. (1958). *Organizations.* New York, USA : Wiley（土屋守章訳『オーガニゼーションズ』東京：ダイヤモンド社, 1977）.

March, J. G. (1991). Exploration and exploitation in organizational learning. *Organization Science, 2* (1), 71-87.

Mellahi, K., Frynas, J. G., Sun, P., & Siegel, D. (2015). A review of the nonmarket strategy literature: Toward a multi-theoretical integration. *Journal of Management, 42* (1), 143-173.

Miao, Y., Choe, S., & Song, J. (2011). Transferring subsidiary knowledge in the global learning context. *Journal of Knowledge Management, 15* (3), 478-496.

Minbaeva, D., Pedersen, T., Björkman, I., Fey, C. F., & Park, H. J. (2003). MNC knowledge transfer, subsidiary absorptive capacity, and HRM. *Journal of International Business Studies, 34* (6), 586-599.

Minbaeva, D., Pedersen, T., Björkman, I., Fey, C. F., & Park, H. J. (2014) A retrospective on: MNC knowledge transfer, subsidiary adsorptive capacity, and HRM. *Journal of International Business Studies, 45* (1), 52-62.

Murtha, T., Lenway, S., & Hart, J. (2001). *Managing new industry creation: Global knowledge formation and entrepreneurship in high technology.* Stanford, USA: Stanford University Press.

Nahapiet, J., & Ghoshal, S. (1998). Social capital, intellectual capital, and the organizational advantage. *Academy of Management Review, 23* (2), 242-266.

Negandhi, A. R., & Baliga, B. R. (1979). *Quest for survival and growth: A comparative study of American, European, and Japanese multinationals.* New York, USA: Praeger.

Nelson, R. R., & Winter, S. G. (1982). *An evolutionary theory of economic change.* Cambridge, USA: Belknap Press of Harvard University Press.

Nishikimi, K., & Kuroiwa, I. (2011). Analytical framework for East Asian integration (1): Industrial agglomeration and concentrated dispersion. In M. Fujita, I. Kuroiwa, & S. Kumagai (Eds.), *The economics of East Asian integration: A comprehensive introduction to regional issues* (pp. 51-70). Cheltenham, UK: Edward Elgar Publishing.

Nishikimi, K., & Kuroiwa, I. (2011). Analytical framework for East Asian integration (2): Evolution of industrial location and regional disparity. In M. Fujita, I. Kuroiwa, & S. Kumagai (Eds.), *The economics of East Asian integration: A comprehensive introduction to regional issues* (pp. 71-89). Cheltenham, UK: Edward Elgar Publishing.

Nonaka, I. (1991). The knowledge-creating company. *Harvard Business Review, 69* (6), 96-104.

Nonaka, I. (1994). A dynamic theory of organizational knowledge creation. *Organization Science, 5* (1), 14-37.

Nonaka, I., & Konno, N. (1998). The concept of "Ba": Building a foundation for knowledge creation. *California Management Review, 40* (3), 40-54.

Nonaka, I., & Takeuchi, H., (1995). *The knowledge creating company.* Oxford, UK: Oxford University Press (梅本勝博訳『知識創造企業』東京：東洋経済新報社, 1996).

Norasingh, X., Machikita, T., & Ueki, Y. (2015). South-south technology transfer to Laos through face-to-face contacts. *Journal of Business Research, 68* (7), 1420-1425.

North, D. (1990). *Institutions, institutional change and economic performance.* Cambridge, UK: Cambridge University Press.

Paik, Y., & Sohn, J. H. D. (2004). Striking a balance between global integration and local responsiveness: The case of Toshiba Corporation in redefining regional headquarters' role. *Organizational Analysis, 12* (4), 347-359.

Penrose, E. T. (2005). *The theory of the growth of the firm; With a new foreword by the author* (4th ed.). New York, USA: Oxford University Press.

Pentland, B. T., & Feldman, M. S. (2005). Organizational routines as a unit of analysis. *Industrial and Corporate Change, 14* (5), 793-815.

Perry, J. L., & Angle, H. L. (1979). The politics of organizational boundary roles in collective bargaining. *Academy of Management Review, 4* (4), 487-496.

Peterson, R. B., Napier, N. K., & Shul-Shim, W. (2000). Expatriate management: Comparison of MNCs across four parent countries. *Thunderbird International Business Review, 42* (2), 145-166.

Pfeffer, J., & Salancik, G. R. (1978). *The external control of organizations: A resource dependence perspective*. New York, USA: Harper & Row.

Piekkari, R., Nell, P. C., & Ghauri, P. N. (2010). Regional management as a system: A longitudinal case study. *MIR: Management International Review, 50* (4), 513-532.

Porter, M. E. (1998). *On competition*. Boston, USA: Harvard Business School Press（竹内弘高訳『競争戦略論』Ⅰ・Ⅱ, 東京：ダイヤモンド社, 1999）.

Powell, W. W., Koput, K. W., & Smith-Doerr, L. (1996). Interorganizational collaboration and the locus of control of innovation: Networks of learning in biotechnology. *Administrative Science Quarterly, 41* (1), 116-145.

Ragin, C., C. (1987). *The comparative method: Moving beyond qualitative and quantitative strategies*. Berkeley, Los Angeles, USA and London, UK: University of California Press.

Reiche, S. (2011). Knowledge transfer in multinationals: The role of inpatriates' boundary spanning. *Human Resource Management, 50* (3), 365-389.

Reinhardt, R., Bornemann, M., Pawlowsky, P., & Schneider, U. (2001). Intellectual capital and knowledge management: Perspectives on measuring knowledge. In M. Dirkes, A. B. Antal, J. Child, & I. Nonaka (Eds.), *Handbook of organizational learning and knowledge* (Chap.36, pp.794-820). Oxford, UK: Oxford University Press.

Richter, A., & Niewiem, S. (2009). Knowledge transfer across permeable boundaries: An empirical study of clients' decisions to involve management consultants. *Scandinavian Journal of Management, 25* (3), 275-288.

Riege, A. (2007). Actions to overcome knowledge transfer barriers in MNCs. *Journal of Knowledge Management, 11* (1), 48-67.

Rihoux B., & Ragin C. C. (2009). *Configurational comparative methods: Qualitative comparative analysis (QCA) and related techniques*. Thousand Oaks, USA: SAGE Publications, Inc.

Ronstadt, R. (1977). *Research and development abroad by US multinationals*. New York, USA: Praeger.

Rosenzweig, P. M. (1994). The new "American challenge": Foreign multinationals in the United States. *California Management Review*, Spring, 107-123.

Rubin, J. Z., Pruitt, D. G., & Kim, S. H. (1994). *Social conflict: Escalation, stalemate, and settlement* (3rd ed.). New York, USA: McGraw-Hill.

Rugman, A. M., & Verbeke, A. (2001). Subsidiary-specific advantages in multinational enterprises. *Strategic Management Journal, 22* (3), 237-250.

Rugman, A., & Verbeke, A. (2004). A perspective on regional and global strategies of multinational enterprises. *Journal of International Business Studies, 35*, 3-18.

Rugman, A., & Verbeke, A. (2005). Toward a theory of regional multinationals: A transaction cost economics approach. *Management International Review, 45* (1),

5-17.
Santos, F. M., & Eisenhardt, K. M. (2005). Organizational boundaries and theories of organization. *Organization Science, 16* (5), 491-508.
Sassen, S. (1996). *Losing control? Sovereignty in an age of globalization*. New York, USA: Columbia University Press（伊豫谷登士翁訳『グローバリゼーションの時代―国家主権のゆくえ―』東京：平凡社, 1999）.
Schütte, H. (1997). Strategy and organisation: Challenges for European MNCs in Asia. *European Management Journal, 15* (4), 436-445.
Schlegelmilch, B. B., & Chini, T. C. (2003). Knowledge transfer between marketing functions in multinational companies: A conceptual model. *International Business Review, 12* (2), 215-232.
Schulz, M. (2001). The uncertain relevance of newness: Organizational learning and knowledge flows. *Academy of Management Journal, 44* (4), 661-681.
Shimizu, T. (2016). Transplantation of organizational forms and their use by Japanese Zaibatsus: Why did Mitsui use the partnership form while Shibusawa used the corporate form? paper presented at the 1st World Congress on Business History, Aug. 25-27, Scandic Ørnen, Bergen, Norway.
Siggelkow, N., & Levinthal, D. A. (2003). Temporarily divide to conquer: Centralized, decentralized, and reintegrated organizational approaches to exploration and adaptation. *Organization Science, 14* (6), 650-669.
Simon, H. A. (1997). *Administrative behavior: A study of decision-making processes in administrative organizations* (4th ed.). New York, USA: Free Press（二村敏子・桑田耕太郎・高尾義明・西脇暢子・高柳美香訳『[新版] 経営行動―経営組織おける意思決定過程の研究―』東京：ダイヤモンド社, 2009）.
Song, J. (2014). Subsidiary absorptive capacity and knowledge transfer within multinational corporations. *Journal of International Business Studies, 45* (1), 73-84.
Song, J., & Shin, J. (2008). The paradox of technological capabilities: What determines knowledge sourcing from overseas R&D operations? *Journal of International Business Studies, 39* (2), 291-303.
Song, J., Asakawa, K., & Chu, Y. (2011). What determines knowledge sourcing from host locations of overseas R&D operations? A study of global R&D activities of Japanese multinationals. *Research Policy, 40* (3), 380-390.
Szulanski, G. (1996). Exploring internal stickiness: Impediments to the transfer of best practice within the firm. *Strategic Management Journal, 17* (S2), 27-43.
Szulanski, G. (2000). The process of knowledge transfer: A diachronic analysis of stickiness. *Organizational Behavior and Human Decision Processes, 82* (1), 9-27.
Szulanski, G. (2003). *Sticky knowledge: Barriers to knowing in the firm*. Thousand Oaks, USA: SAGE Publications.
Szulanski, G., & Jensen, R. J. (2008). Growing through copying: The negative consequences of innovation on franchise network growth. *Research Policy, 37* (10), 1732-1741.
Tajfel, H., & Turner, J. C. (1979). An integrative theory of intergroup conflict. In S. Worchel & Austin, W. G. (Eds.), *The social psychology of intergroup relations, monterey* (pp.33-47). Monterey, USA: Brooks-Cole.
Tajfel, H., Billig, M., Bundy, R.P., & Flament, C. (1971). Social categorization and intergroup behaviour. *European Journal of Social Psychology, 1* (2), 149-178.
Takeuchi, R., Yun, S., & Russel, J. E. A. (2002). Antecedents and consequences of the

perceived adjustment of Japanese expatriate in the USA. *International Journal of Human Resource Management, 13* (8), 1224-1244.

Teece, D. (1977). Technology transfer by multinational firms: The resource cost of transferring technological know-how. *Economic Journal, 87* (346), 242-61.

Teece, D. J., Pisano, G., & Shuen, A. (1997). Dynamic capabilities and strategic management. *Strategic Management Journal, 18* (7), 509-533.

Trevor, M. (1983). *Japan's reluctant multinationals: Japanese management at home and abroad.* New York, USA: St. Martin's Press.

Tsai, W. (2002). Social structure of "coopetition" within a multiunit organization: Coordination, competition, and intraorganizational knowledge sharing. *Organization Science, 13* (2), 179-190.

Tungli, Z., & Peiperl, M. (2009). Expatriate practices in German, Japanese, UK, and US multinational companies: A comparative survey of changes. *Human Resource Management, 48* (1), 153-171.

Tushman, M. L., & Romanelli, E. (1985). Organizational evolution: A metamorphosis model of convergence and reorientation. *Research in Organizational Behavior, 7,* 171-222.

Tushman, M. L., & Scanlan, T. J. (1981). Boundary spanning individuals: Their role in information transfer and their antecedents. *Academy of Management Journal, 24* (2), 289-305.

Ulrich, K. T. (1995). The role of product architecture in the manufacturing firm. *Research Policy, 24* (3), 419-440.

van Oijen, A. A. C. J. (1994). Roles for the corporate headquarters beyond basic types of competitive advantage. *Research in Global Strategic Management, 4,* 181-198.

von Hippel, E. (1994). 'Sticky information' and the locus of problem solving: Implications for innovation. *Management Science, 40* (4), 429-439.

von Hippel, E. (2005). *Democratizing innovation.* Cambridge, USA: MIT Press.

von Hippel, E. (2017). *Free innovation.* Cambridge, USA: MIT Press.

von Hippel, E., & Tyle, M. J. (1995). How "learning by doing" is done: Problem identification in novel process equipment. *Research Policy, 24* (1), 1-12.

Wagemann, C. (2014). Qualitative comparative analysis: What it is, what it does, and how it works. In D. D. Porta (Ed.), *Methodological practices in social movement research* (pp.43-57). Oxford, UK: Oxford University Press.

Wang, S., & Noe, R. A. (2010). Knowledge sharing: A review and directions for future research. *Human Resource Management Review, 20* (2), 115-131.

Weick, K. (1995). *Sensemaking in organizations.* Thousand Oaks, USA: Sage Publications（遠田雄志・西本直人訳『センスメーキングインオーガニゼーションズ』東京：文眞堂, 2001).

Welch, D. E., Welch, L. S., & Marschan-Piekkari, R. (2001). The persistent impact of language on global operations. *Prometheus, 19* (3), 193-209.

Westney, D. E. (1993). Institutionalization theory and the multinational corporation. In S. Ghoshal & D. E. Westney (Eds.), *Organization theory and the multinational corporation* (chap 3. pp.53-76). New York, USA: St. Martin's Press, Macmillan（IBI 国際ビジネス研究センター訳『組織理論と多国籍企業』東京：文眞堂, 1998).

Williamson, O. E. (1981). The economics of organization: The transaction cost approach. *American Journal of Sociology, 87* (3), 548-577.

Williamson, O. E. (1985). The economic institutions of capitalism. New York, USA: Free

Press.
Winter, S. (1987). Knowledge and competencies as strategic assets. In D. Teece (Ed.), *The competitive challenge: Strategies for industrial innovation and renewal* (pp. 159-184). Cambridge, USA: Ballinger（石井淳蔵・奥村昭博・金井壽宏・角田隆太郎・野中郁次郎訳『競争への挑戦―革新と再生の戦略―』東京：白桃書房, 1988）.
World Bank (2016). *Thailand economic monitor: Aging society and economy*. Bangkok, THA: World Bank.
Yin, R. K. (1994). *Case study research* (2nd ed.). Thousand Oaks, USA: Sage Publication.
Yin, R. K. (1994). *Case study research: Design and methods (Applied Social Research Methods Series 5)*. Thousand Oaks, USA: Sage Publications（近籐公彦訳『ケース・スタディの方法（第２版）』東京：千倉書房, 2011）.
Zaheer, A., McEvily, B., & Perrone, V. (1998). Does trust matter? Exploring the effects of interorganizational and interpersonal trust on performance. *Organization Science, 9* (2), 141-159.
Zaheer, S. (1995). Overcoming the liability of foreignness. *Academy of Management Journal, 38* (2), 341-363.
Zahra, S., & George, G. (2002). Absorptive capacity: A review, reconceptualization, and extension. *Academy of Management Review, 27* (2), 185-203.
Zander, U., & Kogut, B. (1995). Knowledge and the speed of the transfer and limitation of organizational capabilities: And empirical test. *Organizational Science, 6* (1), 76-92.

浅川和宏（1999）.「世界標準プラクティスの社内普及過程における障害要因：日欧製薬企業の場合」『医療と社会』*9* (2), 19-53.
浅川和宏（2011）『グローバルＲ＆Ｄマネジメント』東京：慶應義塾大学出版会.
天野倫文（2009）.「新興国市場戦略論の分析―経営資源を中心とする関係理論の考察―」『JBIC 国際調査室報』*3*, 69-87.
天野倫文（2010）.「新興国市場の諸観点と国際経営論―非連続な市場への適応と創造―」『国際ビジネス研究』*2* (2), 1-20.
荒巻健二（2004）.「資本取引自由化の sequencing ―日本の経験と中国への示唆―」『開発金融研究所報』*21*, 49-77.
有賀賢一・江島真也（2000）.「タイ王国「東部臨海開発計画総合インパクト評価」―円借款事業事後評価―」『開発金融研究所報』*2*, 41-69.
井澤龍（2018）.「危機マネジメントと集合的非市場戦略：第一次世界大戦期における国際的二重課税問題と帝国内所得税重複抗議協会を事例にして」『組織科学』*51* (3), (近刊).
石田正美（2006）.「大メコン圏経済協力プログラムの概要とその有効性」『アジ研ワールド・トレンド』*134*, 4-7.
石田正美（2007）.「大メコン圏経済協力と３つの経済回廊」石田正美・工藤年博（編）『大メコン圏経済協力―実現する３つの経済回廊―』千葉：アジア経済研究所.
石田正美（2010）.「越境交通協定（CBTA）と貿易円滑化」『アジ研ワールド・トレンド』*172*, 5-8.
井田勝久（1970）.「技術導入の現状と動向」『電気学会雑誌』*90*, 181-188.
伊丹敬之（1992）「場のマネジメント序説」『組織科学』*21* (1), 78-88.
伊丹敬之（1999）『場のマネジメント―経営の新パラダイム』東京：NTT 出版.
猪熊浩子（2015）.『グローバリゼーションと会計・監査』東京：同文舘出版.
今泉慎也・安部誠（編）（2005）.『東アジアの企業統治と企業法制改革』千葉：アジア経済研究所.

今田治（2014）.「新興国（インドネシア）市場における新型車開発と生産―ダイハツ・アイラの開発・生産―」『立命館経営学』53（2・3）, 83-100.

岩崎薫里（2015）.「ASEANで活発化する国際労働移動―その効果と弊害を探る―」『JRIレビュー』5（24）, 2-34.

植木靖（2013）.「CLMVへの南南技術移転」『統計』2013年8月号, 21-26.

植木靖（2015）.「新たな製造拠点としてのカンボジア」藤岡資正（編著）『日本企業のタイ＋ワン戦略―メコン地域での価値共創へ向けて―』東京：同友館.

植木靖（2017）.「日系自動車部品企業タイ製造拠点の高機能化・自立化とタイプラスワン型生産ネットワークの形成」『早稲田大学自動車部品産業研究所要』18（2016年下期）, 42-55.

梅﨑創・アジア経済研究所（2012）.「ASEAN経済共同体構築に向けたIMT-GTの動向」千葉：アジア経済研究所.

大木清弘（2012）.「知識集約型マザー：量産拠点を持たない本国拠点による海外拠点の量産活動への支援」『赤門マネジメント・レビュー』11（9）, 565-584.

大木清弘（2013）.「国際人的資源管理論における日本企業批判―日本人海外派遣者問題の再検討―」組織学会（編）『組織論レビューⅠ』東京：白桃書房.

大木清弘（2014）.『多国籍企業の量産知識―海外子会社の能力構築と本国量産活動のダイナミクス―』東京：有斐閣.

奥村惠一（2005）.「中国における日系地域統括会社の意義，機能，および組織」『立正経営論集』37（2）, 151-225.

小沢靖・浦島邦子（2005）.「窒素酸化物排出低減用触媒技術の開発動向」『科学技術動向』2005年11月号, 10-19.

海外産業人材育成協会（2016）.「平成27年度経済連携促進のための産業高度化推進事業（日タイ経済連携協定に係る自動車人材育成事業）事業報告書」.

鹿島かおる（2014）.「グローバルアカウンティングファームのナレッジ戦略」『現代監査』24, 35-41.

川邉信雄（2011）.『タイトヨタの経営史―海外子会社の自立と途上国産業の自立―』東京：有斐閣.

北村かよこ（1995）.「東アジアの工業化と外国投資の役割」『東アジアの工業化と日本産業の新国際化戦略』（経済協力シリーズ176）, 千葉：アジア経済研究所.

金熙珍（2010）.「海外拠点の設立経緯と製品開発機能のグローバル展開：デンソーの伊・韓・米拠点の事例から」『国際ビジネス研究』2（1）, 1-13.

金熙珍（2017）「言語戦略と知識移転―日本企業を対象とした実証研究の方向性―」『組織科学』50（4）, 13-20.

木村福成（2006）.「東アジアにおけるフラグメンテーションのメカニズムとその政策的含意」平塚大祐（編）『東アジアの挑戦：経済統合・構造改革・制度構築』千葉：アジア経済研究所.

木村福成（2012）.「21世紀型地域主義の萌芽」『国民経済雑誌』205（1）, 1-15.

木村福成（2015）.「ASEAN経済共同体：成果と課題」『国際問題』646（2015年11月）, 16-24.

木村福成（2016）.「生産ネットワークとメガFTAs」木村福成・大久保敏弘・安藤光代・松浦寿幸・早川和伸（著）『東アジア生産ネットワークと経済統合』（慶應義塾大学東アジア研究所叢書）東京：慶應義塾大学出版会.

木村福成・浦田秀次郎（2016）.「自動車・自動車部品と経済統合」西村英俊・小林英夫（編）『ASEANの自動車産業』（ERIA=TCERアジア経済統合叢書）, 東京：勁草書房.

黒岩郁雄（2014）.「産業立地」『東アジア統合の経済学』東京：日本評論社.

黒岩郁雄（2017）.「タイ・プラス・ワンとGVC主導型開発戦略：カンボジアの事例」石

田正美・梅崎創・山田康博（編著）『ERIA=TCER アジア経済統合叢書第 6 巻　タイ・プラス・ワンの企業戦略』(pp.165-181). 東京：勁草書房.
黒瀬雅志 (2009).「中国における知的財産権をめぐる動向」『特許研究』44, 6-16.
経済産業省 (2003a).「技術流出防止指針―意図せざる技術流出の防止のために―」(平成 15 年 3 月 14 日).
経済産業省 (2003b).「技術流出防止指針―意図せざる技術流出の防止のために―関連参考資料」(平成 15 年 3 月 14 日)
小池和男 (1987).『人材形成の国際比較―東南アジアと日本―』東京：東洋経済新報社.
小池和男 (2008).『海外日本企業の人材形成』東京：東洋経済新報社.
小池和男 (2013).「展開―競争力の源泉は海外でも中堅層―」『強い現場の誕生』(pp.209-250). 東京：東洋経済新報社.
国際協力機構 (2007).「クロスボーダー交通インフラ対応可能性プロジェクト研究フェーズ 2 ファイナルレポート」(2007 年 12 月).
国際協力銀行 (2012).『タイの投資環境』東京：国際協力銀行.
国際貿易投資研究所 (2017).「踊り場のメコン経済，現状と展望―貿易，物流，産業人材育成―」ITI 調査研究シリーズ, 49.
国土交通省 (2016).「タイ～ミャンマー南部における越境物流システムに係る実証実験による調査報告書」.
小島清 (2000).「雁行型経済発展論・赤松オリジナル：新興国のキャッチアプ・プロセス」『世界経済評論』44 (3), 8-20.
古城佳子 (2005).「グローバリゼーションの何が問題か―国際政治における理論的課題―」『世界法年報』24, 3-23.
古城佳子 (2008).「国際政治におけるグローバル・イシューと企業」『国際政治』153, 30-41.
小寺彰・岩沢雄司・森田章夫（編）(2010).『講義国際法』第 2 版, 東京：有斐閣.
小寺彰 (2010).『国際投資協定―仲裁による法的保護―』東京：三省堂.
小林英夫 (2017).「新興国市場論―自動車・同部品産業を中心に―」『早稲田大学自動車部品産業研究所要』18, 25-41.
小林英夫 (2017).「タイ，インドネシアプラスワン企業戦略とアセアン自動車部品産業」『早稲田大学自動車部品産業研究所要』18（2016 年下期), 56-61.
佐藤郁哉・山田真茂留 (2004)『制度と文化―組織を動かす見えない力―』東京：日本経済新聞社.
塩地洋 (2007).「中国自動車メーカーの技術導入戦略と課題―民族系メーカーを中心として―」『産業学会年報』22, 1-15.
清水一史 (2011).「ASEAN 域内経済協力と自動車部品補完―BBC・AICO・AFTA と IMV プロジェクトを中心に―」『産業学会研究年報』26, 65-77.
朱穎・武石彰・米倉誠一郎 (2007).「技術革新のタイミング：1970 年代における自動車排気浄化技術の事例」『組織科学』40 (3), 78-92.
庄司克宏 (2009).『新 EU 法　基礎編』東京：岩波書店.
白木三秀 (2006).『国際人的資源管理の比較分析：「多国籍内部労働市場」の視点から』東京：有斐閣.
新宅純二郎 (2009).「新興国市場開拓に向けた日本企業の課題と戦略」『JBIC 国際調査室報』2, 53-66.
新宅純二郎・天野倫文 (2009).「新興国市場戦略論―市場・資源戦略の転換―」『経済学論集』75 (3), 40-62.
新宅純二郎・天野倫文 (2009).『ものづくりの国際経営戦略―アジアの産業地理学―』東京：有斐閣.

瀬名秀明・橋本敬・梅田聡（2006）『境界知のダイナミズム』東京：岩波書店．
曺斗燮（1994）．「日本企業の多国籍化と企業内技術移転：「段階的な技術移転」の論理」『組織科学』27（3), 59-74．
徐寧教（2012）．「マザー工場制の変化と海外工場—トヨタのグローバル生産センターとインドトヨタを事例に—」『国際ビジネス研究』4（2), 79-91．
孫徳峰・椙山泰生（2015）．「海外製品開発拠点の能力構築における探索と活用の順序—日本分析計測機器メーカーの中国開発拠点の事例分析—」『国際ビジネス研究』7（1), 67-80．
大和総研（2015）．「平成26年度新興国市場開拓事業（相手国の産業政策・制度構築の支援事業（新興国における主要物品の需要拡大予測を踏まえた国際展開モデルの構築に関する調査））調査報告書」．
瀧本二郎（1935）．『欧米漫遊留学案内　欧州編』昭和十年版, 欧米旅行案内社．
竹川郁夫（2006）．「BIMP-EAGA等ASEAN成長地域」『東南アジア地域援助研究会報告書—地域統合と開発援助—各論　課題別分析資料』東京：国際協力機構．
田上博道（2006）．「我が国における技術移転規制について」『特許研究』42, 57-64．
田村正紀（2015）．『経営事例の質的比較分析—スモールデータで因を探る—』東京：白桃書房．
道垣内弘人（1996）．『信託法理と私法体系』東京：有斐閣．
東條吉純（2007）．「地域経済統合における「人の移動」の自由化—越境労働力移動に対する新たな国際的取組の形—」RIETIディスカッションペーパー07-J-008, 東京：経済産業研究所．
中川功一（2012）．「マザー工場, 兵站線の伸び, 自立した青年たち」『MMRC Discussion Paper Series』400, 1-23．
中東正文（2003）．『商法改正（昭和25年・26年）GHQ/SCAP文書』東京：信山社．
中東正文（2005）．「戦後占領下でのアメリカ会社法の継受」早稲田大学比較法研究所（編）『日本法の国際的文脈：西欧・アジアとの連鎖』(pp.226-251). 東京：成文堂．
中山健一郎（2003）．「日本自動車メーカーのマザー工場制による技術支援—グローバル技術支援展開の多様性の考察—」『名城論叢』3（4), 35-58．
西垣通（2008）『続　基礎情報学—「生命的組織」のために—』東京：NTT出版．
西村英俊・小林英夫・浦田秀次郎（編著）（2016）．『アセアン統合の衝撃—EUの蹉跌をいかに乗り越えるのか—』東京：ビジネス社．
西脇暢子（2013）．「組織研究の視座からのプロフェッショナル研究レビュー—専門職従事者から知識の担い手への転換とその影響および意義—」組織学会（編）『組織論レビューⅠ　組織とスタッフのダイナミズム』(第3章, pp.95-140). 東京：白桃書房．
日本機械工業連合会・日鉄技術情報センター（2010）．「平成21年度マザー工場とものづくり競争力に関する調査報告書」．
日本航空宇宙工業会（2003）．『日本の航空宇宙工業50年の歩み』東京：日本航空宇宙工業会．
日本政策投資銀行（2001）．「タイ工業化の概要」『S-20駐在員事務所報告国際部』東京：日本政策投資銀行．
日本貿易振興機構（2011）．「ASEANの自由貿易協定（FTA）における原産地証明書の取得手続き」．
日本貿易振興機構（2013）．「ASEAN・メコン地域の最新物流・通関事情」．
日本貿易振興機構（2016a)．「アジア大洋州地域における日系企業の地域統括機能調査報告書」(2016年3月）．
日本貿易振興機構（2016b)．『シンガポールにおけるProductivity and Innovation Credit（PIC）の概要』(2016年3月）．

日本貿易振興機構 (2016c).『日本企業の北米展開事例（サービス産業分野）』(2016 年 3 月).
日本貿易振興機構 (2017).「シンガポール税制の概要」(2017 年 9 月).
日本郵船株式会社 (1916).『渡航案内』東京：日本郵船.
野中郁次郎 (1990).『知識創造の経営―日本企業のエピステモロジー―』東京：日本経済新聞社.
野中利明 (2005).「中国事業成功の鍵となる統括会社の機能強化」『知的財産創造』2005 年 1 月号, 94-105.
パシフィックコンサルタンツ (2015).「ミャンマー産業化促進支援総合開発計画調査報告書」.
東秀忠 (2009).「自立性を高めつつある北米戦略に組み込まれるトヨタ・メキシコ工場」山崎克雄・安保哲夫・銭佑錫（編）『ラテンアメリカにおける日本企業の経営』東京：中央経済社, 165-174.
ファッシング，ハンス・W. 中村英郎・中山幸二訳 (1983)「ドイツとオーストリアの民事訴訟法」『早稲田法学』58 (3), 365-377.
フォーイン (2015).『ASEAN 自動車産業』愛知：フォーイン.
福岡功慶・落合亮・多田聡 (2016).「タイの産業構造高度化に向けたマクロ経済・産業政策分析と対応の方向性について」*RIETI Policy Discussion Paper Series 16-P-013*.
福永佳史 (2014).「ASEAN 経済共同体の進捗評価と AEC スコアカードを巡る諸問題」『アジ研ワールド・トレンド』231, 36-40.
福永佳史 (2016).「コメント ASEAN 経済共同体の実施モニタリング― AEC スコアカードを中心に」『アジア研究』62 (3), 66-68.
藤谷武史 (2012).「市場のグローバル化と国家の制御能力：公法学の課題」『新世代法政策学研究』18, 267-291.
藤野哲也 (2002).「グローバル組織構造における〈製品軸―地域軸〉について―欧州地域統括会社の実態調査から―」『組織科学』35 (4), 81-93.
藤本隆宏・椙山泰生 (2000).「アジア・カーとグローバル戦略―グローバル・ローカル・トレードオフに対する動態的なアプローチ」青木昌彦・寺西重郎（編）『転換期の東アジアと日本企業』(pp. 405-454). 東京：東洋経済新報社.
藤本隆宏・武石彰・青島矢一（編）(2001).『ビジネス・アーキテクチャ―製品・組織・プロセスの戦略的設計』東京：有斐閣.
星野三喜夫 (2017).「APEC ビジネス諮問委員会と APEC パスファインダー・イニシアティブの成功例の ABTC」『新潟産業大学経済学部紀要』49, 1-10.
丸川知雄 (2005).「中国の自動車産業沖積―華東地域を中心に―」玉村千治（編）『東アジア FTA 構想と日中韓貿易投資』(pp.147-162). 千葉：アジア経済研究所.
みずほフィナンシャルグループ (2017).「成長市場 ASEAN をいかに攻略するか―多様性と変化がもたらす事業機会を探る―」『MIZUHO Research & Analysis』12.
ミネベア株式会社 (2011).「カンボジア進出の背景と当社の目指すもの」(2011 年 6 月「カンボジア投資セミナー」レポート）日本アセアンセンター.
宮沢政文 (1991).「わが国における実用ロケットの開発と技術導入」『日本航空宇宙学会誌』39 (445), 55-68.
ミルハウプト，カーティス・J. (2009).『米国会社法』東京：有斐閣.
森樹男 (1997).「日本の海外進出企業における地域統括本社の現状と問題点」『現代経営学の課題　経営学論集　67』東京：千倉書房, 228-235.
森樹男 (2003).『日本企業の地域戦略と組織―地域統括本社制についての理論的・実証的研究―』東京：文眞堂.
山口隆英 (1996).「国際技術移転システムとしてのマザー工場制」『国際ビジネス研究学会年報』2, 118-128.

山口隆英 (2006).『多国籍企業の組織能力―日本のマザー工場システム―』東京:白桃書房.
善本哲夫 (2011).「グローバル生産体制と海外拠点間の技術支援・移転」『社会科学』41 (3), 61-77.
吉原英樹・岡部曜子・澤木聖子 (2001).『英語で経営する時代:日本企業の挑戦』東京:有斐閣.
米本完二 (1962).「化学工業における技術導入と技術輸出」『化学工学』26 (1), 236-243.

索　引

【A-Z】
ASEAN プラスワン　60
BOP 市場　147
CAGE フレームワーク　52
IFRS　91
theory-in-use　16
transmission cost　22
TRIPS 協定　93
WTO 協定　90

【あ行】
アーキテクチャ論　162
アイデンティティ　228
あいまいさ　26
アウトプット　14
アジア総合開発計画（CADP）　50
アンバンドリング　45
意思決定　ix
異質性（heterogeneity）　32
移転価格税制　111
移転コスト　ix, xii
イノベーション　vii, 2-5, 7-9
　イノベーション研究　17-20, 145, 233
　イノベーションハブ　51
　オープンイノベーション　xiii, 5, 7, 8, 17-20, 37, 79, 81
　ローカル・イノベーション　2, 5
異和　32
「インテグラル型」アーキテクチャ　240
インバランス　28
インプット　14
インフラ　49
越境交通協定（CBTA）　55
エンパワーメント　171
横断的知識移転　138
オープンシステム　31

【か行】
海外拠点　2, 122
海外工場　123
海外直接投資　119
海外派遣者　168
外国資本比率規制　111
会社法　86
外為法　91
学習コミュニティ　19
学習ネットワーク　19
学習能力　6
活用（exploitation）　144
ガバナンス　33
ガラパゴス化　113
管轄域（jurisdiction）　89
観察　23
技術　xi, 23
　技術移転　25, 28, 78, 87, 90, 121
　技術開発　3, 95, 96, 113, 114, 134, 143, 205
　技術支援　121
　技術的知識　151, 161-163, 166, 172, 173, 199, 223, 225
　専門技術　11
吸収コスト（absorption cost）　22
吸収能力　4-8, 120, 121, 140, 141, 209, 210, 212, 215, 217
　技術吸収能力　4-5
　（海外）子会社の吸収能力　120, 121, 141, 209, 215
境界線（boundary）　31
　概念　31-36
　国家間の境界線　→国境
　知識の境界線　34, 35
　場の境界線　33
　法的境界線／法制度の境界線　93, 95, 97, 246
　ユニットの境界線　32
競争優位　96
共通化　40
協働体系　ix
業務割当　26
グラウンデッド・セオリー・アプローチ　177
グローバル化　v, 2
経営資源　15
経営理念　23
経済回廊　55
経済特区（SEZ）　62
ケイパビリティ　15

権威　207
権限　vi, 20
　権限委譲　21, 246, 248
言語　xi
　言語的障壁　83
現地適応　7, 195, 198, 227
コーポレートサービス　103
国際財務報告基準（International Financial Reporting Standards, IFRS）　86
国際標準化　91
国際分業　44
国家　79
国境　vi, 45, 46, 54, 56-59, 62-65, 70-73, 79-82, 84-86, 89, 97, 204-207, 213-215, 243, 249
コミットメント　33
コミュニケーション　23
コミュニティ・オブ・プラクティス　19
コラボレーション　18
コンテクスト　14, 94

【さ行】
差異　xii, 32-42, 52
サプライヤー　124
産業クラスター政策　76
産業集積　47
参入障壁　222
シェアードサービス　103
シェンゲン協定（Schengen Agreement）　89
事業会社　107
事業部　109
資源（リソース）　vi, 15
　資源配分　viii, 22
質的比較分析（qualitative comparative analysis: QCA）　177
社会資本（social capital）　17
重層的な知識移転　138
自由貿易協定　90
準マザー工場　118
障壁　80
情報　10
　概念　10-12

269

情報ネットワーク　6
情報の粘着性　22
情報の非対称性　25
新興国市場　142
人的資源　169
人的資本（human capital）　18
信念　xi
信頼　33
税制　111
制度的環境　115, 116
世界本社（global headquarters）　82, 102
全社戦略　102
戦略　16
創造　viii
組織化　ix
組織資本（organization capital）　18
組織能力　144
組織文化　23
組織マネジメント　v

【た 行】

多義性　26
多国籍企業　v
タックス・ヘイブン　113
探索（exploration）　144
地域戦略　103
地域統括会社　244, 245
地域本社　3章, 4章
知識　vi, 10
　概念　10-22
　暗黙知　12
　外部知識　5
　既習知識　25
　形式知　12
　宣言的知識　167
　専門知識／専門的知識　21, 29, 37, 40-42, 245
　知識階層（知識の階層構造，知識の階層性）　12, 36, 37
　知識基盤　36, 244, 248
　知識共有（知識の共有）　21, 39, 53, 173, 188, 210
　知識体系（知識の体系）　12, 18, 21, 24, 36, 37, 245
　知識ネットワーク　123, 140
　知識の活用　2, 7, 8, 14, 35, 101, 144-146, 148, 150, 153, 160, 233, 249
　知識の形態転換　22, 23,

27, 30
　知識の探索　8, 232, 240
　知識の統合　15, 143
　知識フロー　2, 3, 5, 8, 168
　知識マネジメント（定義）　14
　知識マネジメント研究　19
　手続き的知識　167
　複合的知識　12-14
知識移転
　概念　v-xiv, 22
　オペレーショナルな知識の移転　7章
　技術的な知識移転　38, 148, 151
　個人間知識移転　29
　組織間知識移転　29
　知識移転ネットワーク　45, 54, 118, 119, 137, 138, 140, 215
　知識移転のジレンマ　25
　知識移転プロセス　25, 218, 246, 248
知識創造
　知識創造と知識移転　22, 23
　知識創造と付加価値創造　23, 5章, 6章, 考察Ⅳ-2, Ⅳ-3
知識・情報ブローカー　7
知的財産権保護　92
知的資産　119
知的資本　18
チャイナプラスワン　60
駐在員　175
調和化　91
直接投資　80
データ　10
　概念　10-12
　データベース　12, 40, 203
　データーベース化　94, 202, 205
テンプレート　12
「統合型」アーキテクチャ　213
投資協定　90
投資自由化　90
特許　93
取引費用（transation cost）　165

【な 行】

認知的負荷　190, 196, 231
ネットワーク　17-19, 30-35, 94, 118, 119, 132, 215, 242, 243, 248
　グローバル・ネットワーク　139, 213-215
　情報ネットワーク　6
　生産ネットワーク　45-47, 49, 50, 59, 60, 65, 70, 77, 78, 135
　知識移転ネットワーク　45, 54, 118, 119, 137, 138, 140, 215
　知識ネットワーク　123, 140
　取引ネットワーク　165, 167
　ネットワーク化　vi
　ネットワーク空間　17
　ネットワーク理論　17, 33
粘着性（stickiness）　24

【は 行】

場　19, 23, 24, 30, 33
バウンダリースパナー　39
バウンダリースパニング機能　217
パフォーマンス　xi
バリューチェーン　47
引き継ぎ　166, 167, 173
ビジネスユニット　26
非対称性（asymmetry）　32
標準化　39
付加価値　viii
不均衡（inequality）　32
不正競争防止法　91
フラグメンテーション理論　46
プラスワン戦略　77
プログラム　12
文化　ix, xi
　文化の障壁　83
ベストプラクティス　25
貿易自由化　90
法制度　86
補助金政策　111
ボリュームゾーン市場　146

【ま 行】

マザー工場　82, 118

マスキー法　95
マルチアクター　244
メタナショナル・イノベーション・サイクル　7
モジュール製品　162
持株会社　107

【や行】
優遇政策　90

【ら行】
リージョナル・オフィス　4
リスクマネジメント　115
リソース・ベースト・ビュー（RBV）　147
リバースエンジニアリング　88
ルーティン　12

【企業名索引】
旭-マキシマ　71
味の素　113
いすゞ自動車　74
オムロン　112

キヤノン　67
キユーピー　113
ケロッグ　113

サムソン　68
スズキ　87
スミダコーポレーション　67
ソニー　100
ダイハツ　75
大和産業　73
デンソー　71
東京コイルエンジニアリング　71
東芝　100
トヨタ　74
豊田通商　71
トヨタ紡織　73

日産　74
日本発条（ニッパツ）　71, 124, 125

フォルクスワーゲン　94
HOYA　100
本田技研工業（ホンダ）　74, 100

松下電器産業　100
ミネベアミツミ　70

矢崎総業　71
ヤマハ　101

■執筆者紹介

西脇暢子（日本大学経済学部　教授）　編著者
京都大学大学院経済学研究科博士後期課程修了，博士（経済学）。主な業績として，『組織論レビューⅠ』第3章（組織学会編）白桃書房（2013），H. A. サイモン『新版　経営行動』（共訳）ダイヤモンド社（2009），『現代ミクロ組織論』第6章，第12章（二村敏子編著）有斐閣（2004）等。

浅川和宏（慶應義塾大学大学院経営管理研究科　教授）
ハーバード大学修士（MBA），INSEAD博士（Ph.D）。主な業績に，"Internal embeddedness, geographic distance, and global knowledge sourcing by overseas subsidiaries," *Journal of International Business Studies*, 2018（共著），『グローバルR&Dマネジメント』慶應義塾大学出版会（2011）等。

河野英子（横浜国立大学大学院国際社会科学研究院　教授）
早稲田大学大学院商学研究科博士後期課程修了，博士（商学）。主な業績として，『ゲストエンジニア：企業間ネットワーク・人材形成・組織能力の連鎖』白桃書房（2009），『ガイダンス現代経営学』第10章（山倉健嗣編著）中央経済社（2015）等。

清水　剛（東京大学大学院総合文化研究科　准教授）
東京大学大学院経済学研究科博士後期課程修了，博士（経済学）。主な業績として，『合併行動と企業の寿命』有斐閣（2001），『講座・日本経営史　第6巻　グローバル化と日本型企業システムの変容』第8章（橘川武郎・久保文克編著）ミネルヴァ書房（2010）等。

服部泰宏（横浜国立大学大学院国際社会科学研究院　准教授）
神戸大学大学院経営学研究科博士課程後期課程修了，博士（経営学）。主な業績として，『採用学』新潮選書（2016），『日本企業の心理的契約：組織と従業員の見えざる約束』白桃書房（2013）等。

植木　靖（東アジア・アセアン経済研究センター（ERIA）　エコノミスト）
大阪大学大学院国際公共政策研究科修了，博士（国際公共政策）。主な業績として，『ASEANの自動車産業』第10章（西村英俊・小林英夫編著）勁草書房（2016），『日本企業のタイ＋ワン戦略—メコン地域での価値共創へ向けて—』第5章（藤岡資正編著）同友館（2015）等。

孫　徳峰（日本大学経済学部　専任講師）
京都大学大学院経済学研究科博士後期課程修了，博士（経済学）。主な業績として，「新興国市場戦略における現地での能力開発と本国資産の選択的利用—中国における日本アパレル企業AB社の事例分析—」『国際ビジネス研究』（2016），「海外製品開発拠点の能力構築における探索と活用の順序—日本分析計測機器メーカーの中国開発拠点の事例分析—」（共著）『国際ビジネス研究』（2015）等。

■ 日系企業の知識と組織のマネジメント
　　境界線のマネジメントからとらえた知識移転メカニズム

■ 発行日──2018年2月26日　初版発行　　　〈検印省略〉

■ 編著者──西脇暢子
■ 発行者──大矢栄一郎
■ 発行所──株式会社 白桃書房
　　　　　　〒101-0021　東京都千代田区外神田5-1-15
　　　　　　☎ 03-3836-4781　📠 03-3836-9370　振替 00100-4-20192
　　　　　　http://www.hakutou.co.jp/

■ 印刷・製本──平文社

© Nobuko Nishiwaki 2018　Printed in Japan
ISBN978-4-561-26706-5　C3034

本書のコピー，スキャン，デジタル化等の無断複製は著作権法上での例外を除き禁じられています。本書を代行業者の第三者に依頼してスキャンやデジタル化することは，たとえ個人や家庭内の利用であっても著作権法上認められておりません。

JCOPY 〈(社)出版者著作権管理機構委託出版物〉

本書の無断複写は著作権法上での例外を除き禁じられています。複写される場合は，そのつど事前に，(社)出版者著作権管理機構（電話 03-3513-6969，FAX 03-3513-6979，e-mail : info@jcopy.or.jp）の許諾を得てください。

落丁本・乱丁本はおとりかえいたします。

好評書

白木三秀編著
チェンジング・チャイナの人的資源管理 本体価格 2800 円
　―新しい局面を迎えた中国への投資と人事

村松潤一編著
中国における日系企業の経営 本体価格 2500 円

古沢昌之著
「日系人」活用戦略論 本体価格 3500 円
　―ブラジル事業展開における「バウンダリー・スパナー」としての可能性

李捷生・多田稔・藤井正男・郝燕書 編著
中国の現場からみる日系企業の人事・労務管理 本体価格 3000 円
　―人材マネジメントの事例を中心に

中西善信著
知識移転のダイナミズム 本体価格 3300 円
　―実践コミュニティは国境を越えて

上田和勇編著
アジア・オセアニアにおける災害・経営リスクのマネジメント 本体価格 2600 円
　（専修大学商学研究所叢書）

―――― 東京　白桃書房　神田 ――――

本広告の価格は本体価格です。別途消費税が加算されます。